유동하는 코리언의 가치지향

이 책은 2009년 정부(교육과학기술부)의 재원으로 한국연구재단의 지원을 받아 제작되었습니다.(NRF-2009-361-A00008)

유동하는 코리언의 가치지향

초판 1쇄 발행 2015년 3월 20일

저 자 l 건국대학교 통일인문학연구단
발행인 l 윤관백
발행처 l 도서출판 **선인**

등록 l 제5-77호(1998.11.4)
주소 l 서울시 마포구 마포대로 4다길 4(마포동 324-1) 곳마루 B/D 1층
전화 l 02)718-6252 / 6257   팩스 l 02)718-6253
E-mail l sunin72@chol.com
Homepage l www.suninbook.com

정가 22,000원
ISBN 978-89-5933-873-3 94900
        978-89-5933-159-8 (세트)

· 잘못된 책은 바꿔 드립니다.

유동하는 코리언의 가치지향

건국대학교 통일인문학연구단

 도서출판 선인

발간사

　분단된 한반도의 현실에서 통일에 대한 새로운 패러다임을 찾겠다는 취지로 '통일인문학' 연구는 시작되었습니다. 기존의 다양한 통일 담론이 체제 문제나 정치·경제적 통합을 전제로 진행되면서 시류에 따라 부침을 거듭하는 것이 현실입니다. 통일인문학은 사회과학 차원의 통일 논의가 관념적이면서도 정치적인 한계를 가지고 있다는 판단 아래 사람 중심의 인문정신을 바탕으로 한반도의 통일 문제를 진단하고 그 해법을 찾고자 하는 새로운 학문 영역입니다.

　사람을 중심에 둔 통일 논의는 기존의 통일 담론에서 크게 확대된 개념으로 이해할 수 있습니다. 지리적으로도 한반도에 국한되지 않고 코리언 디아스포라를 모두 포괄함으로써 남과 북의 주민은 물론이고 전 세계에 산재한 800여만 명의 코리언을 대상으로 삼습니다. 나아가 '결과로서의 통일'에만 역점을 두고 연구 사업을 진행하는 게 아니라 '과정으로서의 통일'까지도 목표로 삼고 있습니다. 따라서 통일이 이루어지는 시점은 물론 통일 이후의 사회통합 과정에서 반드시 풀어가야 할 사람 간의 통합을 지향합니다.

　이에 통일인문학은 '소통·치유·통합'을 방법론으로 제시합니다. 인문정신에 입각하여 사람 사이는 물론이고 사회계층 간의 소통을 일차적인 과제로 삼고 있는데, 이러한 소통은 상대와 나와의 차이를 인정하면서 그 가운데 내재하는 공통의 요소들을 탐색하고 이를 적극적으로 활용할 때에만 가능합니다. 그를 위해 분단 이후부터 현재까지 지속적으로 재생산되고 있는 분단 트라우마의 실체를 파악하고, 이를 치유하기 위한 방안들을 모색합니다.

그 방법으로서 통일인문학은 우선 서로에게 정신적·육체적으로 씻을 수 없는 상처를 가한 분단의 역사에 잠재해 있는 분단서사를 양지로 끌어내고 진단하여, 해법으로 향하는 통합서사를 제시함으로써 개개인의 갈등요인이 됨직한 분단 트라우마를 치유하고자 합니다. 그리고 우리 사회 전반에 자리 잡은 체제나 이념의 통합과 더불어 개개인의 사상·정서·생활 속 공통성과 차이성의 조율을 통하여 삶으로부터의 통합이 사회통합으로 확산될 수 있기를 기대합니다.

이러한 취지에서 통일인문학은 철학을 기반으로 한 사상이념, 문학을 기반으로 한 정서문예, 역사와 문화콘텐츠를 기반으로 한 생활문화 등세 가지 축을 기준으로 삶으로부터의 통합과 사회통합으로의 확산이라는 문제를 풀어가는 데 연구 역량을 집중하고 있습니다. 그리고 이렇게 인문정신을 바탕으로 연구 생산한 성과들이 학계와 대중에게 널리 알려져 후속 연구와 사회적 반향으로 이어지기를 기대합니다.

통일인문학연구단에서는 그와 관련된 노력으로서 우선 새로운 통일 패러다임을 제시하고자 하였습니다. 통일인문학은 새로운 통일 패러다임으로서 '차이와 공통성', '분단의 트라우마와 아비투스', '민족공통성' 개념을 제안하였습니다. 그리고 추상적인 개념을 제안하는 데 그치지 않고, 이를 실증적으로 검증하기 위해 민족공통성 프로젝트를 진행하여 그 연구 성과를 매년 산출하고 있습니다. 또한 한반도의 통일문제를 연구 화두로 삼고 있는 학자나 전문가들과 학술심포지엄을 정기적으로 개최함으로써 통일인문학의 지평을 확산하고 있습니다. 특히 2014년부터 개최된 '통일인문학 세계포럼'은 통일인문학의 세계화에 크게 기여하고 있습니다. 그와 함께 분단 트라우마 진단을 위한 구술조사와 임상실험을 지속적으로 진행하고 있으며, 통일인문학의 대중화를 위한 시민강좌나 교육프로그램 개발과 그를 위한 교재 개발 사업, 통일콘텐츠 연구 개발 사업 등 다양한 방면의 모색과 실천을 거듭하고 있습니다.

그리고 이러한 다양한 활동과 사업의 성과들은 출판물로 외현되어 학계와 대중들이 적극 공유할 수 있는 장으로 옮겨집니다. 본 연구단이 특히 출간기획에 주력한 것은 『통일인문학 총서』 시리즈입니다. 현재 『통일인문학 총서』 시리즈는 모두 네 개의 영역별로 분류되어 출간 중입니다. 본 연구단의 학술연구 성과를 주제별로 묶은 『통일인문학 연구총서』, 분단과 통일 관련 구술조사 내용을 정리한 『통일인문학 구술총서』, 북한 연구 관련 자료와 콘텐츠들을 정리하고 해제·주해한 『통일인문학 아카이브총서』, 남북한 연구에 도움을 줄 수 있는 희귀 자료들을 현대어로 풀어낸 『통일인문학 번역총서』 등이 그것입니다.

통일인문학의 정립과 발전을 사명으로 알고 열의를 다하는 연구단의 교수와 연구교수, 연구원들께 고마움을 전합니다. 아울러 연구 사업에 기꺼이 참여해주시는 통일 관련 국내외 석학·전문가·학자들께도 심심한 감사를 드립니다. 그리고 무엇보다 자신의 소중한 체험과 기억을 구술하고, 분단 트라우마 치유를 위한 임상실험에 참여해주신 분들께도 머리 숙여 고마움을 표합니다. 마지막으로 통일인문학의 취지를 백분 이해하시고 흔쾌히 출판을 맡아주신 출판사 관계자분들께도 감사드립니다.

사람의 통일, 인문정신을 통한 통일을 지향하며
건국대학교 통일인문학연구단장 김성민

민족공통성 세 번째 시리즈를 발간하며

　건국대학교 통일인문학연구단은 동북아 코리언을 구성하는 한국인, 탈북자, 재중 조선족, 재일 조선인, 재러 고려인의 5개 집단을 대상으로 지역별 개별 연구와 지역 간 비교 연구를 수행하였고, 그 결과를 책으로 발간한 바 있습니다. 먼저 2012년 민족공통성 첫 번째 시리즈로 4권의 책,『코리언의 민족정체성』,『코리언의 역사적 트라우마』,『코리언의 생활문화』,『코리언의 분단·통일 의식』을 발간하였습니다. 이 4권의 책은 2010년과 2011년 두 해에 걸친 동북아 코리언에 대한 객관적 설문 조사에 근거하여 민족공통성을 경험적으로 실증했으며, 각 지역의 사회 역사적인 삶의 맥락에서 드러난 그들의 '민족정체성', '역사적 트라우마', '생활 문화', '분단-통일 의식'을 분석하였습니다. 그리고 2014과 2015년에는 민족공통성 두 번째 시리즈로 3권의 책,『민족과 탈민족을 넘는 코리언』,『코리언의 생활문화, 낯섦과 익숙함』,『식민/이산/분단/전쟁의 역사와 코리언의 트라우마』를 발간하였습니다. 이 3권의 책은 민족공통성 첫 번째 시리즈의 성과를 토대로 5개 집단에 대한 지역별 상호 비교 분석을 함으로써 민족정체성, 생활 문화, 트라우마 등에서 나타난 동북아 코리언의 차이와 공통성을 해명하는 내용을 담고 있습니다. 이상 두 차례에 걸친 연구를 통해 동북아 코리언을 사회 역사적인 내적 맥락에서 이해할 수 있었을 뿐만 아니라, 통일 한(조선)반도의 미래적 상을 위해서도 귀중한 시사점을 얻을 수 있습니다. 동북아 코리언을 대상으로 한 민족공통성 연구는 민족공통성을 실천적으로 확산하는 작업에서 현실적 구체성을 제공할 뿐만 아니라, 이념과 정서, 생활 문화에서 지난 70년 동안 서로 대립하면서 살아온 남북 주민들 사이의 적대성을 극복하는 과정에서 지혜를 얻는 과정이기도 하기 때문입니다.

그동안 코리언 디아스포라 연구의 주류는 거주국에 살고 있는 코리언을 대상으로 정체성, 생활 문화 등을 조사하는 것이었습니다. 다시 말해 국내 학자들의 동북아 코리언 연구는 해당 지역에 거주하는 코리언을 대상으로 민족정체성과 생활 문화 등을 조사하는 데에 집중되었습니다. 통일인문학연구단에서 '민족공통성'이라는 프레임 위에서 두 차례에 걸쳐 수행한 연구 역시 그러했습니다. 하지만 2000년대부터 탈북자뿐만 아니라 재중 조선족, 재러 고려인, 재일 조선인 등 국내로 이주하는 동북아 코리언이 증대되어 왔습니다. 이들의 한국 이주는 신자유주의적 세계화로 인한 국제적 노동 이주의 성격과 민족적 차원의 유대 의식이 결합되어 있으며, 나아가 같은 민족을 우대하는 한국 정부의 재외 동포 정책에 의해 더욱 확대되었습니다. 특히 1999년 '재외 동포의 출입국과 법적 지위에 관한 법률'이 제정되면서 해외에 살고 있던 동포들의 국내 이주가 대폭 증가하였고, 2007년 방문취업제 도입 이후 특히 재중 조선족과 재러 고려인의 한국행이 급증하였습니다. 2012년 현재 한국으로 이주한 재중 조선족은 약 50만 명, 재일 조선인은 약 1만 3천 명, 독립국가연합(CIS) 고려인은 약 3만 명, 탈북자는 약 2만 5천 명에 이르고 있습니다. 지난 십 수 년 사이 한국인들은 국적이 다르지만 같은 민족인 동북아 코리언을 자신의 주변에서 흔히 볼 수 있는 상황에 놓이게 된 것입니다. 이에 따라 최근 국내 거주 동북아 코리언들에 대한 연구가 점차 확대되고 있습니다. 하지만 국내 정착 문제나 정체성을 주로 다루고 있어, 그들이 한국 사회의 구성원으로서 살아가면서 겪는 문화 갈등과 정체성 분화 양상 그리고 트라우마의 실상 등을 이해하는 입체적인 연구가 되기에는 아직 부족한 형편입니다. 이제 해외에 거주하는 동북아 코리언뿐만 아니라 국내에 들어와 있는 코리언에 대한 본격적인 연구가보다 필요한 시점이 되었습니다. 이번에 발간하게 된 민족 공통성 세 번째 시리즈는 국내에 이주한 동북아 코리언이 지난 20년 동안 한국 사회와 접촉하면서 겪은 가치관과 생활문화의 갈등, 트라우마의 경험 그리고 정체성의 분화 양상에 대한 연구 성과를 담고 있습니다.

　민족공통성 첫 번째와 두 번째 시리즈는 설문 조사라는 양적인 연구에 기초하여 동북아 코리언이 지닌 민족정체성과 생활 문화 등의 객관적인 경향과 전체적인 양상들을 해명하는 데 집중하였습니다. 그러나 국내에 이주한 동북아 코리언은 자신의 거주국과 한국에서의 체험을 모두 가지고 있기 때문에, 한국인과의 만남 속에서 차이들이 갈등하고 충돌하면서 변화하는 구체적이고 내밀한 양상들을 보여주고 있습니다. 이러한 구체적이고 내밀한 양상을 살펴보기 위해서는 설문 조사와 통계라는 양적 조사에만 의존할 수 없습니다. 양적 조사는 객관적인 문항으로 구성되어 있어 동북아 코리언이 한국인과의 접촉에서 겪는 구체적인 갈등, 내밀한 충돌 등 심층적인 양상을 확인하는 데 한계를 지닐 수밖에 없기 때문입니다. 따라서 건국대학교 통일인문학연구단은 양적인 설문조사가 아니라 국내에 거주하는 동북아 코리언을 대상으로 그들이 겪는 구체적 갈등과 욕망의 좌절 등 그들의 심층을 조사할 수 있는 심층 구술 조사를 진행하였습니다. 심층구술 조사는 2013년 하반기부터 2014년 상반기 사이에 선행 연구 결과를 토대로 작성된 질문지를 중심으로 일대일 면접을 통해 구술자에게 질문을 던지면서 그에 대한 답변을 듣는 방식으로 진행되었습니다. 특히 구술의 진행 과정에서 객관적 경향성과 충돌되는 내용들이 있으면 조사자가 적극적으로 개입하여 구술자의 말 이면에 있는 '틈새'나 '간극'을 찾아내고자 하였습니다. 이것은 그들의 이 야기 속에 존재하는 간극을 통해 감추어지거나 명확하게 드러나지 않은 그들의 욕망이나 억압, 충돌 지점들을 찾아내고자 했기 때문입니다.

민족 공통성 세 번째 시리즈의 책 제목은 『유동하는 코리언의 가치지 향』, 『코리언의 생활문화, 일상의 울타리』, 『구술로 본 코리언의 역사적 트라우마』입니다. 동북아 코리언은 한국사회와의 대면을 계기로 계급, 국적, 문화 등 여러 영역에서 갈등을 경험하면서 균열되고 분화되고 있 는 생활문화, 역사적 트라우마, 정체성의 복합적 양상을 드러내고 있습 니다. 동북아 코리언은 같은 '민족'이라는 기대감을 가지고 한국으로 이 주해왔지만, 민족적 연대감이 결여된 냉혹한 자본의 논리를 앞세우는 한편, 자신들의 이중정체성을 인정하지 않거나 거주국의 사회적 조건에 맞게 체화된 생활문화적 아비투스를 민족문화의 변질로 여기는 '한국인 의 삶의 방식에 직면하면서 끊임없는 좌절을 경험할 수밖에 없습니다. 이들은 민족적 동일화에 대한 기대가 좌절되면서 생존전략 차원에서 한 국인과 스스로를 경계를 지으면서 자신들만의 생활문화와 정체성 등을 재구성하는 다양한 양상을 보이고 있습니다. 이러한 다양한 생존 전략 들은 획일적으로 일원화될 수 있는 것이 아니라 균열하고 갈등하면서 분화하는 복합적이고 다양한 경향성을 드러내고 있습니다. 이를테면 동 북아 코리언은 한국사회의 차별로 인해 거주국 지향으로 바뀌기도 하지 만, 한국사회의 구성원이 되고자 적극적으로 노력하기도 하며, '같은 민 족'으로부터 받는 차별에 저항하면서 그들만의 네트워크를 형성하거나 민족의 불평등한 위계를 부정하는 '동포운동'을 전개하기도 합니다.

원래 기획한 민족공통성 세 번째 시리즈의 내용은 코리언의 가치-정서-생활 문화적 측면에서 민족공통성을 창출할 수 있는 실질적인 방안들과 통일 한(조선)반도의 인문적 비전을 구체화할 수 있는 대안들을 제시하는 데 있었습니다. 그러나 원래의 기획을 민족공통성 네 번째 시리즈로 변경하고, 국내 이주 동북아 코리언들이 한국 사회와 접촉하면서 겪는 생활문화와 정체성 등 다양한 충돌과 갈등 지점을 이해하는 내용을 세 번째 시리즈에 담게 되었습니다. 그 이유는 국내에 이주한 동북아 코리언이 지닌 '민족적 유대'의 다양한 욕망 흐름을 존중하고, 이 속에서 민족적 합력을 증대시키는 방안의 모색이 코리언의 문화 통합, 역사적 트라우마의 치유, 그리고 통일의 인문적 비전 수립을 위해 중요한 단서를 제공하고 있기 때문입니다. 앞으로 발간될 민족공통성 네 번째 시리즈에서는 세 차례에 걸친 민족공통성 시리즈의 연구 성과를 기반으로 민족공통성 창출의 구체적 방안과 통일한(조선)반도의 인문적 비전을 구체화할 수 있는 대안들을 제시하고자 합니다.

이 책이 발간되기까지 함께 작업에 참가하신 통일인문학 연구단 김성민 단장님 이하 연구단의 모든 선생님들께 깊은 감사를 드립니다.

건국대학교 통일인문학연구단 학술연구부장 이병수

유동하는 코리언의 가치지향

제1장 국내 이주 동북아 코리언의 정체성 이해를 위한 방법론적 고찰

이병수*

1. 들어가는 말

한국으로 이주한 코리언 디아스포라는 대체적으로 중국, 일본, 구소련 지역에서 거주하던 이들이 대부분이다. 여기에 맥락을 조금 더 넓히자면 탈북자 역시 포함될 수 있다.[1] 기존 연구들과 법무부 통계[2]에 의하면 '재외 동포의 출입국과 법적 지위에 관한 법률'이 제정된 1999년부

---

 * 건국대학교 통일인문학연구단 HK교수.
 1) 이미 탈북자를 '난민', '디아스포라', '다문화주의'적으로 규정하는 연구가 상당수 존재한다. 각각의 입장에 대한 엄밀한 분석이 필요하지만 논외로 하고, '한국 이주 코리언'이라는 범주 속에서 탈북자 역시 코리언 디아스포라와 같은 위치에 둘 것이다. 그리고 대중적으로 가장 많이 쓰이고 있는 '탈북자'라는 명칭을 사용할 것이다.
 2) 법무부 출입국·외국인정책본부, 『2012 출입국·외국인정책 통계연보』, 2012.

터 코리언 디아스포라의 한국으로의 이주는 급속도로 증가했으며, 2012
년을 기점으로 현재 한국으로 이주한 재중 조선족은 약 50만 명, 재일
조선인은 약 1만 3천 명, 재러 고려인(CIS 고려인)은 약 3만 명, 탈북자는
약 2만 5천 명에 이른다.[3]

  이렇듯 현재 한국에는 탈북자뿐만 아니라 재중 조선족, 재러 고려인,
재일 조선인 등 동북아 코리언들이 지속적으로 귀환하고 있는 상황이
다. 그 동안 코리언 디아스포라 연구의 주류는 거주국에 살고 있는 코리
언을 대상으로 정체성, 생활 문화 등을 조사하는 것이었다. 하지만 2000
년대 이후 국내로 이주하는 동북아 코리언이 증가하면서 최근 이들에
대한 연구가 점차 증가하고 있다. 건국대학교 통일인문학연구단 역시
해외에 거주하면서 다양한 방식으로 민족정체성을 변용해 온 코리언 디
아스포라의 가치-정서-문화적 차이에 대한 연구를 지난 수년간에 걸쳐
수행한 바 있다. 그것은 정치경제적 · 사회문화적 · 역사 지리적 차이를
지닌 동북아 각 지역에 거주하고 있는 코리언들에 대한 개별적인 분석
을 한 다음, 지역별 상호비교를 통한 코리언들의 차이와 공통성을 해명
하는 연구였다. 이 연구는 동북아 코리언 자체를 이해하는 맥락에서 이
루어졌다기보다, 이들이 한(조선)민족의 가치-정서-생활 문화를 공유하
면서도 각기 다른 특징들을 보이고 있는 차이들의 접속을 통해서 통일

---

3) 전 세계에 흩어져 살고 있는 코리언 디아스포라를 거주국 별로 분류하여 각
   각의 호칭을 엄격히 부여하는 일은 쉽지 않다. 이 글에서는 일제 식민지배 시
   절 한(조선)반도 밖으로 이주한 코리언과 그들 후손을 가리키는 의미로서 '코
   리언 디아스포라'를 사용한다. 또한 그들이 거주한 국가(중국과 일본)에 따라
   '재중 조선족', '재일 조선인'으로 칭할 것이다. 다만 과거 구소련 지역으로 이
   주해서 중앙아시아로 강제 이주되었으며 다시 러시아의 연해주로 재이주의
   경험을 갖는 '고려인'의 경우는 조금 특별한데, 그들의 출생국과 거주국이 중
   앙아시아라고 할지라도, 또한 고려인과 구분해서 불리길 원하는 '사할린 한
   인'까지 포함하여 편의적으로 '재러 고려인(CIS 고려인)'이란 단어를 사용할
   것이다. 이들이 국내 이주를 한 상황에서는 '조선족', '고려인', '조선인'으로 규
   정한다.

한(조선)반도의 미래적 상을 열어가는 데 초점이 있었다. 이제 이러한 차이들의 접속을 보다 면밀하게 조사하기 위해서는 해외에 있는 코리언뿐만 아니라 국내에 들어와 있는 코리언에 대한 연구가 필요하다. 왜냐하면 국내에 들어온 코리언은 자신의 거주국과 한국에서의 체험을 모두 가지고 있기 때문에, 한국인과의 만남 속에서 차이들이 갈등하고 충돌하면서 변화하는 구체적인 양상들을 보여주고 있기 때문이다.

이하의 글들은 동북아 코리언의 가치지향성을 포함하는 정체성 구성 양식들이 한국인과의 만남을 통해 어떠한 충돌과 갈등을 겪으며 변화하고 있는지를 그들이 지닌 민족 동일화의 욕망과 관련하여 분석하는 데 목적이 있다. 이들의 민족 동일화의 욕망이 어떠한 양상으로 전개되는지를 살펴보기 위해 세 측면에 대한 이해가 필요하다. 우선 그들의 국내 이주 원인이 무엇인지부터 알아야 한다. 동북아 코리언은 신자유주의 세계화가 촉발한 국제적 노동 이주라는 글로벌의 차원과 디아스포라의 귀환이라는 내셔널의 차원이 중층적으로 결합되어 있다. 따라서 그들의 국내 이주는 양자의 관계성 속에서 이해될 필요가 있다.(2절) 둘째, 동북아 코리언이 국내로 이주하면서 겪는 차별의 원인이 무엇이며, 그것이 어떻게 갈등과 충돌을 일으키면서 민족적 동일화의 욕망을 좌절시키고 있는지를 살펴야 한다. 이들은 같은 민족으로서의 대우를 기대하며 국내에 이주하였지만, 계급적 차별과 국적에 따른 차별 그리고 생활 문화의 차이에서 오는 충돌을 경험한다. 이는 국내 이주의 원인이 되었던 민족 동일화의 욕망이 좌절되었음을 의미한다.(3절) 셋째, 민족 동일화에 대한 기대가 좌절되면서 한국인과 스스로를 경계를 지으면서 자신들만의 정체성을 재구성하는 다양한 전략과 양상은 무엇이며, 이러한 전략이 어떻게 민족적 유대의 욕망과 연관되는지를 살펴야 한다. 국내 이주 동북아 코리언은 신자유주의 세계화가 유발하는 유동적이고 불안정한 삶 때문에 자신들의 삶에 안정감을 부여하는 새로운 민족적 유대의 다양한 방식들을 창출하려고 노력하고 있다.(4절)

요컨대 국내 이주 동북아 코리언의 민족 동일화의 욕망은 이들의 이주 원인, 이주 후의 차별 경험, 그리고 그로 인한 정체성 재구성 전략에서 일관되게 드러난다. 같은 민족에 대한 기대와 좌절, 그리고 이를 극복하기 위한 정체성의 다양한 전략에서 드러나는 이들이 지닌 민족 동일화의 욕망은 탈냉전 시대의 새로운 한(조선)민족 네트워크 그리고 통일한(조선)반도의 형성에서 숙고를 요하는 매우 중요한 문제라는 것이 이 글의 결론이다.

2. 동북아 코리언의 국내 이주 원인: 글로벌과 내셔널의 중층적 결합

1990년대 이후 대폭 증대된 동북아 코리언의 국내 이주는 무엇보다 사회주의 체제의 붕괴와 전지구적 자본주의의 확대 속에서 이루어진 국제적 노동이주의 성격을 띠고 있다. 냉전 이후 세계화의 물결은 중국 및 구소련권 독립국가연합(CIS) 국가들에게 자본주의 세계질서로의 편입을 가속화하는 요인으로 작용했으며, 이에 따라 이들 국가에 살고 있던 코리언들은 더 나은 소득을 위해, 한국으로의 노동 이주를 감행하였다. 동북아 코리언들이 한국으로 귀환하는 현상은 국제 노동 이주의 일반적인 동기인 경제적 격차에서 비롯된 이주의 성격을 지닌다. 물론 동북아 코리언의 국내유입에는 국제노동력 이주의 배경이 된 신자유주의 세계화와 더불어 탈냉전의 영향으로 변화된 동북아 정세, 동북아 국가들의 국내 정치적 불안전성, 변화와 깊게 연동된 정치경제적 요인들이 개입되어 있으며, 나아가 3D업종에 종사할 국내 생산부문의 노동력이 부족했던 한국의 경제적 상황도 유입요인으로 작용하고 있다. 그러나 큰 틀에서 볼 때 신자유주의 세계화 속에서 확대된 남북 불평등이라는 국가 간 경제적 격차가 오늘날 해외 코리언의 국내 이주를 추동하는 가장 중요한 거시적 배경요인으로 작용하고 있다.

재중 조선족은 중국의 급격한 개혁·개방과 그로 인한 자본주의 발전으로 더 많은 임금을 받을 수 있는 기회를 얻기 위해 중국 동북지역을 벗어나 중국의 대도시 및 한국을 비롯한 해외 지역으로 이주하였다. 특히 1992년 한국과 중국 사이의 국교 수립을 계기로 다른 이주 노동자들보다 비교적 쉽게 한국 사회에 이주할 수 있었다. 또한 1991년 구소련의 공식 해체로 성립된 CIS 역시 세계 자본주의 체제로 편입되었고, 이는 이들 국가에 살던 재러 고려인의 이주를 촉진시키는 배경으로 작용했다. 특히 독립 이후 만성적인 실업 등 국가경제 상황이 악화된 우즈베키스탄 고려인은 '살기 위해' 러시아 연해주로 재이주를 하거나 주변 국가와 멀리 한국으로 국제 이주를 하게 되었다.[4] 거시적으로 볼 때, 탈북자 역시 탈냉전 이후의 신자유주의 세계화의 확대 속에서 이루어진 노동 이주와 관련이 있다. 탈냉전 이후 생산과 시장이 국경을 넘어 세계화되었지만 북은 1990년대 중반이후 경제난과 식량난에도 불구하고 자국 중심의 자력갱생을 고집함으로써, 세계경제로부터 고립되었고 결국 많은 북한 주민들을 생존의 위협 속으로 몰아넣었다. 생존을 위한 탈북 역시 저개발 국가의 숱한 이주자들이 경제적 이유로 국경을 넘는 노동 이주 현상과 동떨어진 것은 아니다.

하지만, 동북아 코리언 가운데 재일 조선인의 국내 이주는 경제적 격

---

4) 김경학, 「중앙아시아 고려인의 한국 이주와 정착: 광주 '고려인마을'을 중심으로」, 『국제지역 연구』 제7권 4호, 2014, 260쪽.

차를 기반으로 한 다른 동북아 코리언의 이주와는 성격을 달리한다. 2000년대 이후 재일 조선인의 국내 이주는 재중 조선족이나 재러 고려인, 탈북자의 노동 이주와는 달리 결혼이나 취업, 유학의 성격을 띠고 있기 때문이다. 재일 조선인의 국내 이주는 탈냉전 이후 남북 화해의 분위기 속에서 특히 2000년대 들어 급증했다. 탈냉전 이후 남북 화해가 진전되면서 한(조선)반도의 안보 불안이나 재일 조선인 사회의 이념 대립이 줄어든 점, 한·일 월드컵, 일본의 한류 열풍 등으로 한국 이미지가 좋아진 점 등이 재일 조선인의 국내 이주를 촉진시켰다.[5]

동북아 코리언이 국내로 이주해 오는 일차적 동기는 신자유주의 세계화로 인한 국제적 노동 이주의 성격을 띠지만, 민족적 차원의 유대의식이 작용한 점을 간과해서는 안 된다. 국제 이주의 일반적 동기가 흔히 국가 간에 나타나는 경제적 격차를 기반으로 보다 나은 경제적 기회를 찾아 국경을 넘는다면, 동북아 코리언의 국내 이주는 경제적 요인 외에도 조국과의 민족적 연결성 및 이 연결성을 우대하는 정책에 의해 촉발되고 확대되는 양상[6]을 보이고 있기 때문이다. 이 때문에 동북아 코리언의 국제적 노동 이주가 다른 나라가 아닌 한국으로 집중되었다고 볼 수 있다. 특히 재중 조선족과 재러 고려인은 탈냉전과 동시에 한소 수교, 한중 수교가 이루어짐으로써 경제적으로 발전된 같은 민족이 사는 한국에 대한 동경이 강렬하였다. 따라서 동북아 코리언의 국내 이주는 글로벌 차원의 국제적 노동 이주의 맥락에서만 설명하기 어렵다. 그들의 국내 이주를 결정하는 것은 단순히 경제적 이유만이 아니라 한국에 대한 사회 문화적이고 심리적인 귀속 의식, 곧 '같은 민족이 살고 있는

---

5) 성공회대 동아시아연구소 기획, 신현준 엮음, 『귀환 혹은 순환: 아주 특별하고 불평등한 동포들』, 그린비, 2013, 223쪽.

6) 권숙인, 「디아스포라 재일한인의 '귀환': 한국 사회에서의 경험과 정체성」, 『국제·지역연구』 제17권 4호, 2008 겨울, 35쪽.

한국'이라는 민족적 연결성이 중요한 요인으로 자리 잡고 있다. 같은 민족이 살고 있는 나라라는 한(조선)반도와의 역사적, 민족적 유대의식이 동북아 코리언들로 하여금 다른 나라가 아닌 한국으로의 이주를 희망하게 만든 요인으로 작용한 것이다.

이를테면 재중 조선족이 중국의 다른 도시 지역보다 더 많이 한국으로 이주한 것은 단순히 한국에 가면 돈을 더 벌 수 있기 때문만이 아니라, 그들에게 한국이 한중 수교 이후 북과는 또 다른 의미에서 같은 민족이 사는 나라로 떠올랐기 때문이다. 재러 고려인 역시 한국 이주 결정 배경에는 윗세대로부터 전해 내려오는 전승된 기억 속의 고향으로서 한(조선)반도에 대한 유대감과 친밀감이 작용하고 있다. 나아가 중국에서 불법 체류자로서의 불안정한 체류 경험을 한 탈북자 역시 다른 나라가 아닌 한국행을 선택한 데에는 같은 민족으로서의 기대가 그 배경에 자리 잡고 있었다. 특히 재일 조선인의 경우, 민족적 연결성 혹은 심리적 귀속 의식은 재중 조선족이나 재러 고려인의 국내 이주 동기보다 훨씬 핵심적 요인으로 작용하고 있다. 이를테면 재일 조선인들의 유학 목적이 단순히 전문적 지식을 습득하기 위해서가 아니라 한국과 관련된 공부를 하거나 한국 유학을 통해 '조국'을 체험하고 배우는 것이 보다 중요한 동기로 작용하고 있기 때문이다.[7] 재일 조선인의 국내 이주는 여타의 동북아 코리언과 달리 한국어와 한국 문화를 배워 민족적 뿌리를 찾으려는 민족적 동기가 중요한 역할을 한다.

나아가 2000년대 이후 동북아 코리언의 국내 이주는 한민족과의 사회문화적 심리적 유대뿐만 아니라 이러한 민족적 연결성을 우대하는 한국의 재외 동포 정책에 의해 촉진되었다. 한국 정부의 해외 코리언에 대한 정책은 1999년 〈재외 동포의 출입국과 법적 지위에 관한 법률〉의 제정

---

7) 위의 글, 41쪽.

으로부터 시작되었다. 당시 이 법은 과거 일제강점기에 이주했던 재중 조선족과 재러 고려인을 재외 동포의 적용대상에서 제외하였으나 2001년 헌법재판소에서 헌법불일치 판결을 받게 되어 2003년 개정되기에 이르렀다. 그러나 여전히 미국, 일본에 거주하는 코리언에 비해 국내 이주와 체류활동에 제약을 받아온 재중 조선족과 재러 고려인의 차별을 해소하고자, 2004년 〈특별고용허가제〉, 2007년 〈방문취업제〉가 실시되었다. 특히 재중 조선족과 재러 고려인의 국내 이주는 2007년 〈방문취업제〉 이후 크게 증가되었다. 이처럼 한국정부의 재외 동포정책은 동북아 코리언에게 수월하게 국내에 이주하고, 합법적으로 체류할 수 있는 기회의 폭을 넓히는 방향으로 변화해왔다. 재중 조선족과 재러 고려인은 탈북자처럼 한국에 이주함과 동시에 대한민국 국적이 부여되지는 않지만, 외국인 이주 노동자들과는 달리 합법적 체류기회는 물론 국적 취득 요건이 훨씬 수월한 편이다. 국적으로는 외국인이지만 외국인 이주 노동자에 비해 체류혜택을 부여하는 이유는 그들이 같은 민족이라는 사실 때문이다.

따라서 재일 조선인을 제외한 동북아 코리언은 '이주 노동자'인 동시에 '동포'로서 한국 사회에 이주해왔다고 할 수 있다. 이런 점에서 이들의 국내 이주는 "민족의 역사의 관점에서 이산자의 귀환임과 더불어 글로벌 경제하에서 일반화된 이주라는 이중적 성격"을 지닌다.[8] 지구적인 차원에서 진행되고 있는 국제 이주의 일반적인 특성과 민족적 차원의 디아스포라 귀환이라는 특수성이 결합되어 있는 것이다. 신자유주의 세계화를 중심으로 거주국의 정치경제상황과 한민족과의 역사적 유대 의식이 결합되어 이루어진 글로벌과 내셔널의 결합은 이주 원인뿐만 아니

---

8) 성공회대 동아시아연구소 기획, 신현준 엮음, 『귀환 혹은 순환: 아주 특별하고 불평등한 동포들』, 그린비, 2013, 33쪽.

라 이주 노동자이면서도 동시에 같은 민족이라는 한국 내의 이중적 지위에서도 그대로 드러난다.

3. 계급·문화·국적의 충돌: 민족 동일화 욕망의 좌절

동북아 코리언은 비록 거주국의 국가정체성을 지니며, 다문화적으로 변용된 민족정체성을 지니고 있음에도 불구하고 한(조선)민족을 향한 귀속감과 뿌리에 대한 애착, 곧 민족적 동일화의 욕망이 강하다. 동북아 코리언의 다문화적으로 변용된 민족정체성은 탈민족주의 입장이 찬양하는 정체성의 해체나 민족주의적 입장이 비난하는 정체성의 변질을 의미한다기보다, 민족적 유대와 뿌리에 대한 애착을 유지하면서도 혈연적, 문화적 동질성으로 환원될 수 없는 민족적 생활 문화와 정서의 다양한 차이를 보여주고 있다. 다문화적으로 변용된 민족정체성에도 불구하고 한(조선)반도와의 생활 문화, 정서적 유대가 강한 이유는 무엇보다 남북 주민과 더불어 종족적 단위와 정치적 단위가 일치하는 '역사적 국가'(historical states)에서 비롯된 단일한 역사, 문화적인 뿌리를 공유하고 있으며, 나아가 그들의 존재 자체가 20세기 한(조선)반도의 망국과 분단의 역사와 밀접하게 연결되어 있기 때문이다.9)

그렇기 때문에 비록 경제적 이유 때문에 한국에 이주할지라도, 같은 민족이 사는 나라에 대한 유대감과 함께 자신이 당면한 경제적 문제를 해결해 줄 것이라는 기대를 지니고 있다. 하지만 이들은 한국 사회와 대면하면서 이러한 민족 동일화욕망의 좌절을 경험한다. 이들의 욕망을

---

9) 건국대학교 통일인문학연구단, 『민족과 탈민족의 경계를 넘는 코리언』, 선인, 2014, 149~152쪽.

좌절시키는 요인은 이들의 출신국가의 지정학적 위치와 경제적 지위, 그리고 한국과의 역사적 관계에 따라 차별하는 한국 사회의 태도와 깊은 관련이 있다. 무엇보다 2000년대 신자유주의가 확산된 이후 한국 사회의 차별구도의 중심에 놓여 있는 것은 경제적 차별이다. 경제적 차별은 국내에 이주한 동북아 코리언과 충돌 및 갈등을 유발하는 가장 중요한 요인이다. 이런 점에서 신자유주의 자본주의는 동북아 코리언의 국내 이주를 촉진시킨 원인인 동시에 그들에 대한 차별을 야기하는 핵심적 기제로 작용하고 있다.

경제적 차별, 서열화는 무엇보다 출입국 및 체류조건에서 드러난다. 재중 조선족과 재러 고려인은 재일 조선인이나 재미 한인과는 국내 체류조건이 다르다. 1999년에 제정된 재외 동포법이 경제적 부국인 미국과 일본의 코리언을 우대하고, 중국과 구소련 지역에 살고 있는 가난한 코리언을 제외했던 것도 1997년 IMF 이후 외자유치라는 경제적 필요성 때문이었다. 2007년 방문취업제가 실시된 이후 재중 조선족과 재러 고려인의 한국이주의 기회가 확대되기는 하였지만, 재외 동포정책의 핵심에 한국 노동시장의 인력수급이라는 경제적 필요성이 놓여있다는 점은 변화되지 않았다. 이를테면 외국국적 동포에 대한 체류비자를 재외 동포(F-4)비자와 방문취업(H-2)비자로 나누는 법적 기준은 한국 노동시장의 분리를 정확하게 반영하고 있다. 재외 동포비자의 발급대상은 "단순노무행위 등에 종사하는 자"는 제외하는 것으로 되어 있으며, 이렇게 제외된 단순노무행위 종사자들이 방문취업(H-2)비자 발급대상이 된다. 따라서 "취업업종을 제한하는 것은 이들의 체류자격을 지배하는 논리가 혈연주의라기보다는 국내노동시장의 인력수급 요구임을 보여준다."[10]

---

10) 이병렬·김희자, 「한국이주정책의 성격과 전망」, 『경제와 사회』 제90호, 2011, 337~338쪽.

유학이나 투자목적, 전문가로 분류되는 사람들은 재외 동포비자 발급이 가능하고 취업이나 출입국에 자유롭지만, 단순노무행위에 종사하는 사람들은 방문취업비자를 받으며 취업업종과 체류기간이 제한되는 것은 국내노동시장의 인력 수급 체제를 반영한 것이다.

뿐만 아니라 이들의 노동 현장은 외국인 이주 노동자들과 다르지 않다. 이들은 국내의 저임금 및 비숙련 3D업종에 종사하면서 외국인 이주 노동자들과 똑같은 대우를 받으며 사용자 중심의 노동시장 환경과 사회적 안전망 미비를 경험한다. 따라서 동북아 코리언 가운데 재중 조선족, 재러 고려인, 탈북자들은 한국 사회에서 민족적 연대감이 결여된 냉혹한 자본의 논리를 대면할 수밖에 없다. 민족적 유대를 고려하지 않은 경제적 격차와 지위에 따른 차별은 사실 동북아 코리언에게만 해당되는 것이 아니라 한국인들까지 포함하는 문제다. 신자유주의 경쟁논리는 민족을 자본의 논리에 종속시키면서, 한국인 노동자, 외국인 이주 노동자, 동북아 코리언에게 무차별적으로 적용된다. 이러한 경쟁 논리 속에서 핵심적인 것은 같은 민족, 나아가 같은 한국인인가의 여부보다 노동 시장의 인력수급 필요성과 노동력의 생산성이다.

국내에 이주한 동북아 코리언의 좌절은 같은 민족인 자신들을 외국인 이주 노동자들처럼 홀대하는 것에 대해 분노나 반감으로 나타난다. 특히 재중 조선족은 외국인 노동자들 중에서 임금 등의 차별에 가장 민감하며, 차별받고 있다고 생각하는 비율도 가장 높다. 재중 조선족은 스스로를 외국인 노동자라기보다는 한(조선)민족으로 보는 경향이 강하기 때문에 자신을 외국인 노동자로 취급하는 것 자체가 차별이라고 느낀다.[11] 따라서 동북아 코리언의 경제적 차별에 대한 반감은 같은 민족을

---

11) 설동훈, 「한국 사회의 외국인노동자에 대한 사회학적 연구: 외국인노동자의 유입과 적응을 중심으로」, 서울대학교 사회학과 박사학위논문, 1996, 266쪽.

차별하는 데서 오는 민족 동일화 욕망의 좌절과 근본적으로 관련이 있
다. 동북아 코리언 가운데 경제적 차별에서 유일하게 예외적인 존재는
재일 조선인이다. 재일 조선인들은 선진자본주의 국가 일본에서 유학이
나 결혼 등의 이유로 한국에 이주해왔으며, 후진사회주의 국가에서 돈
을 벌기 위해 한국으로 들어온 조선족, 고려인이나 탈북자와는 다른 집
단이기 때문이다. 그러나 국내에 이주한 재일 조선인들도 민족적 차별
에서 예외는 아니다.

동북아 코리언과 한국인의 갈등을 유발하고 이들의 민족적 욕망을 박
탈하는 핵심적 요인이 경제적 차별, 서열화지만 "이런 경제적 이유 외에
도 문화적 차이, 특히 민족적 정체성과 귀속을 둘러싼 기대와 가정의 상
충이 조국에서의 귀환자들의 삶을 더욱 힘들게 하거나 갈등의 원인이
된다."[12] 한국인은 특히 재중 조선족이나 재러 고려인과 접촉할 때 거주
국의 국적을 지닌 그 나라 국민이면서 동시에 같은 민족이라는 그들의
이중정체성을 이해하지 못하는 경우가 많다. 이를테면 그들이 거주국
국민정체성이 높으면 한국의 국적을 포기한 외국 국적 소유자로 인식하
여 그 만큼 그들의 민족의식이 더 약할 것이라고 생각한다. 이러한 한국
인들의 태도는 외국 국적을 가지고 있지만, 강한 민족의식을 지니고 살
아왔던 동북아 코리언에게 이해할 수 없는 매우 낯선 것이다. 동북아 코
리언과의 충돌을 낳는 원인에는 이러한 이중정체성에 대한 인식부재뿐
만 아니라, 동북아 코리언의 불완전한 언어사용이나 거주국 문화와 혼
합된 그들의 생활 문화에 대한 차별도 포함된다.

동북아 코리언 가운데 남북관계 및 그들의 출신국가와 한국과의 역사
적 관계에 의한 차별의 대상이 되는 집단은 특히 재일 조선인과 탈북자

---

12) 권숙인, 「디아스포라 재일한인의 '귀환': 한국 사회에서의 경험과 정체성」,
『국제·지역연구』 제17권 4호, 2008 겨울, 35쪽.

이다. 재일 조선인과의 충돌은 경제적 측면보다 역사적 관계에 의해 규정된다. 우선 재일 조선인에 대한 한국인의 차별은 재중 조선족이나 재러 고려인과 달리, 70년 가까이 지속된 분단체제의 적대성에서 비롯된 이데올로기적 선입견과 관련이 깊다. 이를테면 한국인들 가운데 재일 조선인에 대해 '친북' 이미지를 갖고 있거나, '조선적'을 친북적 성향으로 이해하는 사람들이 여전히 많다. 뿐만 아니라 재일 조선인에 대한 한국인의 차별은 한국과 일본의 역사적 관계에서 비롯된 강한 반일감정과도 연관이 깊다. 적지 않은 한국인들은 일본, 일본인, 일본문화에 대해 부정적인 생각을 갖고 있으며, 이런 감정은 종종 귀환한 재일 조선인에게 투사된다. 이들에 대한 "반쪽발이"라는 표현은 이런 부정적인 평가를 잘 보여주는 예이다. 즉 재일한인에 대한 한국 사회의 수용태도는, 다른 디아스포라 귀환자 집단의 경우와 달리, 귀환자들이 드러내는 문화적 차이나 이들의 사회적·경제적 지위보다 한일 간의 역사적 관계에 의해 더 많은 영향을 받는다고 할 수 있다.[13] 탈북자 역시 조선족이나 고려인처럼 경제적 차별의 대상될 뿐만 아니라, 분단체제라는 남북의 역사적 관계에 의해 가장 큰 영향을 받는 집단이기도 하다. 그들은 사회경제적 서열화로 인한 무시, 차별뿐만 아니라, 분단체제의 영향으로 고착화된 적대적 반북감정이 투사되어 호전적인 집단으로 여겨지기까지 한다.

이상에서 보듯 국내에 이주한 동북아 코리언은 같은 민족으로 대우해 줄 것이라고 기대하였으나, 민족과 계급의 충돌, 민족과 국적 및 생활문화가 충돌하는 차별의 경험을 겪는다. 동북아 코리언은 비록 경제적 이유로 한국행을 선택하였지만, 다른 나라가 아닌 같은 민족이 살고 있는 나라로 이주하였다는 것은 민족적 동일화의 욕망을 지니고 있음을 의미한다. 또한 이들이 외국인 이주 노동자들에 비해 더 많은 차별경험

---

13) 위의 글, 36쪽.

을 느끼는 것 역시 같은 민족으로서 지닌 높은 기대감이 좌절되었음을
의미한다. 따라서 경제적, 정치적, 문화적 수준에서 야기되는 한국인의
차별과 그로 인한 동북아 코리언의 불만은 외국인 이주 노동자들이 경
험하는 사회적 차별에 대한 불만과 같은 성격의 것이 아니라, 같은 민족
으로 대우하지 않는 데서 오는 불만이라고 할 수 있다.

4. 정체성의 다양한 전략: 수평적 공동체로서의 민족

동북아 코리언은 한국 사회와 대면하면서 계급, 국적, 문화 등 여러
영역에서 차별을 경험한다. 이들이 겪는 차별의 경험은 한국을 더 이상
같은 민족이 사는 나라라는 낭만적인 관점을 철회하도록 만든다. 이들
은 민족적 동일화에 대한 기대가 좌절되면서 한국인과의 차이를 인식하
게 되고, 한국인과 구별되는 자신들만의 고유한 정체성을 새롭게 재구
성하게 된다. 국내 이주한 동북아 코리언들이 한국 사회와 대면하면서
한국인과 스스로를 경계를 지으면서 자신들만의 정체성을 만들어가는
과정을 설명하는 최근의 이론적 경향은 독립된 종족 정체성의 강화, 새
로운 디아스포라 정체성, 초국적 정체성 등 다양하다. 하지만, 한국인과
의 접촉경험을 통해 한국과 거주국 어느 한편에 일방적으로 귀속되는
것이 아니라 양자와 다르거나, 양자를 연결하는 사이 정체성을 주장하
는 공통점을 보이고 있다.

강진웅은 연변 조선족이 한국 이주노동의 경험을 통해 "한국과 중국
의 두 대범주를 넘어 조선족의 독립된 종족적 정체성을 강화하는 형태
로 변화"했으며, 이때 독립된 종족적 정체성은 한민족이 아니라 조선족
만의 '또 다른 작은 민족'을 의미할 뿐이라고 주장한다.[14] 즉 연변 조선

족이 말하는 '민족'은 한(조선)민족이라는 대범주와 구분되며, 조선족만
의 종족을 의미하는 '소범주의 민족' 개념을 지칭하는 것이다.[15] 또한 권
숙인은 재일 조선인이 한국에서의 경험을 통해 일본인도 아니고 한국인
도 아니라는 이중부정을 통해 "양쪽 사이"(in-between)의 정체성, 재일교
포라는 범주를 무언가 긍정적이고 '한국인'과는 다른 것으로 받아들이는
새로운 디아스포라 정체성을 구축하게 되었다고 주장한다.[16] 나아가 국
가의 경계를 초월하여 거주국과 한국 양쪽을 순환하면서 새로운 정체성
을 구성하는 초국적 이주(transnational migration)에 의미를 두고 있는 연
구 경향도 있다.[17]

한국 사회와의 대면경험을 통해 연변 조선족이 조선족의 종족정체성
을 강화하거나, 재일 조선인이 일본도 한국도 아닌 사이 정체성을 발전
시키거나, 국민국가의 경계를 넘는 초국적 정체성 현상이 나타난다는
이상의 논의들은 일정한 타당성을 지님에도 불구하고 불충분한 지점이
있다. 무엇보다 그러한 현상은 민족적 동일화의 욕망이 좌절되면서 나
타나는 동북아 코리언의 다양한 정체성 전략들 가운데 특정 경향일 뿐,
획일적으로 일원화될 수 있는 것이 아니라는 점이다. 동북아 코리언은
한국 사회의 차별경험에도 불구하고 한국 사회를 좋아하거나 한국 사회

---

14) 강진웅, 「디아스포라와 현대 연변 조선족의 상상된 공동체: 종족의 사회적 구
　　성과 재영토화」, 『한국사회학』 제46집 4호, 2012, 112~115쪽.

15) 위의 글, 101쪽.

16) 권숙인, 「디아스포라 재일한인의 '귀환': 한국 사회에서의 경험과 정체성」,
　　『국제 · 지역연구』 제17권 4호, 2008 겨울, 54~55쪽.

17) 국경을 넘나드는 초국적 이동에 "관계의 지속성과 운동의 반복성의 정도가
　　강"해진 것, 즉 이동의 완료(귀환)이 아니라 지속적인 순환 이동의 증대를 드
　　러내기 위해, transnational를 '초국적'이 아니라 '과국적'으로 번역하는 경우도
　　있다. 이때 과국적이란 말은 "경계를 가로지르는 지속적 관계와 반복적 운동"
　　을 의미한다. 성공회대 동아시아연구소 기획, 신현준 엮음, 『귀환 혹은 순환:
　　아주 특별하고 불평등한 동포들』, 그린비, 2013, 46쪽.

의 구성원이 되고자 적극적으로 노력하기도 하며, '같은 민족'으로부터 받는 차별에 저항하면서 그들만의 네트워크를 형성하거나 민족의 불평등한 위계를 부정하는 '동포운동'을 전개하기도 한다. 사회경제적 지위로 인해 차별받는 상황에서, 같은 민족이라는 신분은 차별에 저항하는 중요한 의미를 지닌다. 또한 국민국가의 경계를 넘나들며 정체성을 재구성한다는 초국적 이주도 자유로운 이동성이 확보된다기보다 이동을 제한하는 국가의 제도 및 정책의 영향을 받을 수밖에 없으며, 나아가 초국적 이주가 동북아 코리언의 국내 이주 일반에서 발견될 수 있는 현상도 아니다.[18]

둘째, 동북아 코리언이 보여주는 다양한 정체성 전략은 반드시 한(조선)민족의 민족적 유대를 약화시키는 방식으로 작동하지 않는다는 점이다. 이들이 한국 사회에서 겪는 차별과 그로 인한 정체성의 다양한 재구성 양상은 한국 사회 및 한국인과 구별되는 자신들의 존재에 대한 자각의 계기와 국민국가를 넘나드는 탈경계적인 가치지향을 보여주고 있을지언정, 한(조선)민족과 독립된 정체성이거나 민족적 유대를 상실한 새로운 디아스포라 정체성으로 규정될 수 있는 것은 아니다. 이를테면 강진웅의 주장처럼 한국인과의 접촉경험을 통하여 강화된 중국 조선족의 종족정체성은 한(조선)민족이라는 대범주에서 분리된 소범주로서의 독립적인 종족정체성이라고 할 수 없다. 일반화시켜 말하면 한국인과 구별되는 동북아 코리언만의 고유한 정체성은 한(조선)민족 정체성과 분

---

18) 이동성과 모국-거주국 연계성을 디아스포라와 초국가주의를 구분하는 두 차원으로 보고, 이동성과 연계성이 높은 상태를 초국가주의, 이동성과 연계성이 낮은 상태를 디아스포라로 구분하면서, 재외 동포의 상황은 디아스포라와 초국가주의의 상태가 혼재되어 있어서 어느 하나의 관점으로 모든 상황을 설명하려기보다 상황에 맞게 선택적으로 적절한 개념을 사용하는 것이 현명하다는 주장도 있다. 윤인진, 「디아스포라와 초국가주의의 고전 및 현대 연구검토」, 『재외한인연구』 제28호, 2012, 8쪽.

리되지 않는다. 원래 동북아 코리언은 한(조선)반도적 배경과 거주국의 정치 문화적, 사회경제적 상황의 동적인 상호작용을 겪으면서, 한(조선)반도에서 기원한 민족정체성의 독특한 변용을 겪을 수밖에 없는 존재다. 동북아 코리언들은 20세기 들어 망국과 이산 그리고 분단의 역사적 소용돌이 속에서 다양한 정치공동체로 분리되었고, 따라서 민족 정체성은 에스닉적 요소를 기반으로 하면서도 해당 지역의 정치경제적, 사회문화적 조건에 따라 다양하게 변용될 수밖에 없었다. 이런 점에서 동북아 코리언은 역사적으로는 하나의 민족에 속하지만, 문화적으로 구별되는 '에스닉적인 하부그룹'의 일원으로 볼 수 있다.[19]

따라서 동북아 코리언만의 독립적인 종족정체성을 부인하는 것은 흔히 오해하듯 한국인의 한(조선)반도 중심의 민족관념을 그들의 정체성 이해에 일방적으로 적용하는 것과 무관하다. 오히려 그들이 한국 사회의 차별에 대한 저항으로 한(조선)민족과 구별되는 자신들만의 독립적 정체성을 강화할 것이라는 생각이 한국중심주의적 사고에 가깝다. 동북아 코리언의 한국에 대한 실망은 한(조선)민족에 대한 실망과 곧 바로 직결되지 않는다. 한국에 대한 실망은 한(민족)에 대한 실망이라기보다 한국정부의 재외 동포정책과 한국 사회 내부의 삶의 조건, 그리고 한국인의 차별과 관련된다. 따라서 한국과 한국인에 대한 불만은 한(조선)민족의 유대를 약화시키는 방식으로 반드시 작동하지 않을 뿐만 아니라, 더욱이 민족정체성 해체현상, 탈민족화로 이어지는 것도 아니다. 이 지점에서 '민족' 개념이 지니는 의의를 숙고해볼 필요가 있다.

---

19) 우즈베키스탄의 고려인 학자 한 발레리(Valeriy, S. Khan)는 남과 북 그리고 해외 코리언을 '에스닉적인 하부그룹'으로 보고 이들의 집합체를 "메타-네이션 (Meta-Nation)"으로 명명하고 있다. Valeriy, S. Khan, 「Korean Meta-Nation and Problem of Unification」, 『민족공통성 연구 방법론의 모색』(건국대학교 통일인문학 제7회 국제학술심포지엄 자료집(2011.5.20)), 36쪽.

현재 주류 디아스포라 담론은 민족(국가) 중심적이며, 이러한 민족 중심 언설의 디아스포라 이해는, 모국(homeland)과의 연계를 자연스러운 것으로 간주하며, 그 연계에 근거하여 사람들을 경계로 묶어낸다.20) 이 한정은 주류 디아스포라 논의에 나타난 이러한 '민족 중심'의 담론을 비판한다. 한국인과 재일 조선인이 식민지배와 분단의 민족사적 경험을 공유한다는 점에서 같은 민족이라는 서경식의 논의에 대해, "본래의 '공동체'를 지탱하는 '민족'에 대한 비판적 대안으로는 아직 성숙하지 못하"며, "'민족'을 둘러싼 디아스포라의 논의는 국민국가 체제에서 본래의 역사적 '공동체'를 재구성하는 쪽으로 기울기 쉽다"21)고 비판한다. 그러나 디아스포라 논의에서 민족이란 개념을 중시하면 본래의 역사적 공동체를 재구성하는 쪽으로 기울기 쉬운가? 서경식이 말하는 민족개념은 20세기의 식민지배, 이산, 분단의 역사적 경험 이전에 한(조선)민족이 본질적으로 공유한 혈연적, 문화적 공동체와 다르다. 그가 민족이란 말로 드러내고 싶은 바는 과거의 본래적인 역사 공동체가 아니라, 식민지배와 분단모순으로 인한 고통과 상처를 공유하고 그 고통에서 해방되기를 지향함으로써 서로 연대하는 미래지향적 공동체다. 그에 따르면, "식민지배, 고향상실과 이산, 민족분단, 차별과 소외, 근대 역사를 통해 우리나라 민중이 공유하게 된 이 고난의 경험이야말로 우리를 하나의 '민족'으로 묶어주는 것이다."22) 혈통과 언어 그리고 국적과 관계없이 한(조선)민족의 역사적 수난의 공유에 바탕한 공감과 연대야말로 민족정체성의 핵심이라는 것이다.

'민족'만 거론되면, 과거 회귀적인 본질주의나 개인을 억압하는 집단

---

20) 이상봉, 「디아스포라와 로컬리티 연구: 在日코리안을 보는 새로운 視角」, 『한일민족문제연구』 제18권, 2010, 114쪽.

21) 이한정, 「재일조선인과 디아스포라 담론」, 『사이(SAI)』 제12권, 2012, 265~266쪽.

22) 서경식 지음, 임성모 옮김, 『난민과 국민 사이』, 돌베개, 2006, 120쪽.

주의를 떠올리는 것은 민족 혹은 민족주의에 대한 강박에 다름 아니다. 민족 개념에 대한 불신은 '민족=억압, 탈민족=해방'의 이분법적 본질화를 함축하며, 이는 '민족'을 호명할 수밖에 없는 현실의 문제에 대한 숙고를 배제한다. 단순히 민족의 틀에 기초한 사고를 넘어서자는 주장은 왜 사람들이 민족에 기초해 사고할 수밖에 없는지를 문제 삼지 않는다. 문제는 민족이나 민족주의 그 자체가 아니라 그러한 민족적 정서와 유대를 불러일으키도록 만드는 현실에 있다. 사람들을 "민족으로 결집시키는 억압이나 고난이 없어지지 않는 한, 바꿔 말하면 민족의식 형성의 하부구조가 변혁되지 않는 한, 억압받고 있는 사람들은 그 상상을 계속 필요로" 한다.[23] 민족이 사회적 요구로서 호명될 수밖에 없는 현실을 소홀히 하고 그 이데올로기적 억압성(상부구조)만 강조하는 것은 전도된 것이다. 따라서 어떤 이념의 본질적 억압성이나 해방성을 거론하기보다, 그것을 불러일으키는 현실적 모순에 더 주목할 필요가 있다.

20세기 한(조선)반도의 역사에서 민족주의가 지닌 강한 생명력은 식민지배의 경험은 물론 해방 이후에도 식민주의와 분단 상황이 여전히 지속되고 있다는 한(조선)반도의 현실과 깊게 관련되어 있다. 또한 동북아 코리언들이 민족적 유대와 정서의 욕망이 강한 이유 역시 강요된 이산의 희생자들로, 식민과 분단의 역사가 초래한 상처에서 자유롭지 못한 현실 때문이다. 민족적 억압과 차별의 현실이 지속되는 한, 민족이 계속 호명될 수밖에 없다는 점은 재일 지식인 김태영에게서 잘 드러난다. 그는 민족으로 맞대응하지 않으면 실천적으로 해결되지 않는 민족 차별이 변함없이 존재하는 현실에서, 집단적 정체성이 허구고 따라서 해체되면 그 결과 도대체 무엇이 남으며, 어떤 무기를 가지고 대처해야

---

23) 서경식 지음, 권혁태 옮김, 『언어의 감옥에서: 어느 재일조선인의 초상』, 돌베개, 2011, 174쪽.

하는가? 라고 묻기 때문이다[24]

오늘날 세계화가 유발하는 불안정성과 불확실성은 상상된 공동체로서의 '민족'을 불러올 가능성이 높다. 특히 국내에 이주한 동북아 코리언들은 한국 사회에서 겪는 유동적이고 불안정한 삶 때문에 민족적 유대의 끈을 구축해가려는 강한 욕망을 지니고 있다. 그들이 한국 사회와의 차별적 대면을 통해 자신들만의 정체성을 재구성하더라도, 이는 자신들의 삶에 안정감을 부여하는 새로운 민족적 유대의 방식들을 창출하는 방향성을 지닌다. "각 민족에 보편화되어 있을지 모르는 실질적인 불평등과 수탈에도 불구하고 민족은 언제나 심오한 수평적 동료의식으로 상상"[25]된다. 민족은 현실에 존재하지 않는 수평적 동료 관계를 지향하고 또한 현실 사회로 하여금 바람직한 공동체의 모습을 제시하고 있다는 점에서 현실의 불평등과 수탈을 극복하게 해주는 유토피아로 향하게 하는 방향계로 현실에 작용한다. 수평적 공동체로서의 민족이 현실에서 이루어질 수 없다는 것을 알면서도 민족의 개념이 여전히 유효성을 갖는 것은 현실사회를 극복하려는 노력을 가능하게 하기 때문이다.[26] 따라서 중요한 것은 '민족'을 해체할 것이 아니라 오히려 '민족'이라는 유토피아적 힘을 이용하여 한(조선)민족 상호간의 소통과 협력을 만들고 거기서 살아가고 있는 사람들의 현실을 개선하는 것이다.

---

24) 김태영 지음, 강석진 옮김, 『저항과 극복의 갈림길에서』, 지식산업사, 2005, 96쪽.
25) 베네딕트 앤더슨(Benedict Anderson) 지음, 윤형숙 옮김, 『상상의 공동체: 민족주의의 기원과 전파에 대한 성찰』, 나남출판, 2003, 7쪽.
26) 고부응, 「균열된 상상의 공동체: 베네딕트 앤더슨의 민족과 민족주의 이론」, 『비평과 이론』 제10권 1호(2005 봄/여름), 79쪽.

5. 나가며: 새로운 한(조선)민족 네트워크 형성을 위해

이제까지 살펴보았듯이 국내에 이주한 동북아 코리언은 그들이 가진 민족적 동일화를 향한 욕망이 클수록 한국이나 한국인에게서 더 많은 상처를 받는다. 이는 그들이 한국에 들어와 있는 다른 이주 노동자들과 달리 같은 민족이라는 동일화의 욕망을 가지고 있기 때문이다. 이런 점에서 한국의 재외 동포정책과 사회적 인식은 재중 조선족, 재러 고려인, 재일 조선인, 탈북자 등이 지닌 민족적 동일화의 욕망과 그들의 현실적 조건들을 고려하여 바꾸어가는 것이 필요하다.

무엇보다, 이들이 겪은 이산의 슬픈 역사에 대한 인식을 공유할 필요가 있다. 그동안 한국정부는 동북아시아지역에 거주해 있는 코리언들에 대해 무관심하거나 남북의 체제경쟁 속에서 필요에 따라 활용해왔다. 그리고 이러한 상황은 현재도 근본적으로 변화되지 않았다. 예를 들면 사할린 동포와 '조선적'을 유지하고 있는 재일 조선인에 대한 처우가 그러하다. 1945년 8월 이전 사할린에 거주했거나 출생한 동포1세대들을 대상으로 1994년부터 영주귀국 사업을 통해 지원하고 있지만, 사할린 동포 2세대들에 대해서는 이렇다 할 지원이 이루어지지 않고 있어 영주귀국자 자녀들은 다시 이산의 아픔 속에서 살아가고 있다.[27] 또한 일본에 귀화하지 않은 '조선적' 동포의 한국방문은 국적을 한국으로 바꾸지 않는 한 불가능한 것이 지금의 현실이다. 사할린 동포나 '조선적' 재일 조선인과 관련된 문제들은 모두 20세기 한민족이 겪은 슬픈 역사의 결과이다. 이들뿐만 아니라 중앙아시아를 떠돌고 있는 무국적 카레이스키 (高麗人), 시베리아 억류포로 등은 '역사의 조난자'라 할 수 있다. 우리의

---

27) 곽승지, 「재외 동포정책을 전면 수정해야 한다」, 『미드리』 제7권, 이주동포정책연구소, 2011, 64쪽.

근현대사에서 자신의 잘못 없이 나라가 주권을 잃으면서, 그리고 동족 상잔의 아픔을 겪으면서 버려지고 잊혀진 존재들이기 때문이다.[28] 식민과 분단의 역사적 굴곡과정에서 자기 의사와 무관하게 국적을 상실하거나 한(조선)반도를 떠난 이들에 대한 같은 민족으로서의 관심과 처우가 필요하다.

또한 국내에 들어와 살고 있는 동북아 코리언에 대한 정책도 단순히 노동시장적 측면에서 접근할 것이 아니라, 이들이 장차 한민족의 미래에 미치는 영향과 가치를 평가하고 이런 바탕에서 민족적 합력의 창출이라는 관점에서 접근할 필요가 있다. 재외 동포정책이 지닌 심각한 문제는 신자유주의 시장논리에 따라 국내에 이주한 동북아 코리언을 한국 노동시장의 수급체계의 측면에서만 바라보고 있다는 점이다. 경제적인 차원의 도구적 관점에서 이들을 3D업종에 종사하는 하층 노동자 계급으로 고정시키는 것은 민족적 유대의 끈을 끊어버리는 것과 같다. 사실, 한국 사회와 관계 맺는 과정에서 겪은 경제적, 사회문화적 차별경험으로 동북아 코리언은 한국 사회와 민족적 유대가 점점 옅어지고 있다. 만약 현재와 같은 재외 동포정책이 지속된다면, 이를테면 재중조선족은 한(조선)민족이라기보다 새로운 에스닉 그룹으로 변할 가능성조차 있다. 뿐만 아니라 국내에서 생활하는 동북아 코리언을 단순히 다문화 정책의 범주에서 다루고 있는 것도 문제다. 동북아 코리언이 한국 사회와 대면하면서 겪는 차별경험과 갈등, 이로 인한 정체성의 재구성은 바로 같은 민족이라는 집단적 욕망의 좌절과 관련되어 있기 때문에, 다문화적 관점에서 접근하는 시도는 이들만의 독특한 집단적 욕망을 무시함으로써 결과적으로 더 큰 상처를 줄 우려가 있다.

---

28) 박선영, 「사회 통합을 위한 국민 범위 재설정」, 『저스티스』 통권 134호, 2013, 405쪽.

한(조선)민족 네트워크는 식민지, 냉전, 탈냉전의 시대를 관통하여 지속적으로 형성되어 왔다. 식민지 시기의 네트워크는 제국중심의 질서형성을 거부하는 방식으로, 냉전시대의 네트워크는 식민지 시기의 상처에 대한 피해보상이나 해외동포귀환운동 등의 방식으로 이루어져왔다. 오늘날 탈냉전 시대의 한(조선)민족 네트워크는 이러한 역사적 유산을 계승하면서도, 새로운 방식의 길을 모색해야 할 단계에 이르렀다. 과거와 같은 '동질성 대 이질성'이라는 민족 프레임은 '한민족 네트워크'를 만드는 데 오히려 역효과를 낼 수 있다. 새로운 네트워크는 민족의 동질적 정체성을 재확인하고 강화하는 낭만적 민족주의가 아니라, 동북아 코리언의 객관적 처지와 주체적 요구를 이해하면서 '민족적 합력'을 창출하는 관점에서 이루어져야 한다. 이는 재중 조선족, 재러 고려인, 재일 조선인, 탈북자 등 동북아 코리언이 가지고 있는 '민족적 유대'의 욕망의 다양한 흐름을 존중하고, 이 속에서 민족적 합력을 증대시킴으로써 새로운 한(조선)민족 네트워크, 나아가 통일한(조선)반도를 형성하는 길에 다름 아니다.

제2장 '상상된 공동체'의 와해와 조선족들의 아비투스

박영균*

1. 들어가며: 조선족 사회 변화와 심층면접조사

중국의 개혁 개방 정책과 맞물린 산업화와 한중 수교(1992년), 그리고 그 이후 진행된 한중 교류의 확대는 연변 조선족 자치주 내부에 급격한 변동을 초래하였다. 이것은 자본주의화와 더불어 나타나는 소비문화의 급속한 확산에만 멈추지 않는다. 연변의 화려한 도시화 이면에는 연변 조선족 자치주의 공동화에 대한 위험 또한 도사리고 있다. 연변의 자랑이었던 민족학교와 집거구의 해체뿐만 아니라 조선족 정체성에 대한 변화 또한 일어나고 있다. 과거의 연변은 항일무장투쟁의 중심 지역이자 중국 내 조선족들의 언어와 문화를 보존하는 거점이라는 위상을 가지고

* 건국대학교 통일인문학연구단 HK교수.

있었다.

그러나 최근 연변이 역사적으로 쌓아왔던 조선족 자치주로서의 자부심과 위상은 급격하게 추락하고 있다. 이것은 출산율의 감소 및 고령화에 기인한 것이기도 하지만 무엇보다도 먼저 연변 조선족들이 북경, 상해, 광저우 등과 같은 대도시 및 국외 지역들, 특히 한국으로 이주하기 있기 때문이다.[1] 현재 한국에 거주하는 조선족의 숫자는 연구자마다 다르며 정확하지는 않지만 50만 명을 넘어서는 것으로 추산되고 있다. 이것은 중국 내 조선족 인구 183만 929명(2010년 중국 인구센서스 자료) 중 1/4 이상을 차지하는 것으로, 중국 조선족 4명 가운데 1명은 한국으로 들어와 있다는 것을 의미한다.[2]

---

1) 한 연구에 따르면 현재 조선족 인구의 출산 수준은 한국인이나 한족보다 낮으며 고령화 역시 한국보다 높은 데 반해 미혼자, 이혼자, 사별자의 비중은 증대하고 있다. 또한, 민족교육은 약화되고 있으며 2000년 이후 대학교육 이수자 비중도 낮아지고 있는 등, 전반적인 조선족 자치주의 위기가 확대되고 있다. 그러나 다른 한편으로 도시 지향성에 따른 이주가 새로운 조선족 거주지를 만들어놓고 있다. 일부 도시에서 조선족 집거촌이 형성되고 있는 것이다. 김두섭·류정균, 「연변 조선족 인구의 최근변화: 1990년, 2000년 및 2010년 중국 인구센서스 자료의 분석」, 『중소연구』 36-4, 2013, 145~146쪽.

2) 조선족 출신 이주자 수는 46만 1,903명에 달하며 그 외에도 1만 9,610명의 조선족 불법체류자가 한국에서 생활하고 있다(법무부 2012). 여기에 한국정부가 그 숫자를 파악하지 못하고 있는 기타 불법 체류자와 이미 한국 국적을 취득한 조선족까지 합치면 거의 50만 명에 가까운 조선족 인구가 한국에 거주하고 있다고 할 수 있다. 이는 2010년의 중국 인구센서스 자료에 기재된 중국내 조선족 총 인구(183만 929명) 중 25% 이상이 한국에 체류 중인 것이라고 할 수 있다. 리화, 「국경을 초월하여 공생하는 조선족가족: 한국이주노동으로 인한 분산거주경험을 중심으로」, 『중앙사론』 36권, 2012, 498쪽. 반면 한국에 살고 있는 조선족은 2011년 7월 기준으로 46만 3천 명이며 여기에 한국 국적을 이미 취득한 7만여 명을 더하면 이미 53만 명을 넘어선 것으로 보인다. 1990년 무렵 중국 내 조선족이 200만 명이었던 것을 감안한다면, 조선족 중 4명 중 1명은 중국을 떠나 한국에서 살고 있는 셈이다. 신명직, 「가리봉을 둘러싼 탈영토화와 재영토화: 87이후의 가리봉을 그린 소설과 영화를 중심으로」, 『로컬리티 인문학』 2011, 68쪽. 따라서 리화의 통계에는 한국 국적 취득자가 빠져 있으며, 신명직의 통계에는 중국 내 조선족 인구수가 대략적으로 추산

게다가 그들 중 절반 정도의 사람들(약 25만 명)이 서울에 거주하고 있다. 이것은 오늘날 세계화와 더불어 나타나고 있는 인구이동, 즉 제3세계 인구의 제1세계로의 이주와 제1세계 도시의 주변부에서 값싼 노동력을 제공하는 자로 살아가는 이주의 일반적인 특성과 다르지 않다. 다만, 다른 것이 있다면 연변의 조선족들은 어떤 집단적 소속감도 가지고 있지 않는 이주와 달리 '같은 민족'이라는 소속감을 가지고 있다는 것이다. 물론 그들은 우리와 같은 민족이면서 동포라는 점에서 양자 간에는 다른 인종이나 종족들 간의 대규모 인구이동이 유발하는 것과 같은 형태의 문화적 충격과 갈등, 충돌을 낳지는 않을 것이라고 기대할 수도 있다.

그러나 이것은 매우 '단편적인 생각'일 뿐이다. 왜냐하면 여기서 발생하는 문화적 충격과 갈등은 바로 '우리가 같은 민족으로서 동포'라는, 바로 그런 집단적 욕망의 좌절과 관련되어 있기 때문이다. 그런데도 한국에서의 다문화 정책이나 디아스포라 연구는 이들의 특수성을 고려하지 않고 세계화와 함께 진행되는 디아스포라 일반의 문제로 다루고 있다. 이런 연구들은 우리와 다른 인종 또는 종족들과의 집단이주와 접촉에서는 나타나지 않는 이들만의 독특한 집단적 욕망이나 가치·정서·문화적 충돌을 다루지 않는다. 반면 이와 반대의 연구 경향도 있다. 그들은 아예 '같은 민족'이라는 것을 전제하면서 이들이 가지고 있는 '차이'를 보지 않고 동질화 또는 동질성을 찾고자 한다.

이에 건국대학교 통일인문학연구단은 2010년과 2011년 중국, 러시아, 일본 등지에 거주하는 코리언들에 대한 설문면접조사를 실시하였다. 이 설문면접조사는 민족정체성을 '혈연·가치·문화' 등 어느 하나의 지표를 찾아내는 것이 아니라 오히려 다양한 요소들이 어떻게 중층적이고 복합적으로 결정되는지를 찾아내고자 했다. 우리는 이것을 '인지·정

되어 있다. 바로 이런 점에서 양자의 장단점을 고려하여 추산을 할 필요가 있다.

서·신체적 정체성'이라는 3가지 차원으로 나누고 다시 그 안에서 각각
의 정체성들을 규정하는 요인들을 밝히고자 했다.[3] 이 글은 이런 선행
연구 결과를 토대로 하여 기획된 심층면접조사연구에 토대를 두고 있다.

2012년 출판된 선행 연구 결과에 의하면 재중 조선족은 대표적인 이
중정체성을 가지고 있었다. '민족'과 '국가'를 나누고 이 양자에 대한 특
정한 소속감을 가지는 것은 재중 조선족만이 아니라 재일 조선인, 재러
고려인 모두에게서 나타나는 일반적인 현상이다. 이것은 그들이 선조들
이 대대로 살아왔던 땅과 국가가 아니라 다른 종족이 다수인 국가와 땅
에서 살고 있기 때문이다. 따라서 이들에게 현재 그가 살고 있는 '국가'
와 그들이 뿌리가 있는 곳으로서 '민족'을 나누고 이 둘 사이에서 특정한
형태의 '인지·정서·신체적 요소'들을 복합적이고 중층적으로 만들어가
는 것은 필연적이라고 할 수 있다.

그러나 그렇다고 재중 조선족의 정체성이 다른 집단과 동일한 특성만
을 공유하고 있는 것은 아니다. 재중 조선족은 '민족'과 '국가'라는 이중
정체성이 상호 배타적인 부(-)의 관계를 가지고 있는 '재일 조선족'과 다
르며 '소비에트인'이라는 보편성 안에서 민족정체성을 만들어 온 '재러
고려인'과도 다르다. 그들은 중국 공민으로서의 국민정체성을 매우 강
하게 인지하고 있으면서도 '민족정체성' 또한 매우 강하게 인지하고 있
었다. 이들의 국민정체성은 해외 거주 코리언 중에서 가장 높았다.[4] 하
지만 정서·신체적인 정체성에서 다른 어떤 집단보다도 강한 민족정체

---

3) 건국대학교 통일인문학연구단의 조사연구 결과는 2012년 선인 출판사에서 다
음의 4권으로 출판되었다. 건국대학교 통일인문학연구단, 『코리언의 민족정체
성』, 『코리언의 역사적 트라우마』, 『코리언의 생활문화』, 『코리언의 분단·통
일의식』, 선인, 2012.

4) 김성민·박영균, 「코리언의 민족정체성과 민족적 합력 창출을 위한 정책 제
언」, 건국대학교 통일인문학연구단 편, 『코리언의 민족정체성』, 선인, 2012,
305쪽.

성을 가지고 있었다. 심지어 이들에게 국민정체성과 민족정체성은 서로 충돌하는 관계가 아니라 상호 보완적인 정(+)의 관계를 이루고 있다.

이것은 그들이 중국 공민이라는 국민정체성을 "한민족이라는 자부심 위에서 공존"시키면서 조선족 특유의 민족정체성을 만들어왔기 때문이라고 할 수 있다.[5] 하지만 그렇기 때문에 조선족과 한국인이 공유하고 있는 '같은 민족'이라는 동포 의식은 오히려 충돌을 낳을 가능성이 높다. 왜냐하면 한국인들이 가지고 있는 민족정체성은 민족과 국가가 일체화된, 보다 정확히 국가가 민족을 대표하는 "대한민국 국가중심주의", "대한민국 자문화중심주의", "대한민국 경제중심주의"를 따라 구성되어 있기[6] 때문이다. 실제로, 선행 설문 조사와 연구 결과는 이를 밝혀주었다.

그러나 선행 연구는 설문 조사라는 양적 연구에 기초하고 있기 때문에 전체적인 양상이나 흐름들을 파악하는 데에는 장점을 가지고 있었으나 겉으로 드러나지 않는 내밀한 가치 · 정서 · 문화적 흐름이나 충돌의 양상들을 파악하는 데는 한계를 가지고 있었다. 또한, 이전의 선행 연구는 재중 조선족들만을 대상으로 하여 설문 조사한 결과를 분석한 것이기 때문에 조선족들이 한국과 만나면서 겪는 구체적인 충돌과 좌절의 양상들, 즉 그들의 어떤 사고-실천양식들이 한국인들이 가지고 있는 사고-실천양식과 충돌하면서 '좌절'과 '갈등'을 만들어내는지를 밝힐 수 없었다. 따라서 건국대학교 통일인문학연구단은 재중 조선족만을 설문 조사했던 기존 연구와 달리 ① 재한 조선족을 포함하여, 그들의 심층을 조사할 수 있는 ② 인터뷰를 진행하였다.

이번 심층 구술 조사는 연변과 서울 두 곳에서 진행되었다. 연변에서

---

5) 박영균 · 허명철, 「재중 조선족의 국민 '그리고' 민족의 이중정체성」, 위의 책, 206쪽.
6) 이병수 · 정진아, 「한국인의 민족정체성 이해와 대한민국 중심주의의 극복」, 위의 책, 99~102쪽.

이루어진 심층 구술 조사는 2012년 10월 사무실과 호텔 숙소 등지에서
재중 조선족 4인을 대상으로 진행되었으며 서울에서 이루어진 심층 구
술 조사는 2013년 11월부터 2014년 4월까지 구로에 소재하는 중국 동포
단체 사무실과 학교 연구실 등지에서 재한 조선족 6인을 상대로 진행되
었다. 아래 표는 이번에 진행된 심층 구술 조사 대상자들의 명단이다.
이번 심층 구술 조사에서 조사된 내용에는 중국 정부에 대한 태도를 포
함하는 정치적으로 매우 민감한 정치적 사안에서부터 내밀한 개인사를
포함하고 있었기 때문에 구술자의 자유로운 구술과 진실성 보장을 위해
구술자의 신상 정보와 구술 자료에 대한 비공개를 원칙으로 하여 대담
을 진행하였다.[7]

또한, 심층 구술 조사는 구술자가 자신의 생애담을 자연스럽게 구술
하는 방식이 아니라 2012년 이미 진행된 선행 연구 결과에서 나타나고
있는 각각의 의식적 흐름이나 정서적 반응들을 토대로 하여 작성된 질
문지를 중심으로 하여 진행되었다. 이것은 이번 심층 구술 조사에서 조
선족들의 생각을 읽고자 한 것이 아니라 선행 연구에서 나타난 각각의
의식적 양상들이 기반하고 있는 심층의 흐름들을 파악하고자 했기 때문
이다. 따라서 심층 조사 진행도 질문지를 중심으로 하면서도 구술자의
구술 내용 중 보다 더 세밀한 답변이 필요한 경우에는, 조사자가 구술자
에게 적극적으로 질문을 던지면서 개입하는 방식으로 이루어졌다.

---

7) 별칭의 '중남'과 '중녀'는 '현재 중국에 체류하고 있으며 중국에서 인터뷰를 진
   행한 남자와 여자'를 의미하며, '한남'와 '한녀'는 '현재 한국에 체류하고 있으
   며 한국에서 인터뷰를 진행한 남자와 여자'를 의미한다.

구술자 기본정보

번호	별칭	출생년도	출생지	학력	체류기간	직업
1	중남1	1969	연변도문	대졸	4년	회사원
2	중남2	1986	연변	대학원재학	없음	조선족역사전공
3	중남3	1982	연변	고졸	없음	대학생
4	중녀1	1944	연변	대졸	방문	민족교육활동
5	한남1	1985	길림교화현	대졸	4년(영주권자)	마케팅 자영업
6	한남2	1986	흑룡강	대학원재학	7년	디자인전공
7	한남3	1967	연변	중졸	3년	무직
8	한녀1	1961	연변안도현	대졸	3년	전문직
9	한녀2	1945	길림	중졸	5년	노동자
10	한녀3	1942	연변시	초졸	7년	무직

2. 분열되고 있는 조선족들의 이중정체성

이번 심층 구술 조사에서 드러나는 가장 큰 특징은 조선족들이 다른 해외 거주 코리언들에 비해 상당히 높은 국민정체성을 가지고 있다는 점이다. 이는 2010년과 2011년에 재중 조선족을 상대로 한 설문 조사결과와 동일하다. 그 당시 조사된 재중 조선족들의 국민정체성은 인지적 측면에서만 보았을 때, 미국이나 러시아, 일본에 거주하는 코리언들 중에서 가장 높았다. 마찬가지로 이번 구술 조사에서도 전체 구술자 10명 중 중국 공민이라는 것을 부정한 사람은 없었다. 중국에 대한 거부감을 직접적으로 드러내는 한녀[8])조차도 조국은 '중국'이라고 생각하고 있었다.

---

8) 한녀2는 매우 독특한 특징을 보이고 있다. 그는 조국이 어디라고 생각하느냐의 질문에 '중국'이라고 답변했으며 모국은 '한국'이라고 했다. 이 점에서 보면 그녀는 다른 구술자들과 마찬가지로 이중정체성을 가지고 있는 것처럼 보인다. 하지만 그녀는 중국보다는 한국이 편하다고 하면서 그것은 언어가 통하기 때문이라고 답하거나 중국에 대한 "왜 그런지 모르지만" "기억이 안 좋다"고 말하면서 중국에 대한 거부감을 드러내고 있다. 그런데 이런 거부감은 또한 연변 사람들에 대한 거부감과 중첩되어 있다. 그녀는 연변 사람들이 "거짓이 있고

하지만 그렇다고 해서 이런 높은 인지적 국민정체성이 민족정체성과 아무런 갈등이나 균열을 일으키지 않는 것은 아니다. 이번 심층 구술 내용을 보면 '중국의 공민'이라는 의식을 확고하게 가지고 있는 경우에도 자신의 민족정체성과 관련하여 미묘한 균열을 가지고 있었다. 그리고 이런 균열이 일으키는 틈새를 따라 조선족들은 대략 세 가지 방식으로 대응하고 있었다. 첫째 방식은, 국민과 민족의 균열을 다시 통합시켜가면서 이중정체성을 유지하는 유형들이다. 이들 유형은 말 그대로 '공존(coexistence)하는 이중정체성'이라고 명명할 수 있다.[9] 이번 구술자 중 한남1, 한남2, 한녀1은 선행 연구 결과처럼 '태어난 곳=조국'과 '선조의 뿌리가 있는 곳=모국'이라는 의미에서 양자를 조화시키고 있다.

그러나 조선족들 모두가 이렇게 양자를 조화시키고 있는 것은 아니다. 이번 구술 조사에 드러난 조선족들의 인지적 정체성을 보면 큰 틀에서 국민과 민족 양자에 대한 귀속성을 기본으로 하면서도 '민족과 국가' 사이에서 동요하면서 한편에서는 '민족'쪽으로, 다른 한편에서는 '국가'

진실이 없어 보인다."고 하면서 자신은 "연변 사람들과 접촉하지 않고" 살며 "우리 친척도 연변에 있지만" "연변 사람과 친할 수 없다"고 말하고 있다. 아마도 이것은 그녀의 시댁이 '전남 광양'이고 친정이 '충북(부), 전북(모)'이고 말투도 서울 말씨를 쓰는 등 북쪽 출신에 북쪽 말씨를 쓰는 연변 사람들과의 차이를 가지고 있기 때문으로 보인다. 또한, 중국에 대한 거부감은 문화대혁명 때 싸우는 게 싫어서 중학교를 자퇴하고 이후 어렵게 살아왔기 때문으로 보인다. 그러나 그녀 또한 다른 구술자들과 마찬가지로 문화대혁명의 아픔을 한족들이 조선족을 탄압한 '민족적 탄압 또는 갈등'으로 기억하고 있지는 않다.

9) 이중에서도 가장 모범적인 '공존하는 이중정체성'을 보여준 구술자는 한남1과 한남2이다. 한남1은 '조국'으로 중국과 남북을 모두 선택했으며 그 이유로 '태어나고 자랐으며 내 정신과 문화가 그러하다'고 답했으며 한남2는 '조국'을 '중국과 한(조선)반도'라고 말하면서 그 이유를 '나를 돌보아주는 곳이기 때문이라고' 답했다. 그 이외에 나머지 구술자들은 모두가 '조국'은 중국이며 '모국'은 한(조선)반도 또는 한국, 한국-조선이라고 답하면서 그 이유로 '태어난 곳'과 '내 선조의 뿌리가 그러하기 때문에'를 선택하였다. 따라서 구술자들은 모두다 '이중정체성'을 기본적인 축으로 가지고 있으면서 그 안에서 일정한 차이를 가지고 있는 것으로 보인다.

쪽으로 견인되는 양상들을 보여주고 있다. 이번 구술자들 중 '공존하는 이중정체성'을 가진 3명을 제외한 나머지 7명은 모두 다 '갈등하는 이중 정체성'을 가지고 있다. 여기서 갈등과 충돌을 만들어내는 것은 '민족'과 '국가' 사이의 간극 또는 균열이었다. 따라서 선행 설문 조사에서 드러난 조선족들의 '정(+)의 관계'로서 이중정체성은 아무런 동요가 없는 이중 정체성이 아니라 경향적 동요를 수반하는 이중정체성이라고 할 수 있다.

바로 이런 점에서 조선족들의 이중정체성은 '공존' 유형과 '갈등' 유형 으로, 다시 '갈등' 유형은 '민족 친화'와 '국가 친화'적 유형으로 나뉠 수 있다. 즉, '갈등하는 이중정체성'은 '민족'의 견인력이 더 강하게 작용하 면 할수록 '민족 친화적 이중정체성'을, '국가'의 견인력이 더 강하게 작 용하면 할수록 '국가 친화적 이중정체성'을 보이고 있는 것이다. 그러나 이들이 '민족 친화적 이중정체성'과 '국가 친화적 이중정체성'을 가지고 있다고 하더라도 조선족들의 이런 동요는 '민족' 또는 '국가' 중 어느 한 쪽을 배타적으로 양자택일하는 것이 아니기 때문에 이중정체성을 벗어 나는 것은 아니다.

또한, 그들이 '민족 친화적', '국가 친화적'이라고 하더라도 그것은 그 가 애초부터 '민족에 친화적'이거나, '국가에 친화적'이기 때문에 이런 동 요나 경향성을 가지고 있는 것은 아니다. 이들의 경우, '중국'과 '한국'의 상호 길항관계 속에서 그들이 겪는 다양한 개인적인 체험요소들을 따라 '민족' 편으로도, '국가' 편으로도 움직였다. 이들 중 중남1과 중녀1, 한녀 2, 한녀3은 중국 공민이라는 점을 받아들이면서도 중국의 소수민족정책 에 대한 반감을 드러내거나 한족에 대립하여 한민족의 귀속성을 더 강 하게 주장하는 '민족 친화적 이중정체성'[10]을, 중남2, 중남3, 한남3은 한

---

10) 중남1은 원래 중학교 교사였으나 2001년에 '코리언 드림'을 가지고 한국으로 들어와 4년간 일을 했으며 현재는 광저우에 있는 일본인 회사에서 일을 하고 있는데, 한국을 통해서 오히려 조선족들이 문명화되었다고 하면서 민족정체

민족이 아니라 중국 공민으로서의 정체성을 더 강하게 주장하는 '국가 친화적 이중정체성'[11]을 보이고 있다.

그러므로 재중 조선족들이 이전의 설문 조사에서 보여주었던 독특한 성격인, 국민정체성과 민족정체성이 서로 보완적인 '정(+)의 관계'는 조선족들에게 온전하게 통합되어 있는 관계가 아니라 상황에 따라 일정한 내적 긴장과 갈등, 충돌을 일으킬 수 있는, 분열가능성을 가지고 있는 '정(+)의 관계'라고 할 수 있다. 이번 구술 조사에서 구술 내용들은 이것을 잘 보여주고 있다. 그렇다면 왜 이런 분열가능성이 나타나고 있는 것일까? 그것은 바로 중국의 급격한 개혁·개방과 산업화-도시화, 그리고 자본주의의 발전이 조선족들로 하여금 다른 지역으로의 이동, 특히 '한

성이 강화된 경우이다. 중녀1은 연변에서 장학 사업을 하고 있는 사회활동가로 중국교육에는 '민족이 없다'고 비판하면서 자신들이 가르치는 학생들은 '한족에게 이겨야 한다'고 말하고 있다. 또한 한녀2와 한녀3은 '내 나라, 내 조국이기 때문에 한번 와 보고 싶어서 왔다'고 말하거나 한국이 편하고 더 좋다고 말하는 식으로 '민족'을 더 내세우고 있다. 그러나 한녀2는 '중국이 고향'이라고 말하면서 연변을 그리워하는 반면 한녀3은 이와 반대로 중국에 대해서 정서적 거부감을 드러내고 있다.

11) 중남2, 중남3은 연변대 대학원과 대학에 재학 중인 학생들로, 한국을 방문하거나 직접 체험한 적이 없다. 또한, 중남2는 조선족역사를 전공하는 학생임에도 불구하고 연변을 떠나 북경이나 상해로 가고자 하며 '한국에 가고 싶은 생각도 없으며' 한국말을 싫어하며 오히려 조선족의 말투나 중국말이 편하고 좋다고 말하고 있다. 또한, 연변에 사는 조선족들에 대해서도 매우 비판적이다. 밖으로 나가길 원하는 것은 중남3도 마찬가지이다. 하지만 중남2와 중남3의 중국 친화적 이중정체성은 '연변 자치주'와 관련하여 다른 특징을 보여주고 있다. 중남2는 연변으로 돌아오기보다는 중국의 대도시에서 살길 원하는 반면 중남3은 연변 자치주로 돌아올 생각이며 우리말을 잃어버리고 있는 상황에 대해 매우 안타까워하고 있다. 반면 한남3은 감전사고로 두 팔을 잃고 중국 광저우에서 일을 하다가 한국으로 온 경우로, 중국이 한국에 비해 훨씬 편할 뿐만 아니라 중국으로 돌아가서 중국인으로 살기 원하고 있다. 심지어 한남3은 한국 사람들이 자신을 중국 사람이라고 해도 기분 나쁘지 않다고 하면서 자신은 중국 사람이라고 말하고 있다. 따라서 중남2와 한남3은 '중국 편향'이 훨씬 강한 반면 중남3은 이에 반해 더 약하다고 할 수 있다.

국'과의 만남을 만들어냈기 때문이다.

많은 조선족 연구자들은 최근 조선족들이 겪고 있는 정체성의 변동에서 가장 중요한 요인으로, "한국 또는 한국인과의 대면"을 꼽고 있다.12) 사실, 중국에서 살아온 조선족들에게 '중국'이라는 '국가(states)'는 '정치공동체'로 상상되거나 간주되는 '민족(nation)'이라고 할 수 없었다. 이번 구술자들 대부분은, 중국 내부에서 명시적으로 이루어지는 조선족에 대한 차별은 존재하지 않으며 '문화대혁명'에 대한 아픈 상처도 한족에 의한 조선족의 종족적 차별로 기억하지 않고 있음에도 불구하고 모두다 '눈에 보이지 않는 차별', '정치적 장벽, 차별'이 존재한다고 말하고 있다. 따라서 베네딕트 앤더슨이 말하는 민족이라는 상상된 공동체가 그들에게 제대로 작동하고 있는 것은 아니다.

앤더슨은 다음과 같이 말하고 있다. "민족은 본래 제한되고 주권을 가진 것으로 상상되는 정치공동체이다. 민족은 가장 작은 민족의 성원들도 대부분의 자기 동료들을 알지 못하고 만나지 못하며 심지어 그들에 관한 이야기를 듣지도 못하지만, 구성원 각자의 마음에 서로 친교(communion)의 이미지가 살아있기 때문에 상상된 것이다."13) 하지만 조선족들에게 중국이라는 국가에 대해 그들이 가지고 있다고 상상되는 주권은 평등한 것이 아니다. 물론 조선족들은 그들의 자치주 안에서 정치적 공동체를 꾸릴 수 있었다. 그러나 그들은 중국 중앙정부나 정치권력의 중심으로 나아갈 수 없었다. 따라서 그들이 상상할 수 있는 '정치공동체'로서 민족은 '중국'이라는 '국가'가 아니었다.

---

12) 곽승지, 『동북아시아 시대의 연변과 조선족』 아이필드. 2008, 126쪽. '한국'이 조선족 정체성의 인식이나 변화에 핵심적인 역할을 했다는 것은 거의 대부분의 국내 조선족연구자들이 인정하거나 주목하고 있는 점이다.

13) 베네딕트 앤더슨(Benedict Anderson) 지음, 윤형숙 옮김, 『상상의 공동체: 민족주의의 기원과 전파에 대한 성찰』, 나남출판, 2003, 25쪽.

조선족들은 바로 이런 결핍, 균열의 지점을 봉합하는 새로운 상상의 체계를 만들어왔다. 즉, 그들은 '중국'이라는 국가가 아니라 중국 안에 소속되어 있지만 조선족들의 삶과 문화가 이루어지고 있는 공간, 조선족 자치주로서의 '연변'이라는 공간을 중심으로 '상상된 공동체'를 만들어왔던 것이다. 그러나 그렇기 때문에 그들이 상상한 공동체는 '정치적 공동체'가 아니라 '문화적 공동체'였다. '정치적 공동체'는 이미 그들에게 결핍으로 존재했다. 따라서 중국 내의 조선족들이 '민족 평등을 주장하는 중국 국가의 공식적 담론'을, 역으로 뒤집어 한족에 대한 종족적 우월성으로 바꾸는, 즉 조선족의 문화적 우월성을 상징화하는 전략을 사용했던 것도 바로 이 때문이라고 할 수 있다.

부르디외가 말하고 있는 바와 같이 "국가는 일정한 영토와 이에 상응하는 인구 전체에 대해 물리적이고 상징적인 폭력을 합법적으로 사용하는 독점권을 성공적으로 요구하는 X(결정력이 있는)"[14]이다. 하지만 우리는 "구조의 내재적 법칙(구조의 코나투스)을 아비투스의 형태로 내면화"[15]하면서 그 구조에 의해 포획되기만 하는 것이 아니라 자신의 코나투스를 실현하기 위한 전략들을 생산하기도 한다. 조선족들 또한 중국 국가의 공민으로서의 아비투스, 민족 평등을 내면화하면서도 중국 국가의 '민족 평등담론'을 뒤집어 자신들의 종족적이고 집단적인 코나투스를 실현하는 전략을 만들어냈던 것이다.

게다가 더 나아가 조선족들은 이와 같은 전략들을 일상적으로 구현할 수 있는, 집단적이면서도 지속적으로 적용 가능한 성향들의 체계로서 인식, 평가, 행위의 도식들을 만들어냈다. '한족은 더럽다. 조선족은 깨끗하다.' '한족은 무식하다. 조선족은 교양 있다.' '한족은 게으르다. 조선

---

14) 피에르 부르디외 지음, 김웅권 옮김, 『실천이성』, 동문선, 2005, 118~119쪽.
15) 위의 책, 194쪽.

족은 부지런하다.' '한족은 인색하다. 조선족은 베푸는 사람이다.'[16]와 같은 이항 대립의 도식들이 바로 그런 도식들이라고 할 수 있다. 이번 구술자 중 중남1은 "어, 한 마을 내에서 옛날 우리 어릴 때 보면 한족들의 경우에, 어떻게 봤을 때 사람 같지 않았어요. 너무 저 위생적이지 않고 더러워 보이고"라고 말하고 있으며 또한, 한녀1은 "때가 꼬질꼬질하고, 여하튼 머리도 잘 안 감고, 샤워도 잘 안하고, 여하튼 더러워요."라고 말하고 있다.

사실, 조선족들은 중국 내에서 다수 종족인 한족에 비해 사회적으로도 정치적으로도 소수의 지위에 놓여 있다. 하지만 그들은 중국으로 이주하여 처음으로 벼농사에 성공하여 경제적 풍요를 일구어낸 종족이자 중국 건국에 가장 많은 공헌을 한 혁명열사의 종족이라는 역사적 자부심을 가지고 있었다. 따라서 이들은 이와 같은 이항 대립의 도식을 통해 그들의 '다름'을 "한족에 대한 우월성의 형태"로 오히려 역전시켜 놓았다. 또한, 중국 내의 소수민족이라는 약자의 지위를 역전시킴으로써 "한족과 조선족이 위계적 형태로 배열될 수 없는 원초적으로 다른 존재라는 점을 강조"[17]했던 것이다.

물론 이것은 "물질적이고 공간적인 포함으로 환원되지 않는 특별한 존재로서 일루지오"[18]로서, 상상된 것들이다. 하지만 "그렇기 때문에 아비투스는 유사한 조건들 및 심리적 조절들의 산물인 행위자들 사이의 암묵적인 결탁의 토대이면서 또한 집단의 초월에 대한 실제적 경험과 집단이 존재하고 행하는 방식들에 대한 실제적 경험의 토대인 것이다. 왜냐하면 각자는 자신의 동료들의 행위 속에서, 자신의 고유한 행위 비

---

16) 이현정, 「조선족의 종족정체성 형성과정에 관한 연구」, 『비교문화연구』 7-2, 서울대 비교문화연구소, 2001, 79~81쪽.

17) 위의 글, 83쪽.

18) 피에르 부르디외 지음, 김웅권 옮김, 『파스칼적 명상』, 동문선, 2001, 196쪽.

준과 합법화를 찾아내야 하기 때문이다."[19] 조선족들 또한 마찬가지였다. 그들은 중국이라는 근본적으로 평등할 수 없는 조건 속에서 이와 같은 도식들을 만들어냄으로써 비주류이자 소수라는 약자의 상황을 벗어나 집단적인 삶의 안정성과 자부심, 정체성을 만들어냈던 것이다.

중남1은 다음과 같이 말하고 있다. "그런디 이전에는 조선족이 절대적으로 많은 시대였어요. 그땐 외지거나 다른 지방이거나 외국 나가거나 그러지 않고 기본적으로 이사도 적게 가고 대대로 내려오면서 그 마을에서 살다 보니까요 있잖아요. 오히려 우리가 여기가 자치 지방이잖아요. 조선적이 우세하니까 한족들한테 그런 느낌은 없었어요." 하지만 이것은 어디까지나 '조선족'이 다른 종족, 특히 한족과의 관계에서 작동하는 일체감일 뿐이다. 실제로, 이번 구술자의 구술에서 드러나듯이 중국 조선족들 또한 출신 지역의 집단 주거지에 따라 다른 말투와 풍속들을 가지고 있었으며 이런 차이들이 서로에 대한 경쟁과 대립 의식을 만들어내고 있다.

대표적으로 중남1은 다음과 같이 말하고 있다. "어쨌든 여기 지역과 지역이 다르면 같은 민족이라도 같은 문화권이라도 약간의 문화 차이가 존재하죠. 지방도 다르고 생활환경도 다르고 하니까. 그러니까 우리가 하는 건 그쪽 사람들이 맘에 안 들어 하고 그쪽 흑룡강 사람들이 하는 것 보면, 흑룡강 여자들 여자답지 못하다. 또 흑룡강 여자들, 연변 남자 아니다. 있잖아요 연변 남자가 제일로 멋있는 거 같은데. 그런데 저 흑룡강 여자들 보통 보면 연분이란 건 자기 (웃음) 연분이니까. 보통 이런 폐단 있어요." 반면 한녀2는 자신은 '연변 억양 안 쓴다.'고 말하면서 "또 그 말 듣기 싫어요."라고 하면서 연변 지역 조선족들은 '겉으로는 좋은 것 같지만 실제로는 진실하지 못하다'고 하면서 이에 대한 매우 강한 반

---

19) 위의 책, 210쪽.

감을 드러내고 있다. 따라서 중국 내의 조선족 또한 '하나'는 아니었다.

하지만 그럼에도 불구하고 그들은 한남1, 한녀1이 구술하고 있듯이 어릴 때 한족을 미워하거나 한족 아이들과 싸우면서 중국 조선족이라는 동일화의 욕망에 근거한 '상상된 공동체'를 만들어갈 수 있었던 것은 그들이 특정한 형태의 아비투스들을 통해서 종족적 공동체를 만들어갔기 때문이다. 한남1은 어릴 때 '한족'은 조선족을 '꼬레방주'라고 욕하고 '조선족'은 한족을 '짱께'라고 욕하면서 서로 많이 다투었지만 지금은 한족들과 친하게 지내고 있다고 말한다. 또한, 한녀1은 중국에서 살 때 "제가 좀 한족들을 뭐랄까 좀 미워하는 감정이 좀 많았어요."라고 말하고 있다.

그러므로 조선족의 종족정체성은, 비록 앤더슨이 이야기하는 '정치공동체'라는 '상상된 공동체'는 아니었다고 하더라도 "원초적이고 객관적인 실체에 근거한 자연적인 것이라기보다는 오히려 하나의 문화적 구성물"[20]라고 할 수는 있다. 그러나 중국에서 개방화, 도시화, 산업화가 진행되면서 중국 연안지역의 소득이 성장하고 상대적으로 연변 자치주와 길림성의 소득이 뒤떨어지면서 조선족 자치주의 위상은 떨어져갔으며 공동체 안에 함께 살던 조선족들은 '부'를 축적하기 위해서 다른 지역으로 이동할 수밖에 없었다. 이 때 그들이 만난 것이 '같은 민족의 국가인 한국'이었다. 당시 한국은 88올림픽과 한중 수교 이후 조선족들에게 같은 민족이면서 매우 발전된 나라라는 이미지로 비춰졌다.

중남1이 말한 것처럼 1990년대 후반부터 중국에서는 '코리언 드림'이 번져나갔고 실제로 2000년대 초반까지만 하더라도 그들에게 부를 선사해주었다. 민족과 국가가 일치하지 않는 중국에 살던 소수민족으로서 조선족들에게 민족과 국가의 분리는 자연스러운 것이었다. 다만, 이전

---

20) 이현정, 「조선족의 종족정체성 형성과정에 관한 연구」, 『비교문화연구』 7-2, 서울대학교 비교문화연구소, 2001, 75쪽.

에 같은 민족이 살던 '북' 대신에 '부'를 축적한, 잘 사는 나라 '한국'이 그 자리를 대신했으며 그들은 연변을 떠나 한국에서 그들의 성공 신화를 일구고자 했다. 그러나 그렇기 때문에 연변 조선족 자치주라는 조선족의 '상상된 공동체'는 또다시 분열될 수밖에 없었다.

그들 중 어느 누구는 부자가 되었지만 어느 누구는 여전히 못 사는 사람으로 남았으며 한국으로 돈 벌러 간 집에는 노인과 아이들만 남았다. 여기서 한국은 오히려 그들의 '상상된 공동체'를 와해시키고 공동화시키는 주요인으로 등장하고 있다. 또한, 그들이 중국에서 꿈꾸었던 민족이라는 '상상된 공동체'는 '한국'이라는 실체와 만나면서 좌절을 겪을 수밖에 없었다. 따라서 이런 조선족들의 이중정체성의 균열이 그들이 이전에 가졌던 삶의 환경과 변화된 환경 속에서 어떤 욕망의 전이와 좌절을 겪고 있으며 그것이 어떤 경향들을 산출하고 있는지를 먼저 볼 필요가 있다.

3. 상상된 공동체의 좌절과 조선족정체성론 비판

조선족들의 '코리언 드림'이 보여주듯이 "조선족의 국가 의식 정립은 한국 사회의 상상력이 질문으로 작용한 결과"[21]라고 할 수 있다. 재중 조선족은 조선족 자치주를 형성하고 살 때에는 별 다른 정체성의 고민이 없었다. 그러나 같은 민족이 살고 있는 '한국'을 알게 되면서 그들은 '중국'의 다른 지역이 아니라 기왕이면 같은 민족의 국가인 '한국'을 찾아 떠났다. 한국에 부모님 권유나 친척을 찾아서 온 한남1, 한남2을 제외하

21) 박정희·조명기, 「옌벤조선족 자치주의 공간 변화와 상상력」, 『국제지역연구』 16-3, 한국외국어대학교 국제지역연구센터, 2012, 52쪽.

고 중남1, 한녀1, 한녀2, 한녀3은 모두 이런 생각을 가지고 있었다. 그것은 '내 민족이 사는 조국'을 보고 싶은 마음과 그러면서도 '돈을 벌 수 있을 것'이라는 마음이 중첩되어 있었다. 따라서 '기왕이면 같은 민족이 살고 있는 한국'이라는 이미지 속에는, 낯선 곳임에도 불구하고 '우린 한민족이야'라는 또 다른 '상상된 공동체'의 민족적 동일화의 욕망이 자리를 잡고 있었다.

그러나 한녀1이 말하고 있듯이 그것은 또 다른 좌절의 경험을 낳을 뿐이었다. "왜 고향에 간다라면. 나는 한국이 같은 조선족이기 때문에 나하고 다 같은 줄 알았고 저기는 내 고향일 거다 그렇게 생각하고 왔는데, 내 생각과 완전 다른 거예요. 문화가 다르지, 생김새 같고 말만 같을 뿐이지 그 다음에는 다 달라요. 같은 걸 찾을 수 없도록 슬퍼요. 낯설어요." 거기에다가 한국에서 그들이 만난 것은 '민족이 없는 자본'이 만들어낸 신자유주의의 세계였다. 한녀2와 한녀3는 보모와 간병인 생활을 한 적이 있는데, 그때 텔레비전도 보지 못하게 하거나 집안 물건이 안 보이면 자꾸만 자신들을 의심하는 집주인 때문에 뛰쳐나온 경험을 가지고 있었다.

그것은 중남1의 경우도 마찬가지였다. 그는 자신이 대학을 졸업한 사람임에도 불구하고 '노가다'였기 때문에 한국인들로부터 깔보임을 당하고 업신여김을 당한 경험을 말하면서 그 당시에는 "한국 놈들 다신 상종 안 한다"는 생각을 했었다고 털어놓았다. 따라서 그들은 같은 '민족'이라는 동일화의 욕망을 가지고 있었지만 그것은 한국 사회에서 작동하는 '민족 없는 자본의 논리'와 '대한민국 문화중심주의'에 의해 '게으르고 지저분한 중국인'과 같은 사람으로 취급되면서 끊임없는 좌절을 경험할 수밖에 없었다. 그리고 이런 좌절은 한남3이 보여주듯이, 이와 정반대의 경향을 낳았다. 그는 '그래 그렇다면 나는 중국 사람이지. 그게 뭔 문제야.'이라는 식으로, '같은 민족이라는 환상'을 낳는 '민족 그 자체'를 버리고 오히려 중국이라는 국민정체성을 강화하는 방향으로 나아가고 있다. 이 양상은 두 가지 방향에서 진행되고 있다.

첫째 방향은, 한국-한국인과의 결합을 만들고자 하는 '동일화의 욕망'이 좌절하면서 그 역으로 전화하면서 나타나는 경향이다. 모든 욕망의 작동은, 그것이 '대상 a'와의 결합을 상실할 때, 에로스 대신에 타나토스를 불러들인다. 즉, '에로스'가 좌절되는 곳에서 욕망은 타나토스, 즉 욕망의 대상 자체와 자신의 관계를 끊어버림으로써 '관계 그 자체를 파괴하고자 하는' '타나토스'를 불러들이는 것이다. 한남3은 한국말을 다른 어떤 조선족들보다도 유창하게 구사함에도 불구하고 한국인들과는 소통이 안 되기 때문에 한국인들과 대화하지 않고 한족들과 함께 시간을 보낸다고 딱 잘라 말하고 있다. 게다가 그는 남북관계에 대해서는 아무런 관심이 없으며 현재 동북아에서 진행되는 신냉전에 대해서도 미국이 중국만 적대시하지 않으면 된다고 말하고 있다.

둘째 방향은, 한국과의 만남과 더불어 진행되고 있는 연변 조선족 자치주의 공동화 현상에 대한 분노를 한국-한국인들에 대한 적대적 감정으로 전화시키는 경향이다. 대표적으로 중남2는 이를 보여주고 있다. 그는 다음과 같이 말하고 있다. "아까 전 한샘이 얘기한 거는 한국 갔다 와서 언어가 더 고아졌고, 더 보드라와졌다, 한국말 쓰는 것이가. 전, 제 생각에는 연변 말이 가장 듣기 좋고, 가장 얘기하기 편하고. 그런 거 같습니다. 그리고, 어- 와서 소비하는 범위에서 보면 경제상에서 좀 먼저 많이 좀 속상하다고 얘기할까. 그런 생각이 많이 듭니다. (…) 한국 나가서, 들어올 때는 와서 여기 말 쓸 때는 한국말 하거든요. 저는 아주 싫습니다, 그게. 한국 말하는 한국톤이 싫거든요. [조사자: 연변 말투가 아닌 한국 표준어식으로 발음하는 거요?] 예. 연변 말이면 연변 말인지, 저는 좀 싫거든요, (…) 저는 연변TV를 안 봅니다. (…) 한어로 하는 방송 봅니다."

그러나 그렇다고 그들이 '한족'이 될 수 있는 것은 아니다. 그들은 여전히 중국의 소수민족일 뿐이다. 게다가 그들은 이전에 그들이 만들어 왔던 민족적 아비투스를 버릴 수 있는 것도 아니다. 따라서 그들은 여전히 이중정체성의 틀 안에 존재한다. 한국을 매우 싫어하는 한남3도 자신은 여전히 '조선족'이라고 말한다. 또한, 한국말이 싫다고 말하는 중남2의 의견에 전반적으로 동의를 하던 중남3은 "동북 삼성 조선역사캠프" 경험을 말하면서 "어떤 애는 분명 조선족인데 왜 조선말 못하냐. 어떤 애는 조선 글도 못쓰고, 아예 저 민족 속성 잊어먹은, 잃어버린 그런 애들도 많습니다."고 말하고 있다. 게다가 중남2조차도 "조선족이면 조선말을 해야지요."라고 맞장구를 치면서 조선말과 문자가 조선족임을 보여주는 가장 강력한 상징이라고 주장하고 있다. 바로 이런 점에서 조선족정체성은 중국도 한국도 아닌 '제3의 정체성'[22]을 강화하는 것처럼 보이기도 한다.

강진웅은 한국과 중국의 두 대범주를 넘어 "조선족의 독립된 종족적 정체성을 강화하는 형태로 변화"되어 왔다고 하면서 그런 변화의 배경으로, "한국에서의 이주노동과 잉여창출의 사회적 기제"에 의한 경제력 상승과 "중국에서 한국으로 이어진 중첩된 타자화의 문제"에 따른 중국 내에서의 정체성 회복 경향을 들고 있다.[23] 그러나 이런 논의가 가지고

---

22) 민족정체성과 국민정체성을 초월한 제3의 정체성을 주장하는 대표적인 논의로는 김강일, 「중국 조선족사회 지위론」, 『아시아태평양지역연구』 3-1, 전남대 아시아태평양지역연구소, 2000과 박정군, 『중국 조선족 정체성이 한국과 중국에 대한 태도에 미치는 영향』, 경희대학교 박사학위논문, 2011이 있다.

23) 강진웅, 「디아스포라와 현대 연변 조선족의 상상된 공동체: 종족의 사회적 구성과 재영토화」, 『한국사회학』 46-4, 한국사회학회, 2012, 111~113쪽. 또한, 유명기도 한국에서의 차별경험이 "중국인 조선족의 정체성을 강화하고 있다"고 주장하고 있다. 유명기, 「민족과 국민 사이에서: 한국 체류조선족들의 정체성 인식에 관하여」, 『한국문화인류학』 35-1, 한국문화인류학회, 2002, 95쪽.

있는 일정한 타당성에도 불구하고 '제3의 정체성'이나 '조선족정체성'론들은 조선족들이 가지고 있었던 '상상된 공동체'로서 민족적 동일화의 욕망이 좌절되면서 낳는 효과를 고려하지 않고 있으며 '한국과의 만남'이 반드시 '부정적 효과'를 낳는 것은 아니라는 점을 보지 못하고 있다.[24)]

첫째, 조선족정체성론은 한국과의 만남에서 겪는 좌절이 중국으로 회귀하면서 조선족정체성을 강화한다고 말하지만 중남1의 사례는 이와 정반대의 경향을 보여주고 있다. 중남1은 2011년 '코리언 드림'을 안고 한국에 왔고 고생도 많이 했지만 4년 동안 돈을 벌다가 처남의 소개로 광저우의 일본 회사에 취업해서 중간관리자로 일하고 있다. 그의 가족들은 아직도 연변에 거주하고 있다. 그는 자신이 한국에서 일할 때, "한국놈들 다신 상종 안 한다"고 생각했었다. 그러나 광저우에서 일하면서 한족이 조선족보다 훨씬 하위직종에 근무하며 조선족의 경쟁상대가 되지 못한다는 점, 이전에 한족들이 조선족을 낮게 보았는데 현재는 한국이 있어 조선족을 높이 본다는 점 등을 들면서 조선족이 우대받는 것은 우리말을 쓰는 조선족들의 문화 수준이 높고 머리가 좋기 때문이라고 말한다. 또한, 그는 한국이 조선족들에게 자긍심을 주었으며 조선족들을 '유식'하고 '세련'되게 만들었다고 말한다.

여기서 드러나듯이 중남1이 이처럼 긍정적인 평가를 하게 된 것은 '한국과의 만남' 이후 '중국 내의 다른 한족'들을 경험했기 때문이다. 즉, 중남1은 연변 자치주 밖의 '한족과의 만남'을 통해서 한국에서의 좌절을 극복하고 민족적 자긍심으로 자신의 정체성을 바꾸었던 것이다. 하지만

---

24) 여기에 지적된 문제 이외에도 '제3의 정체성'이나 '조선족정체성'이라는 규정은 논리적으로 '무한퇴행의 오류'를 범할 가능성이 있다는 점에서 문제를 가지고 있다. 왜냐하면 모든 정체성은 각기 개인들마다 조금씩 다르며 차이를 가지고 있다. 따라서 이런 식으로 차이들을 가지고 각 정체성을 규정하게 되면 결국 '차이들의 차이'가 계속 진행되어 결국에는 모든 개인들이 가지고 있는 '제3의 정체성'으로 후퇴할 수밖에 없기 때문이다.

'조선족정체성'이나 '제3의 정체성'론은 한국과의 만남만을 볼 뿐, 중국 내의 다른 지역들과의 만남이라는 변수를 고려하지 않고 있다. 조선족들이 중국 안에서만 살 때 그들은 중국을 객관화하여 볼 수 없었다. 그러나 한국-한국인과의 만남은 자신들이 살아왔던 중국이라는 국가 그 자체에 대해서도 '거리를 두고' 객관적으로 볼 수 있는 계기가 되었던 것이다.

중녀1은 다음과 같이 말하고 있다. "제가 93년에 한국에 갔어요. 93년에 가서 한국이 말하는 중국, 제가 몰라요. 모르는 게 너무 많아 TV보고 방송 듣고. 음. 중국, 제가 모르는 거예요. 95년에 미국 갔어요. 제가 슬퍼졌습니다. 내가 중국 너무 모르는 거예요. 그래서 우리는 언론 다 통제 속에 있고 알 권리는 급에 따라서 이거 하기 때문에 전 뭐라도 하는 사람이 국제회의도 가는 사람이 모르는 거예요. 제가 불쌍했고 아, 이거는 아니다. 그러니까, 내가 중국 안에서 안 중국 5,000년 문화의 깊이와 너비는 밖에서 보면 다른 외형의 문제들이 너무 많은데, 그거를 우리가 모른다. 하나밖에 모르는 거예요. 그러면 밖에서 보는 중국, 안에서 안 중국을 합해야 중국을 제대로 보는 거예요."

둘째, 한국과의 만남에서 그들이 겪는 좌절은 조선족들의 '독립적 정체성'을 강화하기만 하는 것이 아니라 역으로 자기 자신에 대한 자학적인 공격성이나 도피적인 해체를 강화하는 경향으로도 나타나고 있다는 점이다. 중남1은 조선족 역사를 전공하는 대학원생이지만 연변지역에 대한 강한 거부감을 보이며 조선족들은 "내실 없이 허영심만 강하다"고 질타하며 한족처럼 "마음을 수양하는 진짜 공부"를 하지 않는다고 비판하거나 연변 지역 학생들이 유흥에 젖어 소비가 만연한 행태를 신랄하게 비난하고 있다. 또한, 한남3도 한국 사람들의 조선족들에 대한 편견은 조선족들이 행동을 잘못하기 때문이고 한국에 조선족들이 너무 많이

와 있기 때문이라면서 오히려 자기 자신들에게로 비난의 화살을 돌리고
있다.

그러므로 한국과의 만남은 민족강화, 국가강화, 조선족 강화라는 하
나의 방향으로 향하지 않는다. 오히려 그들은 조선족의 특징인 이중정
체성이라는 틀 안에 있으면서도 그 안에서 '균열'하고 '갈등'하면서 '분화'
하는 경향성으로 존재한다. 중남1과 중남2는 현재 중국에 살고 있지만
서로 다른 두 경향이며 한녀2과 한남3도 현재 한국에 살고 있지만 서로
다른 두 경향일 뿐이다. 중남1과 한녀2는 더 '민족 지향적'인 방향으로의
이동 경향을, 중남2와 한남3은 더 '국가 지향적'인 방향으로의 이동 경향
으로 보여준다. 그리고 이 양 극단에 그들이 가지고 있는 '민족과 국가
의 분리'라는 이중정체성을 벗어나 '국가와 민족의 일치'를 회복하려는
'중국거부, 한국귀속' 대 '한국거부, 중국귀속'이라는 경향이 존재한다.

한녀2와 한남3은 이 두 극단을 대표한다. 한녀2와 한남3도 이중정체
성을 인식적으로 거부하고 있지는 않지만 정서적으로는 이미 이 틀 자
체를 벗어나고 있다. 한녀2는 한국의 음식이 더 좋고 중국에 대한 싫은
감정을 노골적으로 내비치고 고향으로 돌아가기를 거부하며 한남3은 한
국·한국인과의 관계 맺기를 의식적으로 거부하고 한족과 어울리며 중국
으로 돌아가고자 한다. 그러나 대부분의 구술자들은 이런 양 극단의 중
간 지점에 존재하며 '민족 친화적 이중정체성'이나 '국가 친화적 이중정
체성'으로 존재한다. 따라서 '조선족의 독립적 정체성'이라는 주장은 이
들을 '조선족'이라는 하나의 정체성으로 다룸으로써 이런 내부의 갈등과
분화, 경향성을 간과하고 있는 오류를 범하고 있다.

셋째, '제3의 정체성론'들은 '조선족'을 하나의 의미로 보고 있지만 그
구체적인 의미 맥락을 보면 하나의 의미로 고정되어 있지 않다. 예를 들
어 중남2는 "예, 저는 그런 거 가지고 있습니다. 왜냐면 저는 다른 사람

은 모르겠지만, 우리는 중국에 사는 조선족이고 중국 사람입니다. 이게 다 우리가 아까 저 얘기하신 그 질문하고 다른 점입니다. 첫째로 우리는 중국 사람이고. 우리는 중국에 사는 조선족이다. 그래 가지고 우리는 명확합니다."라고 말하고 있다. 반면 중남1은 "한국에 대해 알게 되면서 (…) 옛날에는 있잖아요. 거죠 우리는 내래 조선족이라는 것을 조선족이다, 조선 사람이라고. 요거 중국이 뭐이다 첫째였는데 이제는 있잖아요. 중국보다도 나는 조선족이다 있잖아요. 이것이 먼저 앞에 놓이는 겁니다."라고 말하고 있다.

그러므로 중남1과 중남2는 모두다 '조선족'이라는 명칭을 사용하고 그런 이중정체성을 인지적으로 받아들이고 있음에도 불구하고 그들이 그 '기표'를 통해서 의미하는 정체성은 서로 다른 방향을 향해 미끄러지고 있다. 중남1은 '중국'보다는 '조선족'이라는 '민족'의 정체성을 우선적으로 놓는 방향에서 조선족이라는 기표를 사용하고 있다면 한남3과 중남2는 '중국 내의 소수민족'으로서의 조선족, 즉 '중국 국가'의 공민적 정체성을 우선적으로 놓는 방향에서 조선족이라는 기표를 사용하고 있다. 따라서 중남1은 '민족'을 향해 움직이고 있다면 한남3과 한남2는 '중국 국가'를 향해 움직이고 있다. 즉, 이와 같은 기표의 분열은 '국가 친화적 이중정체성'과 '민족 친화적 이중정체성'은 바로 이런 균열의 움직임을 표현하고 있는 것이다.

하지만 그럼에도 불구하고 이런 이중정체성의 균열은 전체적으로 보았을 때, '중국-공민', '한국-민족'이라는 이중정체성 밖으로 완전히 벗어나 있지는 않다. 양 극단을 보여주는 한남3과 한녀2도 그 경계의 지점에 서 있을 뿐, 그 밖으로 나가지는 않고 있다. 따라서 조선족들의 민족정체성이 '민족' 대 '탈민족', 또는 제3의 정체성과 같은 하나의 틀로 보는 것은 이들 내부의 분화와 움직임을 제대로 포착할 수 있는 개념적 틀이 아니다. 오히려 그것은 대부분의 조선족들이 오늘날 이주하는 세계가 창출하는 기존 공동체의 분열 속에서 '아비투스의 균열'을 겪으면서도 지리적·사회적 공간의 이동에 따른 '자신의 코나투스'를 실현하기 위한 다양한 전략들의 구사 차원이라는 측면에서 접근될 필요가 있다.

4. 조선족들의 분열된 아비투스와 전략, 그리고 실패

상징자본을 둘러싼 투쟁에 주목했던 부르디외는 사회적 공간이나 지리적 공간의 이동으로 인해 아비투스의 응집력 및 일관성이 파괴된 경우에 '분열된 아비투스'가 발생한다고 말하고 있다. '분열된 아비투스'는 아비투스의 분열로, 그것은 이주하기 이전에 그들이 살았던 삶의 공간에서 자신의 신체에 체현해 온 습성과 성향, 그리고 암묵적으로 서로가 받아들이는 행위의 규칙과 질서를 가지고 있었는데, 이것이 이주에 따른 환경의 변화로 새로운 이주공간에서 이루어지는 아비투스들과 충돌하면서 좌절을 경험할 수밖에 없기 때문에 발생한다.

조선족들이 가지고 있는 '이항 대립적인 우월성'이라는 것 또한 마찬가지이다. 그것은 하나의 환영이고 '오인'된 것이라고 할지라도 그 안에서 암묵적으로 공유하는 질서와 규칙을 만들고 이 안에서 그들의 삶을 나누는 게임과 전략들을 생산하도록 만든다.[25] 하지만 이주를 한 이후, 그들이 새로 접한 공동체는 이미 이전부터 거기에 살고 있는 사람들이 만들어온 그들만의 규칙과 질서, 아비투스들에 작동되고 있는 곳이다. 따라서 새로 이주해 온 사람들의 구사하는 전략은 대부분 실패할 수밖

---

25) 부르디외는 이런 점에서 그것은 "명시의 금지"이자 "교환의 진실에 대한 침묵"으로, "공유된 침묵"이며 "공통된 지식"이라고 말한다. 피에르 부르디외 지음, 김웅권 옮김, 『실천이성』, 동문선, 2005, 205~206쪽.

에 없으며 이 경우, 그들은 당혹감에 빠져들면서 그들이 이주해 오기 전에 가지고 있었던 아비투스를 조정할 수밖에 없다.

부르디외는 이런 '분열된 아비투스'가 취하는 전략의 방식으로 '계승'과 '전복'의 전략을 들고 있다. 하지만 그 어떤 사람도 자신이 가지고 있는 성향과 믿음체계 전체를 통째로 버릴 수는 없으며 모든 것을 새롭게 익힐 수도 없다. 그것은 그 자신의 실존 자체를 바꾸어 놓는 것을 의미한다. 따라서 분열된 아비투스가 취하는 전략은 계승적으로도, 전복적으로 작동한다. 계승의 전략은 자신이 기존에 가지고 있었던 과거의 자원들을 적극적으로 활용하면서 그것을 '현재화'하는 방식으로 아비투스를 조정하는 반면 전복의 전략은 과거의 자원들을 버리고 새로운 공동체가 요구하는 아비투스를 전면적으로 수용하는 방식으로 나아간다.

조선족들이 취하는 계승의 전략은 '조선족'이라는 중국에 살고 있지만 '한족'과 다른 민족으로서, 그들이 만들어왔던 '조선족이라는 상상된 공동체'를 한국-한국인들과 동일한 민족이라는 '상상된 공동체'로 전이 (transfer)시키고 그 속에서 '이항 대립적인 조선족의 우월성'을 '한국-한민족의 우월성'으로 계열화하는 식으로 전개된다. 물론 조선족들도 처음에는 막연히 돈을 벌겠다는 생각으로 한국으로 건너왔을 것이다. 그러나 그들이 맨 처음 접한 것은 전혀 다른 체제를 가지고 있는 한국이었다. 이것은 중녀1이 말하고 있는 것처럼 조선족들이 전혀 "생각도 못한 것"으로서 자본이 노동자를 밥 먹인다는 "사역 관계"이다. 이들은 이런 낯선 환경에 적응하기 위해 '민족적 동일성'을 보여주는 '이항 대립적인 조선족의 우월성'을 '이항 대립적 한국인의 우월성'으로 전이시키는 것이다.

중녀1은 다음과 같이 말하고 있다. "어, 제도권이 틀리기 때문에 한국은 자본가가 자기 이제 노동자를 밥 먹인다고 생각하잖아요. 사역 관계잖아요. 우리는 사역 관계가 아니에요. 우리가 주인이에요. 주인이기 때

문에 평등하다고 생각을 해요. 당신이 간부이지 당신이나 나나 다 노역
가다 당신은 많이 받고 나는 적게 받아요. 그거는 능력의 차이도 있고
이렇게 생각을 해요. 근데 한국에 가니까 사역 관계 이거는 생각도 못한
거에요. 그런데 뭘를 갖고 가냐면은 동족이고 같은 민족이고 또 고향에
왔는데, 아버지 조국에 갔는데. 이런 어떤 그런 걸 갖고 간 사람들 때문
에 착취 받는다. 우리는 그 착취를 뒤집어엎은 그런 계급인데, 거기 가
니까 착취당한다고 생각을. 아니, 한민족인데 착취하냐?'

　그녀가 말하는 '동족이고 같은 민족이고', "아버지 조국"이라는 것은,
과거 그들이 상상적으로 구성해냈던 것을 다시 현재화한다. 즉, 조선족
들은 과거 그들이 중국에서 조선족으로 살면서 상상적으로 구성해냈던
한족과 조선족의 '다름'을 한국인과 자신들 사이의 닮음으로 중첩시키면
서 상호간의 유대를 '상상적'으로 다시 만들어내는 것이다. 중남2, 중남3
을 제외한 8명의 구술자들 모두가 한족은 더럽고 조선족은 깨끗하다고
말하며 한녀1과 한녀3, 중남1은 우리 민족이 원래 성실하고 적응을 잘하
는 민족이라고 주장하고 있다. 또한, 한남2는 우리 민족이 원래 예의가
바르다고 말하고 있으며 한남1은 조선족이 소수이기 때문에 단합을 잘
하듯이 우리 민족은 단합을 잘 한다고 말한다.

　따라서 조선족들은 바로 과거에 그들이 자신들의 자부심을 형성해왔
던 '한족과의 이항 대립적 코드화'를 '한국-한국인'으로 전이시키면서 '동
일성'을 확보하는 유대 전략을 구사하는 것이다. 하지만 이런 민족적 동
일화를 확보하려는 전략은 한녀1이 말하고 있듯이 한국-한국인과의 만
남에서 무너진다. 그것은 한국-한국인들이 그들을 중국인과 동일하게
취급할 때 발생한다. 그녀는 다음과 같이 말하고 있다. "우선 조선족인
데도, 중국이다. 이런 게 붙었으니까 쟤네들은 샤워도 잘 안할 거다. 그
다음에 뭐 막 과일을 갖다놓고는, 야 너네는 이런 과일이 있냐, 먹어 봤

냐. 뭐 그 다음에 또 뭐라 할까. 너네는 뭐 그 하루에 밥을 뭐 입쌀만 먹냐."

바로 이런 점에서 조선족들이 취하는 민족적 유대의 끈을 확보하려는 전략이 실패하는 가장 중요한 핵심지점은 조선족과 중국인을 동일시하는 것이다. 이 지점에서 조선족과의 유대확보전략은 실패하고 가치·정서적 유대가 끊어지면서 그 역의 감정, 즉 증오의 감정으로 전화된다. 한국의 영주권을 가지고 있는 한남1조차 "무식한 얘기를 안 했으면 좋겠다. 중국인 취급하는 것에 대해서 좀 애매한 점이 있어요. 한국에 오니까 한민족으로 인정해주지 않는 사람도 있더라구요. 그런 거 볼 때면 당신이 한민족 인정 안 하면 나도 당신과 같은 민족일 필요 있나!"라는 생각이 든다고 말한다.

그렇다면 왜 그들이 구사하는 '민족적 동일화', '한족과의 이항 대립적 코드화'는 실패하는 것일까? 물론 조선족들은 한국인들과 달리 중국적인 문화와 가치, 생활양식을 가지고 있다. 하지만 그것이 그들로 하여금 코리언이 아닌 자들로 만드는 것은 아니다. 한국 내부에서조차 경상도와 강원도, 전라도가 다름을 가지고 있으며 심지어 제주도 말의 경우, 내륙 사람들이 알아들을 수 없는 경우도 많다. 하지만 한국-한국인들은 이런 '차이'를 전혀 고려하지 않고 자신들이 가지고 있는 가치, 문화, 생활양식들로 코리언의 민족정체성을 판단하는 경향이 있다. 따라서 그들이 구사하는 '민족적 동일화', '한족과의 이항 대립적 코드화'가 실패하는 것은 "대한민국 국가중심주의", "대한민국 자문화중심주의", "대한민국 경제중심주의"라는 한국인의 프리즘을 통해서 보기 때문이다.[26]

한국-한국인들에게 '국가주의'는 '국가=민족'이라는 동일성의 패러다

---

26) 이병수·정진아, 「한국인의 민족정체성 이해와 대한민국 중심주의의 극복」, 『코리언의 민족정체성』, 선인, 2012, 99~102쪽.

임 속에서 작동한다. 한국-한국인들은 '분단체제'에서 북과 정통성 경쟁을 벌이면서 '한국'이라는 국가를 민족의 유일한 대표체로 만들어왔다. 따라서 여기서의 '민족'은 '한국'이라는 국가가 대표하는 것으로 전치(displace)되어 있으며 '한국적인 것'이 곧 '민족적인 것'이 되었다. 그런데 조선족들은 북과 동맹관계에 있는 중국의 국민이며 북의 접경지대인 연변에 주로 살면서 북과 친할 뿐만 아니라 북쪽 어투를 사용하고 있다. 따라서 한국-한국인들이 가지고 있는 '체제경쟁적인 대한민국 국가중심주의'는 조선족들을 '중국-북한'을 상호 중첩시키면서 조선족들이 한국-한국인과의 유대를 만들어내기 위해 취하는 전략과는 정반대로 '조선족=중국'이라는 계열화를 생산하면서 그들을 밀어내고 있는 것이다.

게다가 동서냉전체제의 해체 이후 형성된 신냉전은 동북아에서 미중 간 패권경쟁을 통해 가속화되면서 '북-중 대 한-미'라는 대립을 낳았고 한국의 분단국가주의를 대표하는 언론과 집단들은 '북=중=가난한 나라=부패정치=악(惡)의 축'이라는 코드를 지속적으로 생산해왔다. 구술자들 대부분은 한국인들이 중국에도 수박이 있느냐, 소고기를 먹어 봤냐는 식으로 '못 사는 나라에서 온 사람들'이라는 편견을 가지고 접하는 사례들에 대해 이야기하고 있다. 또한, 한남3과 중남1을 제외한 구술자들이 가장 섭섭하게 여긴 것도 자신들을 같은 민족이 아니라 중국인처럼 간주하는 경우였다. 이것은 곧 조선족들이 취하는 민족적 코드화라는 가장된 제스처가 한국-한국인이 가지고 있는 분단국가의 냉전적 코드화에 의해 좌절하고 있음을 보여주는 것이라고 할 수 있다.

조선족들이 한국에 들어와서 겪는 좌절이나 아비투스의 충돌에는 '분단국가의 냉전적 코드화'에 의한 것 이외에 '문화적 차이'나 '사회구조적 차이'에 의한 것들도 있다. 먼저, 구술자들이 '문화적 차이들'로 들고 있는 대표적인 사례는 '언어, 음식, 복장' 등이었다. '음식'은 모든 구술자들이 지적하는 것이었으며 '언어'는 중녀1, 한녀2, 한녀3과 같이 나이가 많은 사람들을 제외하고 모든 구술자들이 지적하는 것이었다. 그러나 이 외에도 성별 차이나 개인적인 차이에 따라 다르게 나타나는 차이나 충돌들도 있다. 여성들은 모두다 한국의 남성들이 조선족의 남성들과 달리 여성에게 잘해준다고 지적한 반면 남성들은 대부분 술자리 문화에서의 차이를 들고 있었다. 또한, 한국에서 조선족 활동을 하는 한녀1은 '역사를 보는 시선의 차이'를, 대학 졸업 이후 결혼과 더불어 개인 사업을 하는 한남1은 '부모에게 의존하는 아이들'을, 대학 생활을 한 한남2는 '선후배간의 위계적 질서' 및 '선배에 의한 후배 챙기기' 등을 들고 있다.

둘째, 구술자들이 주로 들고 있는 '사회구조적 차이'로는 자본주의 시장경쟁 시스템, 위계적인 사회구조와 관련되어 있는 차이들이었다. 한남1은 한국에서 잔업, 특근처럼 너무 장시간 일을 하기 때문에 스트레스를 받는다고 말하고 있다. "그분들이 회사에서 스트레스를 많이 받아서 그런지, 한국 직장인들의 삶은 많이 노동하고 술을 늦게까지 먹고 다시 다음날 출근하는 피곤한 삶을 산다." 또한, 한남2는 자신의 대학생활 때 잘 모르는 선배에게 인사를 하지 않았다고 혼이 난 경험을 이야기하면서 한국말에는 위아래에 따라 높임말과 낮춤말이 구별되듯이 한국 사회에는 상하의 위계질서가 확실하고 경제적인 가치와 서열에 따른 계급적인 구분이 있다고 말하고 있다. 심지어 한남1은 한국의 암 발병률이 높은 것도 한국 사회가 너무 경쟁이 치열하기 때문이라면서 자신은 그렇게 경쟁하면서 살고 싶지 않다고도 말하고 있다.

그러나 이 중에서 '문화적 차이'는 서로 모르는 상태에서 만나다보니 서로가 오해를 하고 충돌을 유발하면서 특정한 부딪힘들을 생산하지만 그런 부딪힘 속에서 상호 조정되어가는 경향을 가지고 있다. 이것은 조선족들이 갈등과 충돌을 겪는 '문화적 차이'에 대한 생각이나 '사회구조적 차이'에 대한 이야기에서도 드러나고 있다. 한녀2는 처음에 한국의 음식에 적응하지 못했으나 지금은 한국 음식이 더 좋다고 말하고 있으며 중남1은 한국의 문화가 조선족들의 삶을 더 문화적으로 만들었다고 하면서 적극적으로 수용하는 태도를 취했다. 이 경우, 작동하는 전략은 '계승'보다는 자신들의 아비투스를 버리고 한국-한국인들의 아비투스를 받아들이는 '전복'의 전략이다. 특히 이 중에서도 '언어'에 대해서는 한국의 말투를 따라 배우고자 하는 사람들이 많았다. 하지만 이와 다르게 중녀1, 중남1, 한남1, 한남2, 한녀1 등은 서로의 문화가 다르다는 것을 받아들이고 개인적 치향이나 문화적 다양성이라는 차원에서 한국-한국인들과 조선족들 사이의 문화적 차이들을 수용하고 있었다.

또한, '사회구조적 차이'에 대해서도 조선족들은 서로의 체제적 차이들을 배워가면서 이를 조정해가는 중이라고 할 수 있다. 중남1은 한국에서 일할 때, 돈은 못 가져왔어도 내가 받은 월급 이상을 해준다는 '책임성'을 배워왔다고 말하고 있으며 한녀1도 자본주의적 시장경쟁의 원리를 수용하는 방향에서 조선족들이 그 스스로 자립하려고 하는 자세를 가져야 한다고 말하고 있다. 특히, 그녀는 "한국 사람들이 나를 조선족이라 해서 더 얹어주거나 더 주거나 덜 봐주거나, 이게 없다. 내가 일한 만큼 받을 것이다. 나는 우선 한국보다도 우리 동포들이 더 많이 반성해야 된다고 생각"한다고 말하고 있다. 따라서 '사회구조적 차이'도 중국의 시장개방 및 자본주의적 시장화에 따라 지금의 충격을 벗어나 서서히 조정되어야 갈 것으로 보인다.

하지만 이런 '문화적 차이'와 '사회구조적 차이'를 수용하거나 조정하는 태도에서도 드러나듯이 한국에 대한 거부감을 보이면서 '중국'으로 되돌아가는 경향을 보이고 있는 '중남2'와 '한남3'은 그 어떤 것도 수용하지 않으려는 태도를 보이고 있다. 따라서 대부분의 사람들이 '문화적 차이'를 문화적인 다양성이자 개인적 취향에 따른 선택으로 조정하고 있다. 하지만 이와 달리 중남2와 한남3처럼 '문화적 차이'와 '사회구조적 차이' 일체를 부정하고 이를 조정하기를 거부하면서 '연변사람이면 연변 말'을 해야 하고 '중국어'로 말하고 '한족'과 어울리는 것이 더 편할 뿐만 아니라 '조선족'보다 '한족'이 더 '마음의 수양이 잘 되어 있다고 말하는 경우도 있다. 이것은 합리적이지 않다. 왜냐하면 한국-한국인과의 관계에서 '문화적 차이'나 '사회구조적 차이'를 수용하지 않는 것은 곧 한국-한국인과의 관계 단절을 의미하기 때문이다. 그렇다면 왜 이들은 극단적으로 모든 차이들에 대한 수용을 거부하는 것일까? 바로 이 점에서 고려해야 할 것은 '합리적 판단'이 아니라 그 저변에서 작동하는 '욕망'과 '감정'적 상태이다.

연변에 거주하면서 민족교육에 힘을 쓰고 있는 중녀1은 다음과 같이 말하고 있다. "아, 제일 실망적이라는 거요. 그 이념을 가지고 민족문제를 그 보는 시각, 이거 때문에. 이제 무조건 우리는 사회주의 체제 하에 있었기 때문에 무조건 빨갱이고, 그리고 이제 중국을 욕하니까, 우리를 이제 중국 짱깨로 보고 뭐 변절자로 보고, 뭐든 문제, 거기에다 또 6·25전쟁에 또 우리가 이제 나가서 싸웠다 그러니까 이제 안 되는 거다. 그런데다 이제 불법체류하면서 문제들이 많이 났잖아요. 저번에 이제 4월 갔을 때, 오원춘 그 살인사건 났을 때, 이화대에 계셨던 분인데 ○○○ 교수님이라고. '사람 죽인 거 알지. 조선족이야.' 이래요. (…) 근데 반감이 생기는 거예요. 조선족이기 때문에 살인하는 거 아니잖아요. (…) 우리 조선족이 있기 때문에 탈북자들이 탈북을 할 수가 있어요. 연변이라는 그 사람들의 날개가 있으니까 어떻게 넘어갑니까? 그리고 중국이요. 무조건 여기서 아니에요. 중국이 눈 (한쪽 눈을 감으며) 요렇게 하고 했기 때문에 간 거예요. 안 그러면 어떻게 갑니까? (…) 저는 정부보다는 언론이 문제다 이렇게 보고 있습니다."

중녀1의 진술이 보여주듯이 그들은 '상상적 동일화', '민족적 동일화'의 욕망을 가지고 있다. 하지만 한국-한국인들은 그들을 '분단국가의 냉전적 관점'에서 보고 있는 것이다. 그리고 그렇게 보았을 때, 그들은 좌절하며 '문화적 차이'나 '사회구조적 차이'를 한국-한국인들에 대한 반감으로 전화시키고 있는 것이다. 따라서 문제는 '문화적 차이'나 '사회구조적 차이' 그 자체가 아니라 '조선족의 상상된 공동체'에 대한 욕망과 결합된 '민족적 유대' 확보 전략의 '좌절'에 있다. 그들은 그들의 역사 속에서 만들어온 '한족과의 이항 대립적 코드화'를 가지고 한국-한국인들에게 접근하고 있다. 그러나 한국인들은 오히려 이런 그들의 '이항 대립적 코드화'를 거꾸로 뒤집어 그들이 가치 절하시키고 있는 '한족'들과 그들을 동일한 계열로 코드화시키고 있는 것이다. 한남3과 중남1을 제외한 구술자들이 가장 섭섭하게 여긴 것도 자신들을 같은 민족이 아니라 다른 중국인처럼 간주하는 경우였다. 이것은 곧 조선족의 민족적 코드화라는 가장된 제스처가 한국-한국인의 국가적 코드화에 의해 좌절하고 있음을 보여주는 것이라고 할 수 있다.

게다가 이런 '가치절하'는 사회구조적으로 조선족을 비숙련-저임금 노동력을 착취하는 시스템과 결합되면서 경제적 격차에 따른 차별로 계열화되면서 확대 재생산되고 있다. 최근 한 연구는, "지식인·엘리트층과 3D업종 종사자들이 한국 사회를 어떻게 인식하는 지"와 "차별감"에 대한 정도는 확연한 차이를 가지고 있다고 밝히고 있다. 즉, 3D업종 종사자에게 한국의 경험은 "가난하고 배고파서 돈 벌러 온 불쌍한 동포 취급"을 받은, "돈 벌면 떠나야 할 차가운 나라"인 반면 지식인·엘리트층에게 한국의 경험은 새로운 기회이자 발전가능성의 경험이라는, 서로 '다른 경험'으로 기억되고 있으며 또한, 그렇기 때문에 지식인·엘리트

층에 비해 3D업종 종사자들의 차별감도 보다 강하게 나타난다고 이 연구는 지적하고 있다.[27)]

그런데 이것은 이번 구술자에게도 동일하게 나타나는 경향들이었다. 한국에 대한 환멸과 거부감을 보이고 중국으로 돌아가고자 하는 '한남3'과 반대로 한국으로부터 더 세련된 문화나 스펙을 갖추게 되었다고 말하는 중남1, 한남1, 한남2가 대표적이다. 따라서 여기에는 기존 연구가 밝힌 것처럼 계급적 차별이 존재한다. 하지만 그렇다고 3D업종 종사자들이 겪는 차별이 '중국 귀속'으로만 향하는 것은 아니다. '한녀2'와 '한녀3'은 매우 힘든 일을 했지만 오히려 한국지향성을 강화하고 있다. 이것은 그들이 조선족 쉼터에서 도움을 받으며 상처를 어느 정도 치유할 수 있었기 때문이다. 따라서 이들이 보여주는 분화와 갈등의 양상은 개인적으로 차이가 있으며 하나의 방향만 향하는 것은 아니다.

그럼에도 불구하고 전체적 차원에서 보자면 이런 연구가 보여주고 있는 매우 핵심적인 지점이 있다. 그것은 바로 조선족들의 이주과정에서 작동하는 동학이 국제적으로 신자유주의 재편과 관련되어 있다는 점이다. 즉, 한국의 자본들이 조선족을 하나의 상품으로, 저임금 노동 상품으로 만들기 위해 다른 외국인노동자들처럼 저임금, 비숙력, 3D업종의 노동자와 똑같이 취급하면서 민족이라는 상상된 공동체에 대한 그들의 욕망을 박탈하고 있다는 점이다. 또한, 그렇기 때문에 지식인·엘리트층은 적극적으로 세계화에 편승하면서 초국가적인 존재들로 나아가는 반면 3D업종 종사자들은 반대로 중국으로 귀속하는 경향을 보이는 것도 사실이다.

조선족을 디아스포라로 설명함으로써 탈영토성·다중적 정체성을 강

---

27) 이정은, 「'외국인'과 '동포' 사이의 성원권: 재한조선족 사회의 지위분화에 따른 성원권 획득 전략」, 『경제와 사회』 96, 비판사회학회, 2012, 418~420쪽.

조하는 담론들이 가지고 있는 근본적인 한계가 바로 이 지점에 존재한다. 왜냐하면 지식인·엘리트층의 성공담을 내세움으로써 3D업종 종사자들을 한국자본주의의 저임금, 노동집약적 사양산업의 노동 상품으로 포획함으로써 결과적으로 그들을 '민족 없는 자본'의 이윤창출 대상으로 삼는 데 기여하기 때문이다. "한국 학계는 조선족을 디아스포라로 설명함으로써 탈영토성·다중적 정체성을 조선족의 선험적인 특성으로 규정하는 동시에 경제적인 상호 이익을 모범답안으로 제시하여 민족성을 자본에 계속 종속시키는 데 결과적으로 기여하고 있다. 제3의 정체성·디아스포라적 자기 인식이 조선족의 정체성에 대한 한국 사회의 질문에 조선족이 대답하는 과정에서 창출된 것이라는 점에 주목한다면, 옌볜 공간과 조선족의 분리, 국경을 초월한 이동과 같은 탈영토화는 한국이 조선족을 자본제적 신자유주의 질서 속으로 편입시킬 수 있었던 근거가 아니라 그 결과라고 할 수 있다."[28]

바로 이런 점에서 근본적인 문제는 '시장경쟁가치와 논리'를 따라 모든 사람들을 서열화할 수밖에 없도록 작동하고 있는 한국자본주의 시스템, 더 나아가 자본주의체제 그 자체가 문제라고 할 수 있을지도 모른다. 하지만 '경제적 격차와 지위에 따른 차별'은 조선족만의 문제가 아니라 외국에서 온 모든 노동자들뿐만 아니라 한국인들까지를 포함하는 문제이다. 바로 그렇기 때문에 그것은 근본적이기는 하지만 지금 우리가 현재 취할 수 있는 현실적인 방향이 될 수는 없다. 왜냐하면 현재 상태에서 이를 근본적으로 극복할 수 있는 방안은 없을 뿐만 아니라 그 때까지 그들이 겪고 있는 고통을 유예시킬 수는 없기 때문이다. 그렇다면 어디에서 시작해야 하는가? 그것은 바로 그들이 취하는 '민족적 동일화'의

---

28) 박정희·조명기, 「옌볜조선족 자치주의 공간 변화와 상상력」, 『국제지역연구』 16-3, 한국외국어대학교 국제지역연구센터, 2012, 53~54쪽.

욕망과 유대를 확보하기 위한 그들의 가장된 제스처를 받아들이면서 새
로운 연대의 고리를 만들어가는 것이다.

5. 나가며: 한국인과 조선족 간의 상생을 위한 제안

오늘날 코리언 디아스포라에 대한 논의로 제안되는 담론은 대략 세
가지 경향을 가지고 있는 것으로 보인다. 첫 번째 관점은 전통적 관점으
로, '탈국가 · 탈민족화'되는 상황을 경계하면서 이들을 민족적으로 강화
하는 방향에서 민족 문화와 가치를 중시하고 교육을 통해서 이들을 묶
고자 하는 '민족주의의 관점'이다. 두 번째 관점은 '민족주의'와 정반대
로, '탈국가 · 탈민족'이라는 관점에서 '국가도 민족도 초월하는' '디아스
포라'라고 이들을 규정하면서 유동하는 존재 그 자체로서 이들의 이주
자체를 '초국가 · 초민족적인 개인들'의 탄생으로 바라보는 '디아스포라
의 관점'이다. 마지막으로 세 번째 관점은 이런 두 가지의 관점을 모두
비판하고 '민족도 국가도 아닌' 두 개의 세계를 뒤섞어 그들 나름의 독자
적인 세계를 만들어가고 있다고 보는 '제3의 독립정체론'이라고 할 수
있다.

하지만 이 세 가지의 담론적 경향을 제대로 다루기 위해서는 어느 하
나의 담론만을 고수할 것이 아니라 그들의 담론적 경향이 아이러니하게
도 오늘날 조선족들의 이중정체성의 분화, 즉 민족과 국가 사이에서 동
요하는 정체성의 분화경향을 그대로 반영하고 있다는 점에 우선적으로
주목할 필요가 있다. 예를 들어 민족주의적 관점은 연변 조선족 자치주
의 조선족들처럼 해체되어가는 자치주의 민족공동체를 보존하고자 하
는 중녀1이나 같은 민족이 살고 있는 국가에 정주하여 국민으로 살고자

하는 한녀2, 한녀3과 같은 사례에서 그 현실적 토대를 찾을 수 있으며 탈민족주의적 관점은 한남1, 한남2과 같이 한국과 중국 양자를 벗어나서 양쪽을 매개하면서 살아가기를 원하는 사람들의 사례에서 그 현실적 토대를 찾을 수 있다. 또한, 제3의 독립정체성을 주장하는 담론적 경향은 중남3과 같이 결국에는 연변으로 돌아가 그 사회에 기여하기를 원하는 사람들의 사례에서 그 현실적 토대를 찾을 수 있다.

바로 이런 점에서 조선족들의 정체성을 다루는 연구는 어느 하나의 방향에서 그 길을 찾을 수는 없다. 왜냐하면 그들 각각의 담론적 경향들은 특정한 현실을 있는 그대로 반영하는 반면 대신에 다른 현실들을 삭제하거나 배제하고 있기 때문이다. 게다가 이들이 한국에 남을 것인가 중국으로 되돌아갈 것인가, 연변 조선족 자치주를 위해 살 것인가를 선택할 때에 작동하는 선택의 기준 또한 '코리언이라는 민족이냐 중국이라는 국가냐'에 의해 결정되는 것도 아니다. 대표적으로 민족정체성이 보다 강한 한녀1은 한국에서 차별을 받으면서 중국인들을 이전보다 가깝게 여기게 되었지만 한국에서 한족이나 조선족들과 같이 아픔을 느끼는 사람들과 함께 하고 싶어 하며 중국 정체성이 보다 강한 한남3은 중국에 돌아가 중국 각지를 유랑하기를 원하고 있다.

또한, 중남1은 한국을 매우 좋아하지만 광저우에서 일하기를 원하고 있으며 한남1은 한국에서 사는 것이 좋지만 중국에서 자신이 더 경쟁력이 있기 때문에 중국으로 돌아가기를 원하며 한녀3은 고향을 그리워하지만 자신이 별로 잘 된 것이 없기 때문에 한국에 남고자 한다. 여기서 그들이 선택하고 있는 기준은 각기 다르다. 한국에 친화적이기 때문에 한국에 남는 것도 아니며 중국에 친화적이기 때문에 중국으로 돌아가는 것도 아니다. 따라서 그들의 정체성 변동이 그들이 살아갈 곳을 결정하는 것도 아니며 '탈민족', '탈국가'적이기 때문에 양 국가를 초월하여 살아가고자 하는 것도 아니다. 따라서 조선족들의 민족정체성을 제대로 다루기 위해서는 어느 하나의 경향을 특권화하는 것이 아니라 오히려 이 세 가지 경향의 분화가 일어나는 조건들을 탐색하고 그런 조건들을 어떻게 확보하면서 그들과 한국-한국인들의 유대를 확보해갈 것인가라는 차원에서 이루어져야 한다.

이런 차원에서 보자면 가장 먼저 주목해야 할 것은 이와 같은 조선족들의 이동과 분산 경향들에도 불구하고 이것이 낳고 있는 현재적 상황은 기존의 조선족 공동체가 붕괴-해체되어가고 있다는 점만이 아니라 이와 반대로 이들이 거주한 지역을 중심으로 새로운 이주 집단과 집단 주거지가 만들어지고 있다는 점이다. 중국의 대도시에 조선족 집거지가 생겨나고 있으며 한국에는 구로와 가리봉동에 조선족 커뮤니티를 만들어가고 있다. 한남1은 다음과 같이 말하고 있다. "예, 섞이지 않아요. 제가 저기 광동으로 가면 있잖아요. 거기 우리 민족이 6만 명이 있어요. 동북삼성에서 건너가는 조선족이 거기 6만 명이나 있어요. 이제 한 개 사회를 이루어요. 그 사람들이. 한식식 식당도 조선식 식당이 있고 뭐 운동제도 거기 조선족 협회가 있으니까. 조선족 협회가 있으니까 1년에 한 번씩 이틀 사흘. 그리고 어쨌든 그 오니까 조선족들이 참 많아요." 그러면서 그는 우리 민족의 단합심에 대해 이야기하고 있다.

또한, 중녀1은 중국에는 "민족 학교 단독의 교육 이념이 없"을 수밖에 없다면 하면서 최근에 민족 학교에 한족 교장이 들어오는 것을 개탄하면서 민족 학교의 위기에 대해 고민하면서 다음과 말하고 있다. "집거지가 생겼거든요. 청도며 집거지가 생겼는데 애들은, 지금 할머니, 할아버지하고 여기 있고 부모들은 거기 있는데 거기 학교를 만들 수가 없어요. 그래서 그 문제 때문에, 응 동북아 평화연대가 금년 연초 지난 연말 연초에 와서 민족 교육 현장 조사하면서 어떤 대안이 있겠냐? 그러면서 한국 있는 학교에 우리 애들 받으십쇼. 아주 간단합니다. 한국인 학교는 설립이 가능해요. 그 학교에 우리를 받아주면 되는 거 아닙니까? 그거를 어떻게 중국 정부하고 어떻게 해서 받으면 되는데 그거를 못하시니까 안 되는 거죠. 우리 연변일중에도 외국인 반이 있어요. 한국인 연변일중에 외국인 한국 유학생 애들이 오는 데 그게 우리는 못 들어갑니다. 연변일중 학교 전신이 우린데 거기에 들어가서 외국 유학 갈까 해가지고 가도 그래도 안 돼요. 그러니까 안 돼요."

바로 이런 점에서 한국-한국인과 조선족 사이의 연대와 상생은 중국과 한국, 연변에 존재하는 조선족 커뮤니티들을 연결하고 그들의 독자적인 삶의 공동체를 구축하는 데에서 시작되어야 한다. 그것들은 하나의 노드들이며 그것들을 네트워크로 연결하는 것은 '민족'이라는 유대의 끈이다. 가라타니 고진은 자본(capital)과 국가(states)를 묶는 보르메오의 매듭이 바로 '민족(nation)'이라고 말한다. 자본은 상품-화폐로 양화된, 자신들의 이익을 추구하는 평등한 개체들을 만들어냈다. 근대 국가는 그들을 다시 하나의 공동체로 묶어 내기 위해서 '상상된 공동체'를 만들어냈다.[29] "민족은 공동체로 상상된다. 왜냐하면, 각 민족에 보편화되어 있을지 모르는 실질적인 불평등과 수탈에도 불구하고 민족은 언제나 심오한 수평적 동료 의식으로 상상되기 때문이다. 궁극적으로 지난 2세기 동안 수백만 명의 사람들로 하여금 그렇게 제한된 상상체들을 위해 남을 죽이기보다 스스로 기꺼이 죽게 만들 수 있었던 것은 이 형제애 때문이다."[30]

물론 오늘날 이런 민족이라는 상상된 공동체를 '정치공동체'로 구성하

---

29) 가라타니 고진, 조영일 옮김, 『세계공화국으로』, 도서출판b, 2007, 171쪽.
30) 베네딕트 앤더슨(Benedict Anderson) 지음, 윤형숙 옮김, 『상상의 공동체: 민족주의의 기원과 전파에 대한 성찰』, 나남출판, 2003, 27쪽.

는 것은 더 이상 가능하지도 않고 그렇게 하려고 한다면 오히려 그것은
더 큰 충돌을 만들어낼 것이다. 하지만 오늘날 신자유주의는 이런 보르
메오의 매듭을 풀어버림으로써 사람들이 자신의 준거집단, 안정감을 제
공하는 정박지를 상실하고 있으며 바로 그렇기 때문에 역으로 사람들은
다시 그런 정박지가 되어 줄 어떤 유대의 끈을 만들어가려고 한다는 것
또한 분명하다. 팀 에덴서는 다음과 같이 말하고 있다. "이 때문에 민족
정체성이 힘을 잃어버린 것처럼 보일 수도 있다. 그러나 이는 여러 가지
이유에서 전혀 사실이 아니다. 우선 정체성이 너무나도 유동적이고 공
간적 · 문화적 영속성이 부족하다는 점 때문에 담론적이고 감정적인 차
원에서 장소 구속감이 다시 요구될 수 있다. 어떤 불확실성을 느끼게 되
면 굳건한 대지가 필요해질 것이며, 민족정체성은 이미 마련된 정박지
가 되어 줄 것이다. 이 같은 두려움은 회귀적인 정치적 민족주의자들에
게 비옥한 기반이 된다."[31] 이것은 그들이 중국에 정주하려고 하는가,
한국에 정주하려고 하는가, 아니면 양자를 벗어나 둘을 횡단하고 살려
고 하는가와 무관하게 그들 모두가 가지고 있는 욕망이다.

　바로 이런 점에서 조선족들이 취한 전략이 비록 진실을 감추는 제스
처이고 가장된 제스처라고 할지라도 중요한 것은 그런 제스처와 환상이
바로 그들과 우리가 유대를 만들어가는 '고리'라는 점에서 한국-한국인
들과 조선족들 사이의 유대를 만들어가는 전략을 세울 필요가 있다. 중
국과 한국을 횡단하면서 살고자 하는 한남1조차 단합을 하는 것은 우리
민족의 특성임에도 불구하고 한국이 미국에서 온 동포냐 중국에서 온
동포냐에 따라 다르게 대우하고 있다고 말하고 있으며 한남2는 "한국
사람들은 경제적인 원인만 따지니."라고 개탄하면서 "동포들이라면 조

---

31) 팀 에덴서, 박성일 옮김, 『대중문화와 일상, 그리고 민족 정체성』, 이후, 2008,
　　75쪽.

금 더 챙겨주어야 하는 데, 조선족들에 대한 배려가 부족하다"고 말하고
있다. 또한, 한녀1은 "한국에 나와 보니까 가족을 중국에 두고 나와 있는
사람들의 고민들도 또 엄청 많"다고 말하면서 "나도 치유를 받고, 그 사
람들한테 도움이 되지 않을까 해갖고" "나만의 심리상담소 비슷한 걸 꾸
리고 싶은 그런 욕심을 갖고 있어요."라고 말하고 있다.

그러므로 한국-한국인들의 유대 확보 전략은 그들의 이런 욕망을 '민
족적 코드화'에 포획되는 것이라고 재단하거나 '같은 민족인데 어떻게
중국을'이라고 하면서 그들의 욕망을 부정할 것이 아니라 오히려 그런
그들의 욕망으로부터 둘의 차이남이 생성을 만들어가는 방향으로, '상생
(win-win)'의 길을 찾아가는 데에서 시작되어야 한다. '상생의 관계'는 서
로의 욕망이 만나면서도 그들이 서로 같지 않기 때문에 만들어지는 것이
다. 만일 서로 같다면 그것은 서로에게 다른 무엇인가를 줄 수 없으며
그렇기 때문에 어떤 것도 새로이 창조할 수 없다. '상생'은 욕망의 만남
뿐만 아니라 오직 서로 다른 차이와 가치를 가지고 있을 때에만 성립할
수 있다. 따라서 조선족과 우리의 만남이 상생이 되기 위해서는 서로를
향한 민족적 끌림에 근거한 '동일화'의 방식이 아니라 오히려 그 역의 관
점에서 상호관계를 만들어가야 한다.

조선족들이 가지고 있는 민족적 제스처가 실패한 것은 역설적이게도
'우린 같은 민족', 즉 한국-한국인이 가지고 있는 것과 같아야 한다는 동
일성의 패러다임에서 나온 것이다. 동일성의 패러다임은 내가 가지고
있는 정체성이나 가치·문화적 양식들을 가지고 상대의 차이나 다름을
무시하거나 배제하기 때문에 그들의 이중정체성을 '중국 국가의 정체성'
으로 재단하고 조선족의 다양한 문화적 차이들을 중국인의 것으로 몰아
붙이면서 그들이 취하는 민족적 유대의 몸짓을 거부하도록 만든다. 따
라서 한국-한국인과 조선족의 상생은 '민족'이라는 동일화의 환상을 보

존하면서도 그들의 이중정체성이라는 차이를 승인하고 그로부터 상호
관계를 만들어가는 데에서 시작되어야 한다. 그것은 바로 그들이 중국
의 국민정체성이냐 한국의 민족정체성이냐가 아니라 그들의 다름, 차이
를 자립적으로 재생산할 수 있도록 하는, 다수에 대항하는 '차이의 보존
과 자립화'라는 '조선족 커뮤니티의 생성과 발전'으로부터 시작되어야
한다.

  '조선족 커뮤니티의 생성과 발전'이라는 차원에서 진행되는 그들과 한
국-한국인들의 유대 전략은 무엇보다도 먼저 '민족', '탈민족', '디아스포
라'라는 일반화를 벗어나 '한국', '연변', '연변 이외의 중국'이라는 사회-
지리적 위치, 공간적 차이들이 가지고 있는 독특성에 근거해야 한다. 그
리고 그렇게 하기 위해서는 '다수'에 대항하는 전략이 고안되어야 한다.
현재 그들의 자존감을 훼손하고 그들을 위기로 몰아넣고 있는 주요한
흐름과 다수의 힘이 그들 각각이 가지고 있는 '차이'들을 억압하고 배제
하기 때문이다. 따라서 '차이의 보존과 자립화'는 '다수의 힘과 대세'를
거스르는 방향에서 추구되어야 한다. 이것은 곧 중국의 대도시에서 '차
이'를 보존하고 그들의 자립화를 추구하는 방향은 중국 국가의 대세에
저항하는 방식이 되어야 하며 한국에서의 차이 보존 전략은 한국-한국
인 중심주의에 저항하는 방식으로 기획되어야 한다는 것을 의미한다.

  그러므로 '차이의 보존과 자립화'라는 관점에서 진행되는 '조선족 커
뮤니티의 생성과 발전' 전략은 크게 다음의 세 가지 방향에서 기획될 필
요가 있다. ① 중국의 대도시에서 형성되고 있는 조선족 집거구의 경우,
다수 종족인 '한족'에 대항하여 조선족들의 문화와 전통, 가치들을 재생
산할 수 있도록 '민족적 정체성'을 자립적으로 구축할 수 있는 경제적-
문화적 인프라를 구축하면서 한중 간 네트워크의 중국 거점으로 만들어
가는 방향에서 기획될 필요가 있다. ② 한국에서 형성되고 있는 조선족

커뮤니티의 경우에는 이와 반대로 한국-한국인의 국가=민족정체성이라는 '분단국가주의' 또는 '한국인중심주의'에 대항하면서 '중국 조선족의 정체성 보존과 자립화'에 초점을 두고 '한중' 간 네트워크의 한국 내교류거점으로 만들어가는 방향에서 기획될 필요가 있다. 또한, ③ 연변조선족 자치주의 경우, 역사적으로 그들이 만들어온 문화적 자산을 살리면서도 지정학적 공간의 특성을 살려 이중정체성으로서 조선족의 정체성을 발전시켜가면서 남(한국)-중-북(조선) 삼국의 정치·경제·문화적 합작의 교류거점으로 키워가는 방향에서 기획될 필요가 있다.

제3장 '좌절된 욕망'의 집단적 심리와 고려인의 가치지향성

박민철*

1. 고려인 심층 구술 인터뷰와 가치지향성 연구의 의미

코리언 디아스포라(Korean Diaspora)는 모국인 한(조선)반도를 떠나 타민족이 주류인 다른 거주국에 살고 있는 '한(조선)민족' 집단을 의미한다. 원래 디아스포라란 개념은 유대인의 유랑을 설명하는 의미에서 '민족분산(民族分散)' 내지 '민족이산(民族離散)'으로 번역된다. 이때 이 개념은 유대 민족이 세계 여러 지역으로 흩어지는 과정 그리고 그들이 거주하는 장소와 공동체까지 포함하는 의미로 사용된다. 1990년대로 접어들면서 디아스포라는 유대인뿐만 아니라 다른 민족들의 이주 경험까지 포함하는 포괄적인 개념으로 확장된다. 하지만 코리언 디아스포라는 무엇

* 건국대학교 통일인문학연구단 HK연구교수.

보다 일제강점기의 강압적 식민 통치에 기인한 '박해형(迫害形) 민족이
산'으로 설명될 수 있다. 일제 식민지 통치가 동반한 정치적인 탄압과
강제수탈은 코리언들의 해외로의 이주를 불러왔기 때문이다. 결과적으
로 현재 코리언 디아스포라는 적게는 700만, 많게는 750만 명에 이르는
것으로 추산되고 있으며, 이들이 거주하는 국가는 대표적으로 한(조선)
반도 주변의 동아시아이다.

그런데 현재 많게는 750만 명에 이르는 코리언 디아스포라 중 가장
독특한 집단은 바로 '고려인'이다. 이는 그들만이 가진 특별한 이주 경험
'들'에서 비롯된 것이다. 고려인은 1863년부터 시작된 일제강점기의 민
족적 박해에 따른 이주, 1937년 스탈린 정권에 의한 중앙아시아로의 강
제 이주, 1993년 구소련의 붕괴 및 러시아의 재러 고려인에 대한 명예
회복 결정과 함께 시작된 연해주로의 재이주(또는 한(조선)반도로의 이
주)라는, '다중의 이주 역사'를 가지고 있다. 이런 점에서 고려인 디아스
포라에 대한 학문적 관심은 당연한 것이었다.[1]

고려인에 대한 연구는 이주-강제 이주-재이주라는 3중의 이주 경험
과 맞물린 거주국에서의 차별과 배제의 경험들을 반영하고 있다. 그런
데 기존의 고려인 연구를 살펴보면 그들의 민족정체성에 대한 복잡하고
다차원적인 변화 양상들을 간과한, 일면적이고 이분법적인 연구경향을
확인할 수 있다. 이를테면 고려인에게 여전히 유지되고 있는 민족적 요
소와 민족적 귀속감을 강조함으로써 그들을 한(조선)민족의 동질성으로
만 포섭하려는 연구경향, 아니면 이와는 반대로 그들의 민족정체성의

---

1) 고송무의 『쏘련의 한인들: 고려사람』(이론과 실천, 1990)으로부터 시작된 재
   러 고려인에 대한 연구물은 2011년 현재 학위논문 40여 편, 학술논문 120여
   편, 단행본 130여 편 등에 이르고 있다. 정진아, 「연해주·사할린 한인의 삶과
   정체성-연구동향과 과제를 중심으로」, 『한(조선)민족문화연구』 제38집, 한(조
   선)민족문화학회, 2011, 408쪽.

이질적 변화 양상에 주목함으로써 그들을 디아스포라라는 틀로서 포섭하려는 시도이다. 특히 2000년 중반 이후에는 고려인을 전형적인 디아스포라로 규정하는 연구들이 등장하기 시작했다. 실제로 이들 연구는 지역별(중앙아시아·러시아·연해주 등)·세대별로 드러나는 민족정체성 변화 양상 그리고 고려인들의 재이주 현상과 관련된 다양한 연구를 통해 민족적 '동질성'보다는 '혼종성'을, '정주 의식'보다는 '유목적 정체성'을 강조한다.

하지만 이러한 연구들이 갖는 한계도 명백하다. 조경희는 재일 조선인에 대한 한국의 인식에 있어서 '인식 주체로서 한국(인)'-'인식 대상으로서 재일 조선인'이라는 관계성은 언제나 변함이 없으며 따라서 인식 대상으로서 재일 조선인은 언제나 한국(인)에 의해서 타자화된 표상을 결코 넘지 못한다고 지적한다.[2] 주체-대상이라는 구분 속에서 대상은 언제나 주체에 의해 특정한 틀로 재단되어 버리는 '타자화' 내지 '대상화'를 통하게 된다는 것이다. 조경희의 통찰은 비단 재일 조선인 연구에만 해당하지는 않는다. 기존 연구들에 등장하는 고려인들 역시 한(조선)반도 거주 코리언들의 민족이냐-탈민족이냐라는 이중적 시선에 의해 타자화된 코리언들로 존재할 뿐이다. 본 논문의 문제의식은 바로 여기에 있다. 이러한 주체-대상화의 구분 속에서 고려인을 살펴보는 것이 아니라, 이러한 관계망의 해체를 전제로 한다는 것이다.

그래서 본 논문은 한국 거주 고려인들의 심층 구술 인터뷰를 통해 드러나는 그들의 '가치지향성'에 주목한다. 이는 고려인이 스스로 행하는 자기인식을 드러냄으로써 모국 지향의 정체성과 거주국 지향의 정체성이 공존하는 고려인의 이중적 존재 방식[3]을 균형적으로 사유하기 위함

---

2) 조경희, 「한국 사회의 '재일조선인' 인식」, 『황해문화』 통권 제57호, 새얼문화재단, 2007, 75쪽.

이다. 물론 기존의 연구들을 살펴보면 고려인의 가치 지향에 대한 연구를 찾을 수 있다.

하지만 이러한 연구들은 직업관·미래관·종교관과 같은 개인적인 선호도가 전제된 협소한 '가치관' 영역만을 다루고 있을 뿐, 평등·자유·권리와 같이 윤리 의식적인 가치 지향을 연구한 논문은 사실상 찾아보기 힘들다. 따라서 본 연구는 고려인의 가치지향성을 밝혀냄으로써, 고려인 디아스포라의 존재 방식을 심층적으로 이해하는데 일차적인 목적이 있다. 그리고 이 때 고려인의 가치지향성 연구는 다음과 같은 의미를 담고 있다.

첫째, 고려인의 가치지향성은 그들의 힘겨웠던 이주의 역사가 고스란히 집약된 가치 체계이다. 그렇기 때문에 이것은 고려인의 민족정체성을 가장 구체적으로 확인할 수 있으며, 나아가 민족정체성을 구성하는 다양한 요소와 성격을 총체적으로 확인할 수 있다. 둘째, 고려인의 가치지향성에 대한 연구는 같은 민족으로서의 차이와 공통성을 확인할 수 있는 중요한 요소이다. 특히 이것은 '민족이냐-탈민족이냐'라고 하는 이분법적 패러다임을 넘어서 수평적이고 대등한 관계망 속에서 그들을 바라볼 수 있게 한다. 왜냐하면 고려인의 가치지향성은 타자의 시선으로 규정된 '우리(특히 한국)'의 모습이 전제되어 있으며, 우리는 이것을 통해서 스스로를 반성적으로 사유할 수 있기 때문이다. 셋째, 고려인의 가치지향성 연구는 본 논문의 궁극적인 목적이기도 한 코리언 디아스포라와의 상생과 협력의 모색, 구체적으로 미래의 통일한(조선)반도 건설을 위해 구축되어야만 할 가치 지형을 미리 확인할 수 있게 한다.

고려인의 가치 지향을 알기 위해서는 무엇보다도 그들의 말과 생각이

---

3) 이에 대해서는 박민철·정진아, 「재러 고려인의 민족정체성과 민족적 자긍심」, 건국대학교 통일인문학연구단 편, 『코리언의 민족정체성』, 선인, 2012, 234~238쪽 참조.

중요하다. 그래서 이 논문은 우선, 방법론적으로 한국에 거주하고 있는 고려인들과의 심층 구술 인터뷰를 통해서 그들의 가치지향성이 무엇인지를 알아내고, 그것을 토대로 한국인의 가치지향성과의 '차이'가 구체적으로 어떻게 발생하고 있는지를 반성적으로 살펴보고자 한다. 구체적으로 2절에서는 디아스포라로서 고려인의 특수성에 주목하면서 다중의 이주 경험에서 발생하는 그들의 '욕망의 좌절'에 대해 해명하고자 한다. 3절에서는 고려인의 좌절된 욕망이 만들어 낸 집단 심리가 어떠한 가치 지향을 발생시키고 있으며, 한국 사회와의 어떠한 가치 충돌을 발생시키고 있는지를 살펴보고자 한다. 마지막 4절에서는 고려인의 가치 지향이 미래 통일 한(조선)반도의 가치 지형 구축에 어떠한 의의를 전하고 있는지를 살펴볼 것이다.

다만 밝히고 넘어가야 할 점은 고려인의 가치 지향 연구를 위해 심층 구술 인터뷰 대상을 주로 독립국가연합 출생의 고려인에 한정했다는 점이다. 왜냐하면 구소련 지역에 거주하는 코리언의 한(조선)반도로의 재이주는 지역별로 구분할 때 중앙아시아, 러시아, 사할린 지역으로부터의 이주로 나눌 수 있는 데, 상이한 지역에서 서로 다른 역사적 경험을 체험해 온 그들을 동일한 범주로 묶어 다루는 것은 이론적으로 옳지 못할 뿐더러[4], 본 연구의 핵심은 고려인의 다중 이주의 경험이 만들어낸 가치 지향이기 때문이다.

따라서 본 논문은 다중의 이주와 가장 밀접하게 연관되어 있으며, 이주의 원인과 인원수에서 가장 분명한 특징을 보여주는 독립국가연합 출생(특히 우즈베키스탄)의 고려인 인터뷰를 주된 분석 대상으로 삼았

---

4) 우리가 만난 고려인들 중 대다수는 고려인(사할린 한인)을 지역별로 구분하는데 익숙했다. 여기에는 거주국의 경제적 상황에 따른 '계열화(hierarchy)'도 있었으며, '서로 다른 이주의 원인'이 만들어낸 감정적인 구분도 존재했다. 2014.03.01. 고려인 김니카 씨 인터뷰 중.

다.5) 또한 중앙아시아 출신 고려인의 생활상을 좀 더 가까이서 오랜 동
안 지켜본 한국 국적의 시민단체 대표의 인터뷰도 포함시켰다. 아래의
표는 2013년 11월부터 2014년 5월까지 진행된 고려인 심층인터뷰 대상
자의 기본사항이다.

〈표 1〉 심층인터뷰 대상자 기본사항

	이름(가명)	나이	태어난 곳	이주 전 거주지	현재 직업	한국 거주 기간
1	박류드밀라	30	러시아 로스토프	러시아 로스토프	대학원생	4년
2	박타티아나	26	러시아 로스토프	러시아 로스토프	노동자	5년
3	김루드밀라	49	우즈베키스탄 타슈켄트	러시아 나훗카	자영업	12년
4	김발레리(가명)	52	우즈베키스탄 프라부다	우즈베키스탄 타슈켄트	노동자	7년
5	임알렉세이(가명)	53	우즈베키스탄 호레즘	러시아 생테페제르부르	노동자	12년
6	손고리(가명)	29	우즈베키스탄 타슈켄트	우즈베티스탄 타슈켄트	노동자	3년
7	고밀라	28	우즈베키스탄 타슈켄트	러시아 볼고그라드	회사원	6년
8	한올가	38	우즈베키스탄	우즈베키스탄	노동자	3년
9	박드미트리	27	우즈베키스탄	러시아	학생	8년
10	이블라들렌	27	우즈베키스탄	우즈베키스탄	학생	8년
11	김니카	25	타지키스탄 듀샴배	러시아 우수리스크	대학원생	4년
12	황옥사나	23	우크라이나	러시아 블라디보스톡	대학생	5년
13	박타티아나B	49	카자흐스탄	러시아 우수리스크	통역사	8년
14	김승력	47	한국	서울	야학 대표	

---

5) 2012년 12월 31일을 기준으로 국내 체류 외국 동포 중 우즈베키스탄 국적을
갖는 고려인의 수는 11,859명으로 중국, 미국, 캐나다에 이어 4번째로 많다.
또한 러시아 국적의 고려인은 4,275명으로 5위를 차지하고 있다. 법무부 출입
국·외국인 정책본부, 『2012 출입국·외국인정책 통계연보』, 2012, 628쪽.

2. '고려인 디아스포라'[6]의 이주 원인과 이중의 '좌절된 욕망'

1) '고려인 디아스포라'의 몇 가지 특징

앞서 밝혔듯이 고려인 디아스포라에 대한 연구 경향은 크게 두 가지 이다. 전자는 '민족주의적 관점에서' 민족적 동질성을 기초로 그들에 대한 민족적 소속감 내지 귀속감을 강조한다. 이를테면 혈연·언어·문화와 같은 특정한 민족적 양태들의 보존 양상을 연구한다. 후자는 '탈민족주의적 관점에서' 고려인에게 나타나는 다중적 정체성과 문화적 혼종성에 주목한다. 2000년을 전후로 전자의 관점에서 후자의 관점으로, 특히 '탈민족주의' 관점과 연계된 '디아스포라', 그리고 2000년대 중반 이후로 본격화된 '초국가주의'적 맥락에서 고려인을 연구하는 흐름이 증가하고 있다.[7]

고려인 디아스포라에 대한 '탈민족주의-디아스포라-초국가주의적' 관점은 서로 긴밀한 연관성을 가지며 동시에 나름의 이론적 타당성을 갖는다. 세계화 이후 본격화된 고려인들의 재이주 현상 그리고 모국과 거주국 모두 포함하는 그들의 이중정체성과 문화적 혼종성은 이미 그들로 하여금 민족과 국가의 경계를 가로지르는 '디아스포라성'을 가진 집단으로 보이게 하기 때문이다. 실제로 고려인에게 나타나는 이중정체성의 특징은 다음과 같다. 첫째, 고려인의 이중정체성은 확고한 국가정체성과 탈경계적인 민족정체성의 모습으로 나타난다. 둘째, 그러한 이유

---

6) 여기에 쓰인 '디아스포라'는 그 개념에 담긴 긍정적·부정적 함의보다는 '모국으로부터 이산(離散)된 사람들과 그 후손'이라는 현실적 상황만을 염두에 둔 단어이다.

7) 윤인진, 「디아스포라와 초국가주의의 고전 및 현대 연구 검토」, 『재외한인연구』 제28호, 재외한인학회, 2012, 31~35쪽.

는 재러 고려인의 고난의 역사가 만들어낸 결과물이다. 그들이 경험한 이주-강제이주-재이주는 강한 현실 지향성을 만들어냈으며, 또한 그것은 국가정체성은 러시아로, 민족정체성은 기억속의 한(조선)반도라는 뿌리 의식을 바탕으로 한다. 셋째, 하지만 한(조선)민족과 한(조선)반도와의 연결 고리를 바탕으로 하는 독특한 고려인 정체성이 40대 이하 연령대로부터 두드러지게 시작되고 있다는 것이다.[8]

이렇듯 '탈민족주의-디아스포라-초국가주의적' 맥락에서 고려인들을 사유하려는 2000년 전후의 시도는 ① 고려인의 민족적 정체성을 다분히 '심리적이고 상징적'이며, '피상적이고 관념적'이라고 규정하거나,[9] ② 그래서 그들이 거주국과 모국이라는 국가적 경계를 초월하는 '유목적 정체성(nomadic identity)'를 갖는다고 말하거나,[10] ③ 결과적으로 고려인들의 한(조선)반도로의 이주는 국가적 경계를 넘어 모국과 거주국 양쪽 모두 포섭하는, 일종의 상호 연계적인 커뮤니티의 능동적인 구축 과정으로 정의한다.[11] 그렇다면 과연 그러할까? 고려인 심층 구술 인터뷰는 이러한 견해와는 사뭇 다른 양상들을 보여준다.

①과 관련해서 두 가지 다른 점이 드러났다. 먼저 고려인들의 민족정체성이 과연 심리적이고 상징적인 것으로'만' 구성되는 것은 아니라는 점이다. 민족정체성은 막연한 추상적인 개념이 아니고, 그들의 삶을 통

---

8) 박민철 · 정진아, 「재러 고려인의 민족정체성과 민족적 자긍심」, 건국대학교 통일인문학연구단 편, 『코리언의 민족정체성』, 선인, 2012, 242~243쪽.

9) 윤인진, 「중앙아시아 한인의 언어와 민족정체성」, 『재외한인연구』 제7호, 재외한인학회, 1998, 44쪽.

10) 전형권 · Yulia Kim, 「우즈베키스탄의 민족정책과 고려인 디아스포라 정체성: 고려인 설문 조사분석을 중심으로」, 『슬라브학보』 제21권 2호, 한국슬라브학회, 2006, 356쪽.

11) 신현준, 「포스트소비에트 공간에서 고려인들의 과국적 이동과 과문화적 실천들」, 『사이』, 국제한국문학문화학회, 2012, 205~206쪽.

해 직접적으로 신체에 체화된 형태로 전승되고 있다는 것이다. 현재까지 여러 연구를 종합하면, 언어를 제외하고 고려인의 민족정체성을 구성하는 핵심요소인 민족의 생활 문화적 요소들은 여전히 실제적으로 전승되고 있음을 확인할 수 있다. 심층 구술 인터뷰에 참여한 대다수의 고려인은 결혼·환갑·장례·돌잔치와 같은 전통적 생활관습부터 식생활에 이르기까지 일상적으로 전승된 민족적 공통 요소들이 존재함을 말했다. 이런 점에서, 이병조는 고려인들에게 한(조선)반도-중앙아시아-러시아 지역적 조건의 영향에 따라 전통적으로 계승되거나 변용되어온 한(조선)민족 문화유산들이 존재하고 있음을 주장한다. 그의 실증적인 고려인 구술 조사에 따르면 고려인 사회는 오늘날까지도 '구전설화와 민요', '식생활과 세시풍속 등의 전통적 생활관습', '통과의례' 등을 거주국 생활 문화의 상호작용 속에서 변용된 형태로 전승하고 있다.[12]

또한 고려인의 민족정체성은 결코 구체적이지 않다거나 약하지 않다는 점이다. 오히려 그들은 '어떤 측면'에서 다른 코리언 디아스포라 못지않게 강한 민족적 연대감과 소속감을 보이고 있다. 즉, 고려인들에게 한(조선)반도라는 근원적 고향에 대한 구체적이고 강한 뿌리 의식은 여전히 존재한다. 예를 들어 왜 한국에 오고 싶었는지를 묻는 질문에 대해 "그냥 궁금해서, 제가 왜 여기 사는지 궁금했어요. 지금도 좀 궁금해요. 뿌리가 어디에 있는지."[13]와 같은 답변도 찾아볼 수 있으며, 나아가 "나이가 먹고 한국에 가고 싶었어요. 한국 사람이니까. 할아버지나 할머니나 한(조선)반도를 쫓겨난 거지 가고 싶어간 것은 아니잖아요. 그래서

---

12) 이병조, 「독립국가연합(CIS) 고려인의 전통문화유산에 대한 인식과 전승실패: 중앙아시아·러시아의 고려인 무형문화유산을 중심으로」, 『재외한인연구』 제28호, 재외한인학회, 2012, 233쪽. 언어·풍속·문화등과 같은 민족적 요소들이 일상적인 삶을 통해 변용되어가면서 습관처럼 몸과 마음에 새겨진 정체성은 이른바 '신체적 정체성'으로 정의할 수 있다.

13) 2013.11.04. 고려인 한올가 씨 인터뷰 중.

한국 땅에 가고 싶었어요. 우즈베키스탄은 잠깐 거주했던 곳이라는 느낌 밖에 안 들었어요."14)와 같은 강한 소속감을 보이는 고려인들도 있었다.

실제로 고려인 관련 시민단체의 김승력 대표 역시 그들의 강한 뿌리 의식을 이야기한다. "떠돌면서 살아야 되니깐. 그런 게 있는데 그러면서도, 150년을 그 민족과 섞이지 않고 고려인으로 살았다는 건 그 뿌리 의식이 대단한 거죠. (…) 내가 아무리 러시아 사람이 되고 싶어도, 러시아 사람은 너는 러시아 사람이 아니야 라고 얘기하죠. 여권에도 코리안, 한족, 한(조선)민족이라고 써놓거든요."15) 이처럼 김승력은 150여 년을 여러 거주국에 떠돌면서 살았음에도 불구하고 그 민족과 섞이지 않고 고려인들로 살아남았다는 것은 강한 뿌리 의식을 대변하고 있음을 지적하고 있다. 뿐만 아니라 설문 조사를 바탕으로 한 고려인들에 대한 다른 연구들에서도 그들의 민족적 소속감은 높게 조사되고 있으며 세대가 진행함에도 불구하고 여전히 지속되고 있음을 알 수 있다.16)

또한 ②와 관련해서는 세 가지 다른 점이 나타났다. 이 세 가지 모두는 특정 지역으로의 지향 내지 귀속성과 관련된다.

첫째, 고려인은 거주국에서의 경험들이 만들어낸 자부심 강한 '고려인' 정체성을 갖는다는 점이다. 고려인의 정체성은 특정한 지역에서 축적한 그들의 역사를 긍정한다는 특징이 있다. 김승력 대표 역시도 그들의 '까레이스키 정체성'을 강조했다. "나는 고려인이다. 그 자체로 인정받고 싶어 해요. 고려인, 까레이츠로서의 자기정체성을 인정하고, 한국

---

14) 2014.04.27. 고려인 임알렉세이 씨 인터뷰 중.

15) 2013.11.04. 한글야학 '너머' 김승력 대표 인터뷰 중.

16) 임영상, 「독립국가연합 고려인 청소년의 현황과 분석」, 『역사문화연구』 제28집, 한국외국어대학교 역사문화연구소, 2008; 고가영, 「모스크바 고려인 청소년들의 생활과 정체성」, 『소통과 인문학』 제8집, 한성대학교 인문과학연구원, 2009.

은 모국으로서 대하는. 내가 여기 왔으니 한국 사람이다 그런 주장을 하는 사람을 전 본 적이 없어요."[17] 임영상의 연구 역시 이러한 결과를 뒷받침한다. 그에 의하면 고려인 3-4세대들에게 물었던 한(조선)민족에 대한 소속감을 느끼는가 하는 질문의 경우, 소속감을 느낀다는 답변 비율은 11%를 넘어 64%로 높게 나타났지만, 한(조선)민족의 자부심이나 자긍심을 묻는 질문에 80% 이상이 그렇다고 대답하고 있다.[18] 여기서 보이는 민족적 소속감과 자부심의 상당한 비율 차이는 바로 고려인의 '망탈리테'가 모국과 관련된 '민족적 정체성'을 넘어서 거주국에서의 역사와 체험에 따라 만들어 낸 '고려인'으로서의 자부심과 중첩되어 구성되고 있음을 보여준다. 이렇게 볼 때 고려인은 거주국과 모국이라는 기존의 지역층위를 가로지르고 고정된 장소에 머무르려고 하지 않는 '유목적 정체성'이 아니라, 무엇보다 구소련이라는 특정 공간 안에서 구축된 자신들의 기억과 역사를 강하게 긍정하고 지향하는 '고려인 정체성'을 갖는다고 이해해야 한다.[19]

둘째, 그래서 고려인들에게는 거주국 지향의 '국민정체성'이 상대적으로 강하게 나타나고 있다는 점이다. 이미 우리가 알고 있듯이 고려인은 애초 자신들의 험난한 이주 경험 속에서 살아남기 위해 모범적인 소비에트 시민이 되고자 노력해왔다. 이것은 다인종·다민족·다문화 국가였던 구소련에서 '범소비에트인' 내지 '호모 소비에트쿠스(Homo Sovieticus)'로 동등하게 살아가는 것이 무엇보다도 현실적인 해답이었기 때문이다. 그 결과 고려인은 단기간에 성공한 소수민족으로 인정받고 성공적으로 정

---

17) 2014.04.23. 한글야학 '너머' 김승력 대표 인터뷰 중.
18) 임영상, 「독립국가연합 고려인 청소년의 현황과 분석」, 『역사문화연구』 제28집, 한국외국어대학교 역사문화연구소, 2008, 18쪽.
19) 박민철·정진아, 「재러 고려인의 민족정체성과 민족적 자긍심」, 건국대학교 통일인문학연구단 편, 『코리언의 민족정체성』, 선인, 2012, 240~243쪽 참고.

착할 수 있었으며, 강한 현실 지향성을 기반으로 한 국민정체성을 가질
수 있었다. 물론 '범소비에트인'이라는 기호는 구소련의 공식이데올로기
인 국가와 민족의 경계를 넘어선 '국제주의'에 기반한 것이다. 하지만 현
실적으로 국제주의는 '소비에트 민족 중심' 그리고 '소비에트 국민 되기'
의 틀을 결코 넘어서지 못했다. 이런 점에서 '범소비에트인'이라는 고려
인의 자기 인식은 거주국의 국민정체성이라고 할 수 있다. 이미 많은 논
문에서는 고려인들에게 나타나는 강한 국민정체성을 강조하고 있다. 특
히 2012년에 건국대학교 통일인문학연구단에서 수행한 고려인 설문 조
사 연구 결과는 고려인들이 확고한 '국민정체성'을 가지고 있다는 사실
을 보여줬다.[20] 다음과 같은 고려인 심층 구술 인터뷰는 민족정체성과
공존하는 국민정체성의 모습을 구체적으로 확인시켜준다. "인터넷으로
러시아 소식을 보는데 똑같은 사건에 대한 기사를 러시아 꺼도 보고 한
국 꺼도 봐요. 그런데 한국인들이 접하는 러시아 소식은 되게 이상하게
많아요. 러시아에 대해서 이상하게 말하는 매체들도 많고. 한국 뉴스는
거의 뭐를 비판하거나 이런 게 없고 사실 전달만 해요. 그런데 미국뉴스가
러시아 비판을 많이 하는데 이건 한국 사람들이 안 봤으면 좋겠어요."[21]

셋째, 앞서 두 가지 이유들로부터 볼 때 고려인들에게도 역시 특정 지
역으로의 지향인 '정주의식'이 존재한다는 점이다. 그런데 이러한 정주
의식은 이중적으로 나타난다. 즉 한편으론 자신들의 성공을 불러왔던
거주국으로 향하는 정주의식으로 이행하거나, 다른 한편으로는 거주국
의 차별과 배제에 대한 반작용으로서 모국으로 향하는 정주의식으로 이
행한다. 고려인 심층 구술 인터뷰는 바로 이러한 이중적인 정주의식을
보여줬다. 자신들의 삶의 터전이 여전히 존재하며 친지와 가족 역시 함

---

20) 위의 글, 234~238쪽 참고.
21) 2014.03.19. 고려인 황옥사나 씨 인터뷰 중.

께 살고 있는 거주국으로의 정주의식을 보이는 고려인이 있는 반면, 차별과 배제로부터 자유로운 모국에서의 삶을 희망하는 고려인도 존재했다. 한 가지 특징적인 점은 거주국의 환경과 세대에 따라 그들의 정주의식이 향하는 지점이 달라졌다는 점이다. 예컨대, 우즈베키스탄이 고향인 김루드밀라 씨와 손고리 씨 모두 모국의 '편안함'에 기반한 정주의식을 보여준 반면[22], 러시아가 고향인 박류드밀라 씨와 카자흐스탄 출생이지만 3살 이후에 러시아 연해주에서 거주했던 김니카 씨 모두 러시아로의 정주의식을 보여주고 있었다.[23]

2) 고려인의 국내 이주 원인: 거주국에서의 '좌절된 욕망'과 모국에 대한 기대감

③의 입장에 담긴 구체적 의미는 고려인들의 한(조선)반도로의 이주가 모국과 거주국 양쪽의 다양한 사회적 관계를 형성하고 유지하기 위한 쌍방향적인 인구 이동이며, 그 속에서 고려인들은 거주국과 모국 사이의 '과국적 커뮤니티'를 구성하는 이중적 삶을 산다는 것이다. 그렇다면 핵심은 고려인의 국내 이주 원인을 확인하는 것이다. 하지만 고려인

---

22) "나는 여기서 살고 싶어요. 늙어도 여기서 살고 싶어요. 태어났지만 우즈베키스탄 절대 절대 싫어요. 고향. 한국이 젤 나은 것 같아요. 고향은 우즈베키스탄이지만." 2014.04.09. 고려인 김루드밀라 씨 인터뷰 중. "한국에서 가족에서 같이 살고 싶고. 우즈벡은 살기 힘들어요. 그리고 나는 우즈벡 사람 아니고 한국인들이 나랑 더 닮았으니까 계속 여기서 살고 싶어요." 2014.01.25. 고려인 손고리 씨(가명) 인터뷰 중.

23) "다시 러시아 돌아가서 제가 지금까지 쌓은 지식을 다른 사람에게 알려주고 싶어요." 2014.03.15. 고려인 박류드밀라 인터뷰 중. "없어요. 1년 정도 한국에 있다가 러시아에 가고 싶어요. 원래 한국과 러시아가 교류하는데 기여할 수 있는 일을 하고 싶었어요. 한국과의 교류를 통해 러시아가 더 발전할 수 있도록 도움이 되고 싶어요." 2014.03.01. 고려인 김니카 씨 인터뷰 중.

심층 구술 인터뷰를 통해 드러나는 고려인들의 한(조선)반도 이주 원인
과 그들의 집단적 심리는 ③과는 다른 양상을 보여준다.

1990년대부터 시작된 고려인들의 재이주는 주로 중앙아시아 지역에
거주하던 고려인들의 연해주나 러시아 지역으로의 이주가 대부분을 차
지하고 있다. 그 원인은 구소련 붕괴 이후 발생한 정치적 불안정·사회
주의에서 자본주의로의 전환에 있어서 제기된 경제적 어려움·민족주
의의 부흥 및 거주국 중심의 언어 정책으로 인한 취업과 교육 기회의 박
탈 등이 복합적으로 작용한 결과라는 것이 일반적이다. 하지만 연해주
로의 재이주는 곧 여러 가지 어려움에 부딪치게 된다. 생활 시설이 마련
되어 있지 않으며, 직업 역시 구하기 힘들고, 거주지 역시 마련되어 있
지 못할 뿐더러 무엇보다 문제는 국적 회복이 불가능했기 때문이다. 실
제로 카자흐스탄과 키르기스탄에서 온 고려인들은 7가지의 기본적인 서
류만 제출하면 간단하게 국적을 취득할 수 있지만, 우즈베키스탄, 타지
키스탄에서 이주한 고려인들은 30여 가지의 서류를 제출과 함께 도저히
만들 수 없는 서류를 요구하고 있다.[24]

그 결과, 2000년 이후 고려인들의 한국으로의 이주가 본격화되고 있
으며, 특히 우즈베키스탄 고려인들의 이주가 다수를 차지한다. 물론 그
원인을 제시하는데 있어서 기존 연구의 강조점은 서로 상이하다. 이를
테면, 거주국의 '배출요인'으로서 '민족차별'보다는 '경제적 어려움'을 강
조하기도 하며, '경제적 어려움보다는 생활 문화적 불편함'을 강조하기
도 한다. 나아가 그런 것들을 전부 포함하면서도 결정적인 원인은 고려
인의 '디아스포라적 특성'으로 인한 것으로 규정하기도 한다. 또한 모국
의 '흡인 요인'으로서는 '모국과의 접촉 증대로 인한 관심의 증가', '노동

---

24) 전신욱, 「중앙아시아 고려인의 재이주 원인과 정착현황: 연해주 지역을 중심
으로」, 『한국정책과학학회보』 제11권 제3호, 한국정책과학학회, 2007, 100쪽.

의 제공과 부의 증대', '모국에 대한 그리움' 등이 제기되기도 한다.

그런데 고려인들의 한(조선)반도 이주의 근본적인 원인은 거주국과 관련된 '욕망의 좌절'이라고 할 수 있다. 구체적으로 말해 첫째, 고려인들의 강한 국민정체성을 유지할 수 없게 만드는 '민족적 차별과 국가로부터의 배제'가 가장 큰 영향력을 행사한다. 고려인 심층 구술 인터뷰는 그들이 당했던 민족적 차별의 모습을 보여주고 있다. 우즈베키스탄이든, 러시아이든 인터뷰에 참여한 고려인들 모두는 민족적 차별의 경험을 이야기했다. 이 부분은 상반된 주장이 존재한다. 반병률의 연구에 의하면 우즈베키스탄 고려인은 '인종적·민족적 차별의 경험'이 거의 없으며, 오히려 그들은 그러한 해석과 강조를 못마땅하게 생각한다는 것이다. 반면, 동일한 질문에 우즈베키스탄인은 조심스럽게 그러한 차별이 생기고 있음을 말하고 있었다.[25] 실제 많은 연구들 역시 이러한 상반된 입장이 공존하고 있다.

하지만 '적어도' 우리의 인터뷰에서 거주국의 경험을 묻는 질문에 빠지지 않았던 답변은 '눈이 찢어진 사람'이었다. "원래는 어렸을 때부터 심하게 아이들이 놀렸어요. 눈 찢어졌다고 고려인, 고려인. 아이들이 놀려서 처음부터 우즈벡 살기 싫었어요. 한국에 오니까 제일 좋은 게 사람들이 다 똑같이 생겼다는 거예요."[26] 특히 박타티아나B 씨의 인터뷰는 거주국에서의 차별 경험이 모국에 대한 연관을 어떻게 상기시키는지를 확인시켜준다. "어렸을 때 러시아인과 다른 외모 때문에 놀림을 많이 받았어요. 사람들이 나에게 돌팔매질을 하기도 했어요. 학교에 들어가서도 아이들이 눈이 찢어져서 여우같다고 놀렸어요. (…) 너무 충격을 받

---

25) 권희영·Valery Han·반병률, 『우즈베키스탄 한인의 정체성 연구』, 한국정신문화연구원, 2011, 145~149쪽.

26) 2014.04.09. 고려인 김루드밀라 씨 인터뷰 중.

았죠. 그때부터 나는 러시아인이 아니라 한국인이라는 생각을 하게 된
것 같아요."27)

또한 고려인의 이주 원인은 국가로부터의 배제 역시 큰 원인으로 작
동한다. 실제로 한(조선)반도에 거주하는 고려인의 거주국 분포도에서
우즈베키스탄 국적자는 11,859명으로 러시아를 포함한 중앙아시아 고려
인 중 가장 많은 수를 차지하고 있다. 중앙아시아 국가 중 민족 공용어
로 우즈베키스탄 언어를 선택한 우즈베키스탄은 다른 중앙아시아 국가
중 가장 경제적 상황이 좋지 못했을 뿐만 아니라, 고려인들의 러시아 국
적 취득 역시 굉장히 까다롭다. 이러한 결과는 '민족적 차별과 국가로부
터의 배제'에 노출된 고려인들의 한(조선)반도로의 이주가 가장 많음을
보여준다. 실제로 소련 독립 이후 10년 동안 우즈베키스탄의 고려인은
3만 6천 명이, 타지키스탄 고려인은 1만 3천 명 수준에서 1,000명 수준으
로 1만 2천 명이 각각 감소했으며, 반면 카자흐스탄과 키르기스스탄의
고려인의 숫자는 대체로 안정되는 결과로 나타났다.28)

물론 고려인 이주의 원인은 거주국의 차별 정책이 아니라, 공용어 선
택에 따른 언어사용에서의 불편함 때문이라는 주장도 나름의 설득력이
있다. 하지만 이러한 해석이 전적으로 타당하다고 말하기도 힘들다. 공
용어 선택을 통해서 다른 언어의 사용이 전면 금지되었다는 것은 공적
인 사회적 진출과 진입이 막혔다는 것이며, 이런 점에서 이는 '국가로부
터의 배제'라는 것을 부인할 수 없기 때문이다.29)

둘째, 고려인의 국내 이주는 그들의 자랑스러운 역사를 더 이상 유지
할 수 없는 고려인의 민족적 자긍심의 훼손과 거주국의 현실 지향성을

---

27) 2014.03.24. 고려인 박타티아나B 씨 인터뷰 중.
28) 임영상 외,『독립국가연합의 한(조선)민족청소년 현황 및 생활실태 연구』, 한
국청소년연구원, 2007, 50쪽.
29) 장윤수,『코리안 디아스포라와 문화 네트워크』, 북코리아, 2010, 132쪽.

기반으로 하는 정주의식의 붕괴가 강하게 결합된 결과이다. "엄마는 우즈벡이랑 안 좋아하셔서 떠나고 싶으셨대요. 우즈벡 사람들이 엄마를 되게 무시했다고 해요. 차별 같은 거. 그래서 무조건 떠나고 싶다고 하셨어요."[30] 이미 살펴봤듯이 고려인들에게 엿보이는 강한 현실 지향성은 그들로 하여금 모범적인 소비에트시민이 될 수 있도록 만들었으며 그 결과 소비에트 국민정체성을 가질 수 있었다. 하지만 구소련의 해체와 독립국가연합으로의 분리는 그들로 하여금 더 이상 자랑스러운 소비에트인으로 살 수 없게 만들었다. 구소련의 해체는 그들의 삶을 지탱해온 고려인 자긍심의 분열을 가져왔으며, 결과적으로 성공적인 소비에트인이었던 고려인의 위치가 독립국가연합의 국가체제 속에서는 더 이상 유지되기 어렵다는 것을 체감하게 되었다는 것이다.[31]

이렇듯 '소비에트 체제와 체제 전환기'라는 구분은 각각 고려인의 성공적인 정착과 민족적/국가적 차별을 대표한다. 현재 중앙아시아 거주 고려인들은 '소비에트 고려인'으로부터 '중앙아시아 한인'으로의 변화라는 현실적인 문제에 직면하고 있다는 지적은 설득력이 있다. 구소련 붕괴이후 고려인들이 직면한 현실은 앞서 '소비에트+고려인'이고자 했던 그들의 욕망은 더 이상 유지될 수 없으며, 거주국으로서 '중앙아시아'와 인종적 구별 속의 '한인'을 강요하고 있기 때문이다.[32]

---

30) 2014.03.19. 고려인 황옥사나 씨 인터뷰 중.

31) 성동기, 「체제전환기에 나타난 우즈베키스탄 고려인 독립세대의 정체성 문제와 대응방안 고찰」, 『역사교육』 제121집, 역사교육연구회, 2012, 192~199쪽.

32) 최한우, 「중앙아시아 민족주의 운동과 고려인 집단정체성 문제」, 『아시아태평양지역연구』 제3집 제1호, 전남대학교 아시아태평양지역연구소, 2000; 김혜진, 「고려인 청년층의 민족정체성 형성과정에 대한 고찰-모스크바 및 남부 러시아 지방을 중심으로-」, 『슬라브학보』 제24권 4호, 2008; 황영삼, 「모스크바 고려인 3-4세대의 의식과 생활 문화」, 『외대사학』 제13호, 한국외국어대학교 역사문화연구소, 2000; 방일권, 「상트-페테르부르크 고려인 3-4세대의 의식과 생활 문화」, 『외대사학』 제13호, 한국외국어대학교 역사문화연구소,

3) 모국에서의 경험: 또 한 번의 '좌절된 욕망'

우리는 이것을 고려인의 '좌절된 욕망'이라고 할 수 있다. 보다 구체적
으로 이것은 거주국으로 향하는 욕망 체계, 즉 거주국의 경험이 만들어
낸 고려인으로서의 자긍심·국민정체성·정주의식의 복합적인 훼손을
의미한다. 그런데 그러한 좌절된 욕망은 그것에 대한 반작용으로서 또
다른 욕망을 낳는다. 달리 말해 거주국에서 경험한 민족적 차별과 국가
의 배제는 고려인으로 하여금 그에 대한 반작용으로서 모국에 대한 일
체감을 요구하게 만든다. 따라서 고려인의 한(조선)반도로의 이주의 또
다른 원인은 무엇보다 한(조선)반도에 대한 유대감 혹은 소속감이다. 우
리가 만난 대다수의 고려인은 한(조선)반도에 대한 막연한 소속감 그리
고 기대감을 말했다. 특히 이블라들렌 씨는 어렸을 적부터 한국 문화에
대한 노출 때문인지 한국에 대한 기대감을 강하게 표현했다. "한국에 너
무 가고 싶었어요. 매일 매일 한국 책을 보고 하니까 한국에 대한 관심
이 매우 생겼어요. 처음에 왔을 때 기뻤어요. 오고 싶었으니까."[33]

민족적 일체감의 욕망은 그들의 언어 습득에 대한 열망 속에서 제일
먼저 확인된다. 언어 습득은 민족의 고유성을 잃었다는 일종의 자괴감
에서부터 시작된다. "이분들은 동포니까 이분들 스스로 자괴감이 있어
요. 모국어를 잃어버렸다는 부끄러움 같은 게 있습니다."[34] 이런 점에서
언어 습득은 그들의 현실적인 적응을 위한 첫 관문이자, 모국을 이해하
고 온전한 일체감을 느끼기 위한 출발점이기도 하다. "러시아에서 항상
한국말 할 줄 아냐고 러시아인들이 물어봤어요. 러시아 내 다른 민족들

2000. 이 연구들의 공통적인 결론은 고려인 3-4세대들의 현지 적응을 위해 국
　민정체성과 민족정체성을 함께 강화시켜가는 전략을 취하자는 것이다.

33) 2014.06.07. 고려인 이블라들렌 씨 인터뷰.

34) 2014.04.23. 한글야학 '너머' 김승력 대표 인터뷰 중.

은 자기 민족어를 할 수 있었는데 저는 못했어요. 그게 부끄러웠고 한국
말을 배워야겠다고 생각했어요."[35]라는 고밀라 씨의 인터뷰는 단순히
경제적 이유에서 언어 습득의 욕망을 이해하려는 시도가 우리만의 시선
으로 그들을 재단하고 평가하는 '타자화-대상화' 방식과 결코 다르지 않
다는 사실을 보여준다. 물론 실제로도 많은 연구들과 우리가 만난 고려
인의 인터뷰 등에서 확인할 때, 한(조선)반도로의 이주와 정착 의지에
대해 경제적 이유를 내세우는 답변 역시 존재했다. 그렇다고 해서 이러
한 경제적 이유가 민족적 일체감에 대한 욕망과 전적으로 모순된다고
할 순 없다.[36] 다만 지적하고 싶은 점은 고려인의 이주 원인을 단순히
경제적 이유로만 치환하며, 따라서 모국에서의 언어 습득의 욕망 역시
도 경제적 이유로 설명하려는 시도는 너무 일면적이라는 점이다.

　하지만 고려인의 '좌절된 욕망'은 단순히 거주국에서의 한 번의 경험
에 그치는 것이 아니라, 재이주를 통해 오게 된 한(조선)반도에서 또 다
시 경험된다. 또 한 번의 좌절된 욕망은 같은 민족으로부터의 차별로부
터 시작된, '인정 욕망의 좌절'이다. 고려인 심층 인터뷰는 그들의 민족
적 일체감에 대한 욕망과 그 욕망이 좌절되는 것을 동시에 보여준다. 그
리고 이러한 인정 욕망의 좌절은 '자문화 중심주의'로부터 출발한다. "러
시아말을 쓰고 있었는데 옆에 있던 할아버지가 저보고 왜 한국에 왜 왔
냐고 했어요. 너희 부모는 전쟁 때문에 다 도망간 사람들이다. 한국인도
아니면서 왜 왔냐고 했어요. 그런데 제가 한국 역사를 잘 모르니까 뭐라
말할 수가 없었어요."[37] 이렇듯 같은 언어, 같은 문화와 역사를 강요하

---

35) 2014.02.10. 고려인 고밀라 씨 인터뷰 중.
36) 비슷한 맥락에서 신현준은 고려인의 이주를 역사적 뿌리의식과 거주국의 경
　　제상황에 따른 현실적 요구가 결합된 것으로 규정한다. 신현준, 「포스트소비
　　에트 공간에서 고려인들의 과국적 이동과 과문화적 실천들」, 『사이』, 국제한
　　국문학문화학회, 2012, 174쪽.

는 한국인의 '자문화 중심주의'는 국내 거주 고려인을 같은 민족으로 여기지 않는 민족적 차별로 향하게 된다.

나아가 그들의 욕망의 좌절은 차별의 직접적인 경험과도 연결된다. "막 이상하게 들었는데, 하하, 이상한 말, 한국말을 모르면 회사에서 사장님이 막 바보라고 막 좀, 시발이라고 막 욕한다고, 그러니까 조금 한국말을 조금 배우고 가래."[38] 이처럼 고려인이 자신들의 모국인 한(조선)반도로 이주해 와서 겪는 차별과 배제는 오히려 거주국에서의 차별보다 더욱 직접적이며 따라서 더 큰 좌절로 다가온다. 하지만 고려인들에게 이중의 '좌절된 욕망'을 경험하게 하는 것은 단순히 그들에 대한 민족적 차별만이 아니다. 그들은 국가와 민족을 동일시 하며 자신들의 이중정체성을 인정하지 않는 '대한민국 중심주의'에 여전히 노출되어 있다.[39] 이는 국가로부터 배제를 당한 고려인들이 또 다시 경험하는, 모국에서의 국가적 배제의 또 다른 모습이기도 하다. "어떻게 보면 애국심 좋다고 생각하지만 어떻게 보면 어떻게 이렇게 크게 욕할 수 있는지 이해가 안 돼요. 넌 누구편이냐고 물어보는 사람도 있어요. 2월 20일 피겨 스케이팅 결과 나온 날, 큰 회사 면접하러 갔어요. 들어가서 면접 때 매니저 저한테 물어보는 거예요. 로스토프 모르니까 소치라고 해요. 그 사람이 소치? 눈 크게 뜨고. 그날 면접 떨어졌어요."[40]

정리하자면 고려인의 좌절된 욕망은 이중적인데, 하나는 모국과 관련

---

37) 2014.03.19. 고려인 황옥사나 씨 인터뷰 중

38) 2013.11.04. 고려인 박타티아나B 씨 인터뷰 중. 신현준은 고려인에 대한 차별이 '같은 민족이라면서 왜 한국어를 못 하는가'라는 담론형식으로 나타나고 있음을 지적한다. 신현준, 「포스트소비에트 공간에서 고려인들의 과국적 이동과 과문화적 실천들」, 『사이』, 국제한국문학문화학회, 2012, 198쪽.

39) 이병수·김종군, 「코리언 정체성 연구의 관점과 방법론」, 건국대학교 통일인문학연구단 편, 『코리언의 민족정체성』, 선인, 2012, 46쪽.

40) 2014.03.15. 고려인 박류드밀라 인터뷰 중.

된 구체적인 뿌리 의식과 강한 민족적 일체감의 훼손이며, 다른 하나는 거주국과 관련된 고려인으로서의 자긍심·현실 지향성을 기반으로 하는 국가정체성과 정주의식의 붕괴이다. 따라서 한(조선)반도로 이주한 고려인들의 경우, '이중의 좌절된 욕망 체계'에 살고 있다. 거주국으로 향했던 동일화 욕망은 구소련 붕괴 이후 민족적 차별과 국가적 배제로 인해 좌절될 수밖에 없었으며, 그에 대한 반작용으로서 모국에 대한 동일화 욕망이 생겨나지만 모국은 그들에게 민족적인 차별과 국가적 배제를 다시금 보여주고 있다. 거주국과 모국 이 양자 어디에서도 '같은 국민'으로서도 '같은 민족'으로서도 머물지 못하는 고려인은 자신의 처지를 다음처럼 말했다. "만난 한국인들이 모두 저한테 너는 한국 사람이니까 한국말을 완벽하게 해야지 이렇게 말해요. 다른 나라에 태어나도 나보고 한국 사람이래요. 그런데 어떤 사람은 저보고 한국 사람이 될 수 없다고 말해요."[41]

3. 고려인의 가치지향성과 가치충돌: 이중의 '좌절된 욕망'이 만들어 낸 집단심리

그렇다면 고려인의 이러한 이중의 좌절된 욕망은 어떻게 작용했을까? 어떤 집단이건 지속적인 조건과 시간에 의해 생성된 특징적인 집단 사고방식 내지 사회·심리적 반응들이 존재하기 마련이다. 고려인의 이중의 좌절된 욕망은 특정한 집단 심리를 만들며, 이는 구체적인 몇 가지 가치지향으로 드러난다. 이때 이러한 가치지향은 자신들의 욕망이 좌절된 근본적 이유인 차별과 배제의 극복으로 향해 있다. 그리고 가치지향의 생성방식은 현재의 거주국[42]과 모국도 아닌 과거 거주국의 가치들을

---

41) 2014.03.19. 고려인 황옥사나 씨 인터뷰 중.

긍정적으로 재확인하는 방식(3.1), 과거 거주국의 가치들을 전제로 하면서도 차츰 그것과 멀어지고 거주국과 모국의 가치를 점차 인정하는 방식(3.2), 거주국이 아닌 필연적인 이유에서 자신의 삶을 만들어가야만 하는 모국을 긍정적으로 받아들이는 방식(3.3)으로 나타나고 있다.

1) 위계주의를 넘어선 평등의 지향과 다양성의 존중

국내 거주 고려인은 우선적으로 한국 사회를 지배하는 위계주의에 대한 반감을 대부분 보이고 있다. 그런데 이것은 과거의 거주국에서 체화된 가치지향들이 반영된 결과라고 할 수 있다. 즉, 국내 거주 고려인들은 모국과 거주국으로 향하는 욕망의 흐름이 중단되자, 다시금 그들이 과거의 거주국에 대한 욕망의 흐름을 재생시킨다. 그리고 이것은 현재의 모국과 거주국의 가치를 거부하고, 과거의 거주국에서 체험한 긍정적인 기억들과 체화된 가치관을 재확인하는 것이다. 구소련의 공식 이데올로기였던 사회주의가 '국제주의' 또는 '세계시민주의'를 내세웠을 때, 반민족차별과 반위계화는 당연한 것이었다. 물론 러시아인보다 다른 민족들이 많았던 '다민족 제국'인 구소련이 억압적이고 위계적인 민족 질서로는 유지되기 힘들었다는 정치적 동기가 작동했다하더라도, 위계주의에 대한 반감은 실제로도 당시 구소련의 일상적인 삶 속에서 오랫동안 전승되어 왔던 일종의 이데올로기이자 체화된 삶의 태도였다.

이러한 가치들이 체화된 고려인들의 눈에 비친 한국 사회는 위계질서

---

42) 국내 거주 고려인들의 가치지향을 다루는 이하의 부분에서 '거주국'은 '한국'이 아니라, 고려인들이 한(조선)반도로 이주해 오기 전 살았던 '본국'을 의미하며 혼란을 피하기 위해 '거주국'으로 용어를 통일했다. 다만 이주 전의 거주국이 아닌 그 전 시기인 구소련을 말할 때는 '과거의 거주국'이란 단어를 선택했다.

가 사회적 관계 전반을 지배하는, 이른바 '기이한 사회'이다. 이 기이한 사회에는 연장자-연소자의 위계, 학교 선후배 간의 위계, 직장 상사와 부하 직원의 위계를 넘어, '민족적 위계'까지 폭넓은 스펙트럼이 존재했으며, 국내 거주 고려인들은 이러한 위계주의를 거부하고 있었다.[43]

물론 그렇다고 하더라도 고려인들에게는 연장자를 대우하는 유교적 전통도 동시에 엿보인다. 우리가 만난 고려인들에게 한국과 거주국(특히 우즈베키스탄)과의 공통점을 물었더니, 그들 대부분은 '어른을 존경하고 존중하는 태도'를 꼽았다.[44] 오히려 국내 거주 고려인들이 반감을 표현하는 위계질서는 곧 그것이 사회적 관계 속에서 발휘되어 권력·부·지위와 연관된 강한 권위주의를 동반할 때이다. 즉, 고려인들이 가장 반감을 느끼는 부분은 이러한 위계질서가 가족 단위를 넘어 사회적 위계로 확장되어 강한 권위주의를 불러올 때이다. 재이주 하기 전 거주국에서는 결코 있을 수 없었던 이러한 강압적인 권위주의는 특히 직장 생활에서 반복된다. 상사에게 함부로 하면 안 되고, 부당하다더라도 참아야 하는 것이 주류인거 같다고 말하는 고밀라 씨[45]와 상사에게 불만이 있어도 참고 말하지 않는다고 말하는 김니카 씨[46]에게 한국 사회는 권위주의가 지배하는 계층화된 사회처럼 보인다.

---

43) 2014.03.01. 고려인 김니카 씨 인터뷰, 2014.03.24. 고려인 박타티아나 씨 인터뷰, 2014.03.19. 고려인 황옥사나 씨 인터뷰.

44) 2014.03.01. 고려인 김니카 씨 인터뷰, 2014.03.24. 고려인 박타티아나 씨 인터뷰, 2014.01.25. 고려인 손고리(가명) 씨 인터뷰, 2014.03.19. 고려인 황옥사나 씨 인터뷰. '어른에 대한 존중'은 그들의 역사적 체험과 관련이 있다. 황옥사나는 인터뷰 중 "엄마가 너무 강하게 나왔고 엄마가 '저한테 모든 걸 다 해주셨으니까' 그냥 한국에 가자 해서 한국에 왔어요."라고 말했다. 이런 점에서 거주국의 고된 삶 속에서도 자식들의 성공을 위해 희생한 선조와 부모세대들에 대한 존중이 의식적으로 나타나고 있다고 보아야 한다.

45) 2014.02.10. 고려인 고밀라 씨 인터뷰 중.

46) 2014.03.01. 고려인 김니카 씨 인터뷰 중.

그런데 고려인이 느끼는 이러한 위계화는 사회적 관계에서만 존재하는 것은 아니다. 그것은 민족적 위계로까지 확장되어 있다. 무엇보다 조선족과 고려인의 위계화에 대한 고려인의 반발[47]은 위계화라는 사유방식이 보편화된 한국 사회의 불평등함을 보여준다. 2004년 평등의 원칙에 위반했다는 이유에서 개정되기 전의 '재외 동포법'이 재외 동포를 '자본주의 진영'의 동포와 '사회주의 진영'의 동포들로 구분했듯이, 한국 사회는 코리언 디아스포라를 위계화(Hierarchy)해왔다. 같은 민족을 차별해서는 안 된다는 당위적 지향을 보이고 있음에도 불구하고, 한국 사회는 제일 위의 재미 동포부터 제일 아래의 탈북자를 위치시키는 '위계화' 지향의 이중성이 존재한다는 것이다.[48]

따라서 고려인들에게 보이는 위계주의에 대한 반감은 필연적으로 평등의 요구와 연결된다. 이는 고려인의 다중 이주 경험과 체험들이 만들어낸 가장 분명한 의식적 기반이다. 거주국과 특히 모국으로부터의 차별적 경험은 한국 거주 고려인들로 하여금 과거 소비에트가 표면적으로 추구했던 평등의 지향을 구축하게 만들었다. 그런 점에서 그들에게 엿보이는 평등의 지향은 단순하지만은 않다.

여기에는 '부의 평등'부터 '인종적 평등', '민족적 평등', '남녀평등'까지 다양한 영역이 존재한다. 이를테면 모국에서의 차별을 거부하면서 한국인과 고려인의 평등을 주장하거나 코리언 디아스포라의 위계화를 거부하는 것을 넘어, 북 정권에 대한 인식 속에서도 평등을 지향하는 고려인들이 있었는가 하면[49], "외모 때문에 차별 받는 거 같아요. 서양인인지, 동양인인지. 똑같이 러시아어 써도 서양인들이 더 좋은 대우를 받았어

---

47) 2014.04.09. 고려인 김루드밀라 씨 인터뷰 중.
48) 이병수·정진아, 「한국인의 민족정체성 이해와 대한민국 중심주의의 극복」, 건국대학교 통일인문학연구단 편, 『코리언의 민족정체성』, 선인, 2012, 93~98쪽.
49) 2013.11.04. 고려인 박타티아나B 씨 인터뷰 중.

요. 그리고 문화적으로 저는 러시아 사람인데, 생긴 게 한국인이다 보니 한국 사람들이 저는 회사 생활에 잘 적응할 거라고 기대하는 점이 있는데 이게 부담이 커요."[50]라고 말하는 것처럼 서양인에 비해 동양인인 자신들의 불평등한 대우를 지적하는 고려인도 있었다. 더 나아가서 "제가 봤을 때 여성 차별도 있는 거 같아요. 제가 대학원생이다 보니 지하철 타면 남자들 앉고 있어요. 40대 초반 여자 서 있어요. 러시아 남자 꼭 양보해요. 여기는 안 그래요. 제가 보면 여성 차별 있는 거 같아요."[51]라고 말하듯, 한국에서는 신기할 정도로 여성에 대한 배려 없음을 보인다는 평가를 내리는 고려인도 있었다.

고려인이 보이는 위계주의에 대한 반감은 평등의 지향뿐만 아니라 더 나아가 다양성의 존중을 요구한다. 코리언 디아스포라 중 고려인만의 특성은 상대적으로 안정된 정주지를 구축해온 다른 집단과는 달리, 계속된 이주의 역사 속에 놓여 있었다는 점이다. 그래서 고려인들은 이주 과정 속에서 여러 이질적인 문화들에 끊임없이 적응하려는 노력을 해야만 했다. 즉, 고려인들에게 보이는 생활 의식의 특징은 이슬람과 기독교 문화, 아시아와 유럽 문화, 터키와 슬라브 문화 등 이질적인 문화가 서로 공존하고 있다는 점이다.[52]

실제로 인터뷰를 진행한 다수의 고려인들은 모두 익숙하게 자신들의 경험에 기반하여 다양성의 존중을 말했다. 고려인의 이주 경험들은 그들에게 '구별'과 '경계 지움'보다는, '공존'과 '상호인정'을 가져다줬기 때문이다. 그들의 의지와는 다르게 이질적인 문화, 세계관, 생활 습관, 사고방식에서 끊임없이 살아야만 했던 고려인들은 필연적으로 지적으로

---

50) 2014.02.19. 고려인 고밀라 씨 인터뷰 중.
51) 2014.03.15. 고려인 박류드밀라 씨 인터뷰 중.
52) 한 발레리, 「중앙아시아 고려인의 적응 및 사회적 지위, 그리고 성공」, 『디아스포라연구』 제5권 제2호, 전남대학교 세계한상문화연구단, 2011, 157쪽.

나 정서적으로나 다양성의 지향을 가져야만 했다. 우즈베키스탄에서 출생하고 10대 초반에 러시아에 이주했으며 10대 중반에는 한국으로 유학을 온 28세의 박드미트리 씨는 인터뷰 종종 '사람 사는 게 다 똑같죠, 뭐.'라는 말을 반복했다.[53] 차별의 경험도, 좋았던 기억도 거주국과 모국 양쪽에서 고스란히 경험한 똑같은 사건일 뿐이었다. 이렇듯 '사람 사는 게 다 똑같지 않았던' 거주국의 상이한 경험들과는 달리, 그는 오히려 '다 똑같음'을 말했다. 이것은 각자 살아가는 문화와 방식은 서로 다르지만, 결국 인간의 존재 방식은 똑같다는 철학적인 의미까지는 아니어도, 위계주의를 넘어서 다양성을 인정하고 존중하는 태도를 보여준다고 할 수 있다.

무엇보다 고려인의 반위계주의를 넘어선 평등 지향과 다양성의 존중 요구는 다중의 이주역사를 통해 체화된 경험 때문이다. 그러한 잠재적인 평등 의식과 다양성의 존중 요구는 과거의 거주국에서 습득한 가치지향, 아울러 거주국과 모국에서의 차별적 경험을 통해 자기의식 속에서 다시 한 번 명확하게 인지하게 되고 다양한 방식으로 표출되었다고 보는 게 맞을 것이다. 고려인의 '좌절된 욕망'은 그들로 하여금 강한 평등의 지향과 다양성의 존중 요구를 나타나게 만들었다.

2) 자본주의-사회주의적 삶의 양식의 충돌과 공존

한편 고려인은 과거 거주국의 가치를 긍정적으로 재확인하면서도, 이것들과 거리를 두면서 차츰 모국과 거주국의 현재 가치들을 받아들이는 지향도 보이고 있었다. 이것은 '사회주의와 자본주의의 생활양식'의 충돌과 공존으로 확인할 수 있다.

---

53) 2014.06.07. 고려인 박드리트리 씨 인터뷰 중.

먼저 국내 거주 고려인들에게 익숙하게 확인할 수 있는 지점은 자본주의적 태도 내지 가치관에 대한 비판이었다. 특히 그것은 물질만능주의와 성공주의, 가족의 해체에 대한 비판이었다. 이것은 3.1과 마찬가지로 과거 거주국의 가치를 긍정적으로 재확인하는 방식이다. 이미 박명진은 고려인 문학가들의 희곡을 분석하면서 거기에 담긴 대표적인 문제의식을 가족해체와 자본주의 비판으로 규정했다. 고려인의 세대가 지날수록 가족의 해체와 자본주의가 급속도로 전개되고 있다는 것이다.[54] 하지만 이 연구는 고려인 구세대가 지적하는 것과는 달리 고려인 3-4세대들에게 그러한 태도들이 실제로 반복되고 있지 않다는 점을 간과하고 있다.

예컨대, 국내 거주 고려인 중 특히 젊은 세대인 3-4세대의 경우, 한국 사회를 지배하는 자본주의적 양식에 대해 부정적이었다. 특히 고밀라 씨는 결혼과 관련해 한국인들은 경제적 조건에 대한 집착 및 일과 성공에만 집착하면서 다른 것들에 대한 배려와 관심이 없음을 지적한다. "러시아 가족은 젊었을 때 서로 도와주면서 고생하면서 집 만들고 애 키우고 해요. 어려움이 관계를 더 돈독하게 만들어요. 근데 한국은 집이랑 차가 있어야 결혼하는 거 같아요. 경제적인 조건들에 되게 집착이 심해요. (…) 한국 남자들은 일, 성공 이런 거에만 집중하는 거 같아요. 그런데 한국에서 부족함 없이 살려면 그렇게 될 수밖에 없을 거 같긴 해요. 그래도 좀 더 배려가 있어야 되지 않을까 생각해요."[55] 이런 점에서 볼 때, 구소련 붕괴 이후 자본주의 체제를 어느 정도 습득한 고려인들이라고 할지라도, 또한 변화된 자본주의적 환경이 이주의 원인이 된다고 할

---

54) 박명진, 「중앙아시아 고려인 희곡에 나타난 정체성과 언어의 특징」, 『국제어문』 제55집, 국제어문학회, 2012, 504~513쪽.

55) 2014.02.10. 고려인 고밀라 씨 인터뷰 중.

지라도, 오랜 시간 자신들의 역사와 삶 속에서 체화된 사회주의 체제의 양식들은 쉽게 사라지지 않는다. '자본주의인 한국 사람들은 정말 바쁘게 사는구나'라는 확인부터 '자기가 행복하기 위해서 일을 해야 하는데, 한국 사람들은 행복보다 잘 살기 위해서 일하는 거 같다'는 구체적인 진단까지 고려인들에게 보이는 물질만능주의와 성공주의에 대한 거부감은 익숙하게 확인된다.

다시 말해 고려인의 눈에 비친 한국의 자화상은 말 그대로 안타까운 현실이다. 가족이 있어도 집에 가지 않고 일이 없어도 회사에 머무는 한국인들은 모습은 성공에 따른 물질 획득에 집중하는 모습이다. '자본주의의 나라인 한국'이 머릿속에서만 인지되다가 그것의 실상을 체험하게 된 고려인들은 혼란스럽다. 무엇보다 이것은 가족 해체와 관련된다. 신자유주의 도입 이후 한국 사회에서 몰아닥친 가정 해체를 목격한 고려인들에겐 이러한 광경이 낯선 모습일 수도 있다. "가족들보다 일을 중요하게 생각하는 거 같기도 하고. 언니가 한국에 왔을 때 제가 바빠서 잘 못 만났는데 그래서 삐졌었어요. 이런 가족 개념은 고려인들이 특히 중요시해요. 이건 한국의 첫인상도 그랬는데 지금도 그래요."56)

물론 이것은 러시아를 포함한 구소련 모든 지역에서 공통적으로 발견할 수 있는 가족 중심적 생활 방식에 의한 평가이기도 하다. 사회주의 체제가 남긴 생활 방식이든, 고려인의 역사와 체험이 만들어낸 가족 지향의 가치이든 실질적으로 가족공동체는 고려인들이 자신들의 민족공동체 의식을 체화해갈 수 있었던, 그리고 고단한 타국에서의 삶을 버틸 수 있게 해준 일종의 안식처였다. 우리가 만났던 고려인들은 가족이 확대된 친족까지 그러한 의미를 부여하는 것 같았다. 가족의 특별한 행사에서는 일상적으로 모든 친지들이 모여 음식을 만들고 전통 놀이를 하

---

56) 2014.03.19. 고려인 황옥사나 씨 인터뷰 중.

는 등, 현재 우리들의 삶과 비춰볼 때 분열된 가족이 아닌 끈끈한 결속력으로 뭉쳐진 가족공동체의 모습을 쉽게 확인할 수 있었다. 이런 점에서 이미 많은 연구들에서 고려인들이 중요하게 생각하는 '가족주의' 내지 '친족주의'를 확인할 수 있다.

하지만 고려인들은 사회주의적 가치지향을 통해 자본주의의 폐해를 비판함에도 불구하고, 동시에 어떤 면에서는 그들로부터 자본주의적 태도와 방식을 익숙하지 않게 발견할 수 있었다. '자본주의의 전 지구적 확산'인 이른바 세계화가 고려인들의 모국으로의 재이주를 촉진하고 있는 것 역시 분명한 일이다. 따라서 그들에게는 차별을 참아낼 수 있을 만큼의 월급 지급의 여부[57], 돈 잘 벌고 잘 사는 게 최고라는 가치관[58], 잘 사는 한국 사람이 멋있게 보인다는 대답[59]까지 자본주의적 삶의 양식을 몸에 체화하고 그것을 더 나은 가치로 받아들이는 경향 역시 존재했다. 특히 무엇보다 인상적이었던 것은 그들이 거부했던 경제적 척도를 통한 위계화의 모습도 존재한다는 점이다. 젊은 고려인 세대인 김니카 씨는 다음과 같이 말했다. "우즈벡, 카자흐, 러시아, 사할린 고려인이 각기 다르다. 어른들은 우리가 모두 고려인이라고 생각하지만, 젊은 사람들은 오히려 국력 차이에 따른 차이를 느낀다. 우즈벡은 사투리도 심하고, 문화도 다르고, 좀 배우지 못했다는 생각이 있다. 모스크바 사람들은 원래 잘난 척을 많이 하는데 모스크바 고려인도 좀 그렇다. 카자흐는 중앙아시아에서도 가장 잘 사는 나라다. 그래서 그런지 카자흐 고려인은 예의도 바르고 세련되었다."[60]

거주국의 국력 차이는 곧 거주국의 경제적 수준과 환경의 차이를 말

---

57) 2014.01.25. 고려인 손고리(가명) 씨 인터뷰 중.
58) 2014.03.24. 고려인 박타티아나B 씨 인터뷰 중.
59) 2014.04.09. 고려인 김루드밀라 씨 인터뷰 중.
60) 2014.03.01. 고려인 김니카 씨 인터뷰 중.

하고, 그것에 따라 고려인 디아스포라를 위계화하는 방식은 이전 세대
와 다른 젊은 세대만의 특징처럼 보인다. 현재 중앙아시아 고려인이 직
면한 체제 전환기는 새로운 민족정체성의 확립과 함께 과거 사회주의
경제 체제로부터 자본주의적 경제 체제로의 이행을 그 핵심으로 한
다.[61] 이런 점에서 사회주의 체제에 살았던 이전 세대에 비해, 상대적으
로 자본주의에 익숙하게 노출된 젊은 세대들은 자본주의 이데올로기의
구체적인 실상들이 낯설면서도 동시에 어떤 면에서는 익숙할 수밖에 없
다. 다시 말해 자본주의과 사회주의의 삶의 양식들이 모순적으로 공존
한다. 한국으로 재이주를 한 고려인들, 특히 고려인 3-4세대들에게 이러한
자본주의와 사회주의의 모순적 공존은 당분간 계속될 것으로 보인다.

3) 민족에 대한 지속적인 인정욕구와 능동적인 정서

1990년도 한소 수교를 시작으로, 1993년 중앙아시아로부터 러시아로
의 재이주, 1990년도 후반부터 본격적으로 시작된 남한 기업의 러시아
로의 진출 등은 고려인으로 하여금 전승된 기억 속에만 존재했던 한(조
선)반도를 구체적인 실감하기 만들었다. 하지만 한(조선)반도에 대한 '
망각의 역사'가 '재접촉의 경험'로 변화했다손 치더라도, 그러한 경험들
모두는 단순히 한(조선)민족 및 한(조선)반도와의 동질감만을 부여한 것
은 아니었을 것이다. 150여 년 동안 잊었던 한(조선)반도는 그 변화된
시기만큼이나 커다란 낯설음으로 다가왔을 수도 있다.

그러나 그러한 낯설음만큼이나 국내 거주 고려인들은 모국에 대한 지
속적인 인정 욕구와 능동적인 정서를 강하게 보이기도 한다. 이들의 이
러한 가치지향은 '결코 돌아가고 싶지 않거나 돌아갈 수 없는' 거주국의

---

61) 장윤수, 『코리안 디아스포라와 문화 네트워크』, 북코리아, 2010, 111쪽.

현재 상황과 같은 외부적 조건, 모국에서의 상대적인 만족, 고려인의 긍정적인 사고방식이 복합적으로 결합한 결과이다. 예를 들어, 한국 거주 12년 차인 임알렉세이 씨는 모국에서의 차별에 대한 반응에 대해 "'내가 뭐 잘못한 거 없나? 라는 자기반성이 먼저 들었어요. (…) 한국인들에게 이용당하도 '같은 한국인들'이 그런 거니까 이해가 됐죠. 만약 다른 나라, 다른 민족에게 당했다면 참지 못했을 거예요."[62]라고 말했다. 여기에는 차별의 경험에도 불구하고 그것으로부터 이탈하거나 부정적으로 대응하는 것이 아니라, 오히려 적극적인 자기반성과 이해로 나아가는 대응방식이 존재한다.

이것을 자기중심적으로 모국 또는 한국인에 대한 적극적인 호감에 따른 결과라거나, 또는 반대로 모국에 대한 실망감에 따른 극도의 자기 체념적 대응방식으로 해석할 순 없다. 오히려 이러한 고려인의 대응방식은 모국의 민족으로부터 배제되었음에도 불구하고, 고려인에게 여전히 존재하는 민족에 대한 인정욕구를 보여준다고 할 수 있다. 달리 말해 모국과 관련된 욕망이 좌절되었다고 할지라도, 고려인들은 그러한 욕망이 단절되기를 거부하고 계속해서 유지되기를 긍정적으로 희망한다.

이러한 인정욕구는 나아가 민족에 대한 능동적인 정서로 표현된다. 차별과 배제는 현실에 대한 원망과 도피를 낳기 쉽다. 하지만 고려인들은 민족에 대한 수동적인 정서가 아닌 능동적인 정서를 유지하고 있었다. 예컨대, "한국에 대해 나쁜 이미지만 가지지 말고, 한국은 이러이러한 이유 때문에 이렇다 라는 사고를 해야 할 거 같아요. '왜 한국은 이거 밖에 못하냐?' 라는 게 아니라 '왜 이렇게 됐을까?'와 같은 깊이 있는 이해가 필요할 거 같아요."[63]와 같이 타자에 대한 반성적 이해가 필요함을

---

62) 2014.04.27. 고려인 임알렉세이 인터뷰 중.
63) 2014.02.10. 고려인 고밀라 씨 인터뷰 중.

말하거나, "근데 박스 공장에서 일 할 때는 한국말을 못해서 욕 들은 거였어요. 시킨 일을 다르게 해서. 그런데 사람들이 안 친절한 것보다는 내가 못 알아들어서 빨리 못 한 게 잘못이었어요. 한국 사람들 말 빨리 빨리 하는데 저는 못 알아들어요."[64]와 같이 능동적인 반응을 보이기도 했다. 물론 그러한 대응이 지극히 정상적이고 필요하다고 말하는 것은 아니다. 고려인들이 차별과 배제의 경험이 낳기 쉬운 부정적인 정서에 머무르지 않고, 오히려 한국 사회를 이해하려고 하는 능동적인 정서를 '아직까지는' 보이고 있다는 점에 주목해야 한다.

따라서 핵심은 언제까지 모국으로 향하는 고려인의 집단 에너지, 즉 '리비도의 흐름'이 지속될 것인가이다. 고려인의 욕망이 좌절되고 결코 그 흐름을 더 이상 이어가지 못할 때, 모국의 차별 경험은 곧 고려인들에게 일종의 트라우마로 남게 되고, 결과적으로 고려인들은 그들이 보여 왔던 긍정적인 정서 대신에 냉소주의, 배타심 또는 원망과 같은 부정적인 정서를 생산할 것이기 때문이다.[65]

4. 미래의 통일 한(조선)반도의 가치지형 구축을 위한 몇 가지 전제

고려인의 가치지향은 욕망의 좌절이 만들어낸 지향성이었다. 그러한 가치지향은 가시적으로는 '위계주의에 대한 반감과 평등의 지향', '민족에 대한 지속적인 인정욕구와 능동적인 정서', '다양성의 인정과 존중',

---

64) 2014.01.25. 고려인 손고리(가명) 인터뷰 중.
65) 박영균 · 김종군, 「코리언의 역사적 트라우마에 관한 연구방법론」, 건국대학교 통일인문학연구단 편, 『코리언의 역사적 트라우마』, 선인, 2012, 44쪽.

'자본주의-사회주의의 충돌과 공존'으로 나타났다.

　이때 눈에 띄는 특징은 고려인은 다수의 좌절에도 불구하고 긍정적인 가치지향을 보여주고 있다는 점이다. 물론 본 논문은 앞에서도 지적했듯이 고려인의 긍정적인 가치지향의 생성에 주목하여 이를 디아스포라의 역동성 내지 창조성으로 해석하는 것에는 반대한다. 동시에 고려인의 좌절된 욕망에만 집중하면서 그들에 대해 동정어린 시선을 보내는 것도 반대한다. 다시 말해 '고려인 디아스포라'의 존재 방식을 '민족적 프레임'으로 보면서 그들의 고난의 역사를 부정적인 기호와 비극적 표상으로 연결시키는 방식, 반대로 '탈민족적 프레임'을 통해 그들의 험난한 경험들을 단순히 디아스포라 일반 이론으로 용해시켜 창조적 행위로 긍정해버리는 방식 역시 반대한다.

　정진아는 고려인 및 사할린 한인을 '역사의 조난자'라 규정한다. 이들은 자신의 의지와는 상관없이 주권을 잃었으며, 분단과 전쟁의 비극과 함께 머나먼 타국에서 버려지고 잊혀진 존재가 되어버렸기 때문이라는 것이다. 그래서 정진아는 그들에 대한 '허용되는 차별'을 가질 것을 주장한다. 고려인 및 사할린 한인에 대한 정진아의 규정에 대해 전적으로 동의한다.[66] 다만 한 가지 추가할 점은 그들을 '역사적 조난자'로 만들어버린 '역사적 가해자'를 찾는 '진상규명 책임자 처벌'의 방식은 아니라는 점이다. 이때의 핵심은 '역사의 조난자'를 구출하는데 데 있어서 그들의 '역사를 공유하는 방식'이 중요하는 점이다. 이를테면, 민족적 통합의 상을 분단 이전의 특정한 역사적 시점으로부터 도출하는 방식처럼 되어선 안 된다는 것이다. 오히려 그것은 각각의 지역에서 각자가 역사적으로 생성시켜 온 민족적 가치·정서·생활 문화의 '차이'에 대한 해명처럼 '

---

66) 정진아, 「국내 거주 고려인, 사할린 한인의 생활 문화와 한국인과의 문화갈등」, 『통일인문학 제18회 국내학술심포지엄 '코리언 생활 문화의 접촉·충돌·공존' 자료집』, 2014.05. 43쪽.

조난의 역사'를 복원하고, 다시금 그것을 새로운 '민족적 공통성'에 기반
한 민족공동체 건설의 기획 속에서 구체적으로 공유하는, 즉 '역사의 공
유'를 새로운 민족공동체 형성을 위한 일련의 과정적 노력으로 이해하
는 방식이 되어야 한다. 이럴 때야만 비로소 '역사의 공유'는 원형과 다
른 것들을 '변질되고 배신한 것'으로 규정하여 배척하는 배타적 방식을
극복할 수 있으며, 나아가 그것을 추상적인 구호로서가 아닌 적극적이
고 실천적인 의미로 받아들일 수 있기 때문이다.

　따라서 핵심은 우리들의 특정 시선으로 그들을 타자화-대상화하여
규정하는 것이 아니라, 그들의 인터뷰에서 드러났던 그들의 모습을 과
연 얼마만큼 '객관적으로' 드러냈는가이다. 이러한 의도는 궁극적으로
코리언 디아스포라인 고려인의 가치지향을 확인하고, 이를 통해 코리언
디아스포라 모두를 포함하는 통일 한(조선)반도의 미래적 가치 지평을
모색하기 위해서였다. 물론 위에서 확인된 고려인의 가치지향이 통일한
(조선)반도의 가치지향에 그대로 적용될 수는 없다. 다만 위계주의에 대
한 반감과 평등의 지향과 같이 특정한 보편적 가치지향들이 발견되었다
는 점과 한편으로 자본주의와 사회주의의 모순적인 공존이 존재한다는
점은 의미심장하다. 결국 서로 다른 두 체제 속에 살고 있는 남과 북이
어떠한 가치지향을 만들어갈 것인가에 대한 방향성은 확인할 수 있다.
즉 그것은 인류사회의 보편적인 가치지향을 존중하면서 동시에, 서로
다른 이념 체제의 공존이 가능할 수 있는 소통의 지점들을 계속해서 모
색하는 것이다.

　결과적으로 고려인의 가치지향은 미래 통일한(조선)반도의 가치지형
구축과 관련된 몇 가지 의의를 확인할 수 있게 한다. 첫째, 고려인의 가
치지향은 미래 통일 한(조선)반도의 가치 지형이 결국 인류보편적인 가
치 속에서 새롭게 구축되어야 한다는 사실을 확인시켜 준다. 즉 위계주

의에 대한 극복과 평등의 지향, 다양성의 인정을 전제로 해야 한다. 진정한 통일은 갈라진 남과 북이라는 특수한 현실 속에서 출발하면서도, 동시에 식민지 이후 전 세계에 흩어진 코리언 디아스포라 전체를 포괄하는 것이 되어야 한다는 점에서, 통일은 인류 보편적 가치 실현과 뗄 수 없는 관계이기 때문이다.

둘째, 고려인의 가치지향은 다른 한편으로 한국 사회를 반성적으로 사유하려는 노력이 필요함을 보여준다. 고려인의 가치지향에 대응하는 위계주의, 불평등, 차이에 대한 불인정은 결국 현재 우리들의 모습을 반영하고 있다. 통일은 우선적으로 한(조선)반도의 여러 문제점을 자각하면서, 이를 극복하기 위한 과정적 노력이 전제되어야하기 때문이다.

셋째, 마지막으로 고려인의 가치지향에서 확인할 수 있듯이, 코리언 디아스포라들이 구축한 가치지향들을 미래 통일한(조선)반도의 가치 지형에 결합시킬 수 있는 지속적인 소통과 통합의 노력이 필요하다. 고려인의 가치지향인 '자본주의와 사회주의의 공존'이 보여주듯이, 결국 통일이 단순히 어떤 단일한 규칙을 미리 전제하는 것에서 출발할 수 없으며, 통일의 또 다른 주체들과의 지속적인 상호 작용 속에서 창조되는 새로운 규칙들을 마련하는 것임을 보여주고 있기 때문이다. 다시 말해 코리언 디아스포라들이 만들어 낸 다양한 가치지향에 대한 연구는 새로운 민족공동체 형성을 위한 미래 기획의 전략으로 이해해야만 한다.

제4장 '재일' & '조선인'으로서의 정체성과 가치지향성

김종곤*

1. 들어가며: 재일 조선인의 역사적 특수성

한(조선)반도의 주변국에 거주하고 있는 코리언 디아스포라는 대부분 일제 식민지 지배 시절 일제의 수탈과 박해를 피해 혹은 징용·징병 등으로 인해 이주하였으며, 세계 2차 대전이 끝났음에도 불구하고 정치적이고 경제적인 이유 등으로 고국으로 돌아오지 못한 자들과 그 후손들이라고 할 수 있다.[1] 또한 해방과 더불어 한(조선)반도가 분단되면서 이

---

* 건국대학교 통일인문학연구단 HK연구교수.

[1] 재일 조선인의 경우에는 식민지 시절 일본으로 약 240만 명이 이주했지만, 해방 이후 약 194만여 명만이 귀환하고 나머지 약 60만여 명은 본국으로 돌아오지 못하고 일본에 남게 되었다.(김태영 지음, 강석진 옮김,『저항과 극복의 갈림길에서』, 지식사업사, 2005, 106~107쪽)

들은 '거주국≠민족', '한국≠민족', '조선≠민족'이라는 삼중의 어긋남이 라는 동일한 조건을 지니게 되었다. 하지만 재일 조선인에게 있어 삼중 의 어긋남이 가지는 의미는 재중 조선족, 재러 고려인과는 다르다.

첫째, 재일 조선인이 한(조선)반도로 돌아오지 못하고 남게 된 일본은 이들의 이주 원인을 제공한 식민지 국가였다는 점에서 '거주국'이 가지 는 의미가 재중 조선족과 재러 고려인과는 다르다. 그들이 남아야 했던 국가는 단지 민족의 국가가 아니라는 점을 넘어 식민지 정책을 통해 (재 일)조선인들의 국가를 강제적으로 추방하고 민족을 유린한 반민족적 국 가였다. 그렇기에 그러한 국가에서 살아가야 했던 재일 조선인에게 있 어 '거주국≠민족'이라는 불일치는 한편으로는 '해방 이전의 시간'과 '해 방 이후의 시간'이 다른 코리언처럼 분리되는 것이 아니라 '식민지의 연 속'이라는 의미를 지닌다. 또 한편으로는 이들이 더 이상 피식민지인이 아님에도 불구하고 일본 국가 혹은 일본인과의 관계에서 있어서 그 이 전과 마찬가지로 배제와 차별, 그리고 저항을 반복적으로 재연해야만 했다는 것을 의미한다.

그러나 재일 조선인들이 살아야 했던 '해방 이후의 시간'이 단지 '해방 이전의 시간'을 재연하는 것, 다시 말해 그 이전의 피식민지인으로서 겪 어야 했던 수난의 삶을 살아야 했다는 것에만 국한되지 않는다. 해방 이 후 미소 중심의 냉전체제는 한(조선)반도를 중심으로 북방삼각(조-중- 소)과 남방삼각(한-일-미)이라는 대결적 구도를 형성하였으며, 이와 아 울러 미일 간의 샌프란시스코 강화조약(1951), 한일 정상수교(1965) 등은 한(조선)반도의 분단을 재일 조선인 사회로 전이시키는 결과를 낳았다. 이에 따라 유독 재일 조선인 사회 내에서만 남북의 분단은 '민단=남' vs '총련=북'으로 오버랩되고 국적으로 기준으로 '조선적=북', '한국적=남' 그리고 '일본적=민족의 배신자'라는 '틀'이 형성된다. 그렇기에 둘째,

재일 조선인에게 있어 '한국≠민족', '조선≠민족'이라는 어긋남은 재일 조선인 사회의 내적 분단, 한(조선)반도의 남과 북에 의한 정치적 이용, 국제적 정세 속에서 일본의 국가, 사회 폭력의 원인을 제공하는 기제로 작동하면서 다층적인 폭력적 구조에 놓이게 되었다는 점에서도 재러 고려인과 재중 조선족과는 다르다고 할 수 있다.

이렇듯 재일 조선인은 식민지 이전의 한(조선)민족-일본 그리고 식민지 이후의 남-북이라는 중첩된 관계성 속에서 살아가는 존재라고 할 수 있다. 그렇기에 기존의 연구에서 특히 재일 조선인 1세의 정체성과 가치지향성은 이들에게 가해지는 일본 국가와 사회, 그리고 남과 북의 차별, 배제에 주목하여 피억압자, 폭력의 피해자라는 관점에서 주로 설명되었다. 그러나 오늘날 2세에서 3세 혹은 4,5세에 이르기까지 세대 전환을 하고 있는 재일 조선인 사회에서도 이러한 분석이 적합한 것인가라는 의문이 든다. 왜냐하면 "재일 조선인 3세는 마치 십자형 축의 정중앙의 위치 즉 식민지와 냉전기를 거치면서 장기적으로 중첩되어 온 종(縱)의 모순과 '포스트 냉전'과 지구화를 사는 그들 세대의 동시대적 횡(橫)의 모순이 교차하는 지점에 있"[2]기 때문이다.

그렇기에 단지 재일 조선인을 차별 받고 배제된 자, 분단의 구조 속에서 수동적인 희생자로만 분석하는 것은 그 일면만을 보는 것일 수 있으며 나아가 이것은 연구자의 욕망을 객관화하지 못하고 '관찰자의 인식론적 우월성'을 내세운 결과라는 비판을 피하기 힘들어 보인다. 김태영 역시 이러한 관점에서 "'크레올'이나 '디아스포라'의 잡종(hybrid)성이, 만약 지배 문화에 대한 저항의 구실을 갖는다 해도 그것은 결과일 뿐, 미리부터 거기에서 '저항의 수단'을 발견하고자 하는 것은 연구자의 독단

---

2) 김예림, 「이동하는 국적, 월경하는 주체, 경계적 문화자본−한국내 재일조선인 3세의 정체성 정치와 문화실천」, 『상허학보』 25집, 상허학회, 2009, 380쪽.

적이고 낭만적인 생각에 지나지 않는다"고 충고한다.3) 그에 따르면 재
일 조선인과 같은 소수자로서 개인의 정체성은 본질주의적으로 민족 문
화에 의해서 필연적으로 결정된다고 할 수 없다. 왜냐하면 "사람은 저마
다 경계를 관통하는 벡터(vector)의 위에서, 상황 대응적으로 스스로 위
치를 정하고, 복수(複數)의 세계를 자유왕래하면서 매일 살고 있"기 때문
이다. 그렇기에 재일 조선인을 연구하는 데에 있어 그들의 삶을 "본질주
의인가 비본질주의인가라는 이항 정립적인 것이 아니라 유연하고 탄력
적인 '선택'"의 관점에서 바라보는 것이 필요하다는 것이다.4)

　하지만 이때의 '선택'이라는 것이 역사적이고 사회적인 구조로부터 완
전히 독립된 개인의 주관성과 자율성으로 이해되어서는 안 된다. 왜냐
하면 무엇을 선택한다는 것은 이미 개인이 살아가고 있는 사회가 제시
하고 있는 조건 위에서 전략적 판단을 내린다는 것이기 때문이다. 그렇
다고 이들의 선택이 언제나 합리적이라는 말은 아니다. 그것은 합리적
일 수도 있지만 비합리적일 수도 있다. 중요한 것은 그들의 선택을 종횡
적인 구조 속에서 그리고 고정된 것이 아니라 유동하는 환경적 조건 속
에서 파악하는 것이다. 따라서 오늘날 세대가 변화하고 있는 재일 조선
인 사회와 그 개인들을 분석한다고 할 때에는 통시적으로는 재일 조선
인이 경험하였던 이산, 분단이라는 역사성을 폐기하지 않으면서도 공시
적으로는 오늘날의 변화상을 고려할 필요가 있으며, 그러한 조건 속에
서 재일 조선인이 관계하고 있는 일본(국가, 사회)과 한(조선)반도와의
관계를 다각적인 측면에서 살펴보아야 한다.

　오늘날 재일 조선인의 정체성과 가치지향성을 연구함에 있어서도 마

---

3) 김태영 지음, 강석진 옮김, 『저항과 극복의 갈림길에서』, 지식사업사, 2005,
　257쪽.
4) 위의 책, 259~260쪽.

찬가지이다. 왜냐하면 정체성이라는 것은 현재의 것으로 규정되지만 그 것의 구성은 과거로부터 현재, 그리고 다시 현재에서 과거라는 비가역 성을 바탕으로 하며, 가치지향성 또한 이러한 현재의 정체성 위에서 미 래로 향하는 삶의 방향성을 의미하는 것이기 때문이다. 그것들은 복잡 한 시간성의 매듭으로 구조화되어 있다. 물론 이것은 재일 조선인만의 문제가 아니라 인간에게 모두 적용되는 보편성이다. 하지만 이것이 재 일 조선인의 정체성과 가치지향성 연구에 강조되는 이유는 앞서 논의한 바처럼 자기중심적이고 결정론적인 시각으로부터 벗어나지 못하거나 부지불식간에 자신이 믿고 싶은 것만을 믿으려는 선입견을 경계하기 위 함이다.

이 글에서는 이러한 점을 바탕으로 (재일)조선인 3세를 대상으로 실 시한 구술 면접 인터뷰를 분석하면서 이들의 정체성과 가치지향성이 지 닌 특성을 밝히고자 한다. 〈표 1〉에서 보다시피 조사는 2014년 1월 23일 에서 25일까지 일본 교토와 오사카에 거주하고 있는 6명의 재일 조선인 과 추가로 2014년 3월에 서울에서 유학중인 2명의 조선인을 대상으로 이루어졌다. 조사 대상자를 선정하는 데에 있어 우선 고려하였던 점은 한국(조선)어 구사능력이다. 알다시피 재일 조선인들 중 상당수는 한국 (조선)어를 잘 구사하지 못한다. 물론 통역을 이용할 수도 있다. 하지만 전문적인 통역이 아닐 경우 구술자가 말하는 진의가 제대로 전달되지 못하고, 이들 내면에 있는 생각이나 심리가 제대로 조사자에게 전달되 지 않는다. 이는 매우 중요한 문제라고 할 수 있다. 왜냐하면 피상적으 로 전달되는 것만을 사실 혹은 참으로 여기고 이들의 정체성과 가치지 향성을 파악하였을 경우 그것이 가진 분열상과 반동성을 자칫 간과할 수 있기 때문이다.

〈표 1〉 구술자 기본 정보

이름	나이	성별	세대	국적	민족학교 경험	거주지	인터뷰일자
남1	28	남	3	조선	유	교토	2014.01.23.
남2	48	남	3	한국	유	오사카	2014.01.24.
남3	48	남	3	한국	유	오사카	2014.01.25.
여1	36	여	3	한국	무	교토	2014.01.23.
여2	40	여	3	한국	유	교토	2014.01.24.
여3	34	여	3	일본	무	오사카	2014.01.24.
여4	26	여	3	한국	유	서울	2014.03.24.
여5	21	여	3	한국	유	서울	2014.03.27.

2. 저항과 공생을 향한 낯선 타자로서의 삶

전후(戰後) 일본은 '외국인 등록령'(1947)을 공포하고 구식민지 출신자들을 외국인으로 등록할 것으로 의무화하였다. 또 '샌프란시스코 강화조약'(1952) 후에는 외국인 등록령을 외국인 등록법으로 변경하면서 재일 조선인에게서 일본 국민으로서의 지위를 박탈하였다.[5] 이는 식민지로부터의 해방이 한(조선)민족이 아닌 서구 강대국들에 의해 이루어졌으며 따라서 일제 식민지 지배에 대한 청산이 이루어지지 않았기 때문에 가능했던 해방 이후의 비극이다. 해방 이후에도 일본에 남아있던 상당수의 재일 조선인들은 정치·경제적 이유에서 그 스스로 국가의 경계를 넘어선 자발적 이주민들이 아니었다. 이들은 일제 식민지 지배 시기 수탈과 박해를 피해 도피하였거나, 징용이나 징병으로 강제적으로 동원되어 이주한 자들이었다. 그리고 해방 이후에도 정치적·경제적 이유 등으로 돌아오지 못한 자들이었다. 그럼에도 불구하고 자신의 지위를 보장해줄 실체적인 국가에 소속되지 못하고 또 그 국가로부터 어떠한 보호도 받지 못하는, 국민국가의 영역에 포함되지 못하는 '무국적자'가

---

5) 윤인진, 『코리언 디아스포라』, 고려대학교 출판부, 2008, 161쪽.

된 것이다. 그것은 곧 정치 공동체에 참여할 수 없는 정치적으로 죽은 존재이면서 법적 자격이 없는 존재가 되었다는 것을 의미한다. 그런 의미에서 재일 조선인은 아감벤이 말하는 호모 사케르(Homo sacer)가 되었다고 할 수 있다. 따라서 생명체에 불과한 존재로서 이들에게 주어지는 것은 '벌거벗은 삶'(bare life)이었으며, 한(조선)반도에도 일본에도 귀속되지 못하고 마치 난민과 같은 삶을 살아야했다. 하지만 이들의 신체가 속해 있는 곳은 일본이기에 그들은 그곳에서 일본인이 아닌 예외(例外)로서 '낯선 이방인'이었다.

하지만 그들은 그 이전부터 그 곳에서 살고 있었던 사람들이었다는 점6)에서 그들이 가지고 있는 혹은 일본인들이 느끼는 낯설음(strangeness)은 외부로부터 침입해 들어온 것이 아니다. 그렇다고 이들이 전후 일본 사회 내에서 필연적으로 호모 사케르가 될 운명이었다고 말하는 것은 아니다. 아감벤은 예외(例外)를 그것이 현실성으로 나타나기 이전에 이미 잠재성으로서 있는 것이 아니라 현실성과 더불어 잠재성이 되는 것으로 파악한다. 그렇게 본다면 재일 조선인들을 낯선 이방인으로 만드는 것은 단지 이들이 피식민지인이었다는 해방 전의 역사적 신분만이 아니다. 그들은 전후(戰後) 변화된 일본이 새롭게 구축하는 국가의 상징 체계가 포섭하지 못하고 이탈되는 구멍의 출현이었던 것이다.

문제는 이로 인해 재일 조선인들은 '외국인', '비일본인'으로 명명되는 '내부의 외부', '예외영역'으로서 환대받지 못하고 배제된다는 것이다. "환대의 법칙에는 그/그녀가 포함시키거나 배제시킬 사람을 선택하고, 고르고, 평가할 수 있는 권리가 들어 있다. 다시 말해, 주인에게는 선택의 권리와 구분의 권리가 있는 것이다."7) 따라서 재일 조선인은 일본 사

---

6) 김명섭 · 오가타 요시히로, 「'재일조선인'과 '재일한국인': 통합적 명명을 위한 연구」, 『21세기정치학회보』 제17집 3호, 21세기정치학회, 2007, 261쪽.

회에서 '존재의 비존재'로 "식민적인 위계질서와 탈식민지 유산은 조선인/한국인들을 혐오, 선거권박탈, 지위 하락의 대상으로, 간단히 말해 경멸과 부인의 대상"[8]이 된다. 그런 이유로 식민지 시대가 종결하였음에도 불구하고 여전히 재일 조선인의 삶은 척박함의 굴레에 묶여 있어야 했으며 동시에 일상적인 '폭력'의 위협에 노출될 수밖에 없었다.[9]

그러나 이것은 '과거' 재일 조선인 1, 2세에게만 해당하는 문제가 아니다. 실제로 2012년 건국대학교 통일인문학연구단이 도쿄, 오사카, 교토, 고베 등에 거주하는 재일 조선인 316명에게 '일본에서 조선인이라는 이유로 차별받아 본 적이 있는가?'라고 물었을 때 전체의 70.7%가 '있다'고 답했다. 또 그 중 3세대 164명 중 무려 66.5%가 '있다'고 답했다. 또한 구술면접 대상자와 연령대가 비슷한 20~40대 중 평균 66%가 '있다'고 답했다.

〈표 2〉 일본에서 조선인이라는 이유로 차별받아 본 적이 있다(%)

연령별	(전체)	10대	20대	30대	40대	50대	60대 이상
있다	70.7	54.5	42.9	67.6	86.7	79.5	84.4
없다	27.7	45.5	55.4	31.0	13.3	15.4	15.6
세대별	1세대	1.5세대	2세대	2.5세대	3세대	3.5세대	4세대
있다	66.7	100.0	81.4	100.0	66.5	25.0	55.0
없다	33.3		17.6		31.1	75.0	45.0

---

7) 리처드 커니, 이지영 옮김, 『이방인, 신, 괴물』, 개마고원, 2010, 122쪽.

8) 존 리, 「오인, 부인, 인정: '자이니치'의 사례」, 『아세아연구』 제51권 4호, 2008, 21쪽.

9) "1952년 재일 조선인 전체가 53만 5,803명인데, 그 중 61%가 직업이 없는 사람들이다. 직업이 있는 사람들 중 가장 큰 비율을 차지하고 있는 것이 6.6%를 차지하고 있는 일용 노동자이다. 그 다음의 업종은 '상업'인데, 대부분이 폐품 수집업이나 가건물로 된 가게, 암시장에서 막걸리나 곱창구이를 파는 식당이었다. 그 외 업종도 영세하고 불안정한 점에서는 마찬가지였다. 무국적자인 재일 조선인이 일본에서 살아가는 것이 힘들었음을 알 수 있다." 박범희, 「일본에서 조선인으로 산다는 것 - 서경식, 『역사의 증인, 재일조선인』(반비, 2012) 북콘서트에 다녀와서-」, 『역사와 교육』 제7호, 2013, 112쪽.

또한 '최근 일본에서 실시하는 민족 정책에 만족하는가?'라는 물음에 '매우 불만족' 34.1%, '불만족' 51.9%로 상당수가 일본의 민족 정책에 대해 만족을 느끼지 못한다고 있는 실정이다. "이는 많은 재일 조선인들이 일본 사회의 억압적 규범 등으로부터 배제되거나 소외된 삶을 살아온 것과 관련될 것이다."[10]

본 연구의 대상인 재일 조선인 8명도 마찬가지로 모두 차별 경험이 있다고 사전 조사에서 응답을 했다. '차별(discrimination)'은 대상에 대한 식별을 통한 '구분(distinction)'으로 출발한다. 하지만 구분을 한다는 것이 곧 차별을 의미하지는 않는다. 구분이 차별이 되는 것은 근거 없는 기준에 따라 상대를 열등한 존재로 규정하고 사회적 참여, 권리 행사로부터 배제 혹은 소외시킬 때이다. 그렇다면 이들이 경험하는 차별이라는 것은 무엇인가? 예를 들어 남3이 경험하고 있는 일본 사회 내에서의 차별은 조선인이라는 '다름'으로 인해 일본 사회 내에서 일반적으로 이루어지는 '사회적 관계'로 진입하지 못하는 것이었다.

"차별도 당하기도 전에 우리가 그 일본 놈들한테 지지 말라고… 차별이라고 해야 하나 역차별이라고 해야 하나? 그렇게 해서 살았죠. 근데, 구체적으로는 음, 현상으로 놓고 보면… 저는 집을, 그 집을 빌려본 적이 없습니다. 우연인지 어떤지는 모르겠지만, 규슈 갈 때도 그렇고 후쿠오카에서 이쪽에 들어올 때도 그렇고, 많이 빌리려고 노력은 했는데, 다 안 빌려주더라고요. 집은 계속 사죠." (남3)

여기서 주목할 할 점은 보다시피 남3은 차별에 대해 강한 저항적 의식을 드러내고 있다는 것이다. 그리고 그것은 일본인들을 '경쟁의 대상'으로 삼는 것으로 나아간다. 이는 '역차별'과 같은 표현을 통해 그의 저

10) 건국대학교 통일인문학연구단, 『코리언의 역사적 트라우마』, 선인, 2012, 297쪽.

항 의식이 공격적인 방식으로 나타나는 것처럼 보이게 만든다. 하지만 그의 저항 의식이 가진 성격은 오히려 이와는 반대로 '방어적'이라 할 수 있다. 왜냐하면 그가 취해왔던 일본인과의 경쟁이라는 것은 그들과 접촉하면서 이루어지는 형태가 아니며 또 적극적으로 그들을 향해 권리를 요구하는 방식으로 이루어지는 것이 아니기 때문이다. 그것은 사실상 자신을 차별하는 일본인들과의 '거리 두기'의 형태를 띠고 있다. 그래서 일본인과 임대-임차인이라는 비대칭적 관계를 맺고, 한동안 그 관계를 지속하기보다는 수평적이고 대칭적이면서 지속성을 필요로 하지 않는 매매를 선택하고 있는 것이다. 따라서 남3의 저항은 권리 쟁취와 같은 적극적인 자기 소명(疏明)이 아니라 상처의 경험 이후 다시는 상처를 받지 않기 위한 '회피'로 읽혀진다.

남1 또한 마찬가지로 같은 질문을 하였을 때 남3과 유사한 반응을 보인다. 그에게 일본에서 차별당한 경험을 들려달라고 했을 때 자신은 그러한 경험이 '많지 않다'고 말한다. 하지만 많지 않다는 것은 없다는 뜻이 아님에도 불구하고 자신의 이야기를 들려주기 보다는 누나가 겪은 일을 대신 말하였다. 이는 자신의 경험이 트라우마가 되어 구술로 재현하기를 거부하는 것으로 읽힌다. 그런데 남1에게서 발견되는 특이성은 여5, 남3과는 다르게 차별의 경험을 '집단화'하면서 강한 민족 정체성을 보인다는 것이다. 즉, 그는 비록 자신이 아닌 누나의 개인적인 경험을 들려주지만 일본 사회에서 재일 조선인에 대한 차별 그리고 폭력이 개인의 문제가 아니라 재일 조선인 집단 전체의 문제로 확장하고 있는 것이다. 더구나 그가 들려주는 누나의 경험은 재일 조선인들이 1980년대부터 빈번하게 경험하여 온 이른바 '저고리 사건'이다. 비록 누나의 이야기를 하고 있지만 그는 재일 조선인들 전체의 수난사로 대표되는 사건을 들려주면서 개인으로서 자신뿐만 아니라 누나의 경험을 재일 조선인으로 집단화하고 있다.

> "제가 직접 경험을 많지 않습니다. 제가 그런 감각에 약간 둔하고 그렇
> 거든요. 다른 사람들이 받은 상처를 생각했을 때 많이 아파요. 저희 누나
> 도, 집단적으로도 있었고, 저희 누나도 치마저고리 사건 있잖습니까? 버
> 스에서 버스를 타고 통학을 했는데 버스에서 내리고 집에 가는 길에 뒤에
> 서 갑자기 목각으로 목각이 뒤통수를 때리고… 지금쯤이면 교토 제일정
> 보학교에 사이드국가인 진돗개라고 의식들도 집단적인 그런 모습을 보고
> 보면은… 아이들이 받은 상처, 동포들이 어… 더 살기 어려워지는 조선
> 사람이라는 것을 숨기고 싶어지는, 싫게 되는 그런 거를 상상하면은… 그
> 런 것에서 상처를 받지요." (남1)

이들은 재일 조선인 1세와 같이 한(조선)반도에서 태어나 일본으로
건너간 자들이 아니다. 그들은 일본에서 태어났으며 일본의 포괄적인
문화영역 내에서 성장해온 세대이다. 그렇기에 이들은 거주국의 사회적
공간이 형성하고 있는 상징체계로부터 완전히 벗어날 수 없으며, 그에
따라 욕망할 수밖에 없다. 하지만 일본 사회의 차별, 배제, 폭력 그리고
그에 따른 욕망의 좌절 경험은 그러한 상징체계에 균열을 만들어 내면
서 자신이 '조선인'으로서 '일본인'과는 동일할 수 없다는 점을 드러내 보
인다. 그것은 조선인과 일본인이라는 집단과 집단 사이의 차이의 거리
가 만들어 내는 '공백'을 드러내 보이는 것이기도 하다. 그리고 그 공백
은 '거주국≠민족'이라는 어긋남이 낳는 코리언 디아스포라의 실존성이
다. 그것은 조선인이라는 이유로 개인적인 노력은 사회적 장벽에 가로
막히며 인신에 대한 공격에 대해서도 국가 혹은 사회의 보호망을 제공
받지 못하는 등 욕망과 현실성과의 거리가 만들어내는 현재의 '나'이다.
그렇기에 차별의 경험은 '나는 누구인가?'라는 자기 정체성을 고민하게
만드는 계기가 되는 것이다.

　중요한 것은 재일 조선인의 자기 정체성에 대한 고민은 바로 일본 국가와 사회 내에서의 차별에 대한 경험을 통해 발생한다는 것이다. 이는 재일 조선인의 강한 민족 정체성이 '저항'을 통해 형성되어 왔으며, 상대적으로 거주 국가의 정체성이 약하다는 기존의 입장들을 확인시켜주는 것이다. 하지만 이러한 정체성의 형성이 반드시 직접적인 경험으로부터 나오는 것은 아니다. 여3의 경우 일본인 아버지와 재일 조선인 어머니 사이에서 태어났다는 사실을 모른 채 23살 되던 해까지 자신이 완전한 일본인이라고 생각하면서 자랐다. 그녀는 일본인과 다르다는 점을 전혀 느끼지 못했고 어떠한 차별 경험도 없었다고 한다. 그러나 그녀가 자신의 정체성을 고민하기 시작한 것은 자신의 어머니가 조선인이라는 점을 알고 역사를 공부하면서 부터이다.

　사전 조사에서 그녀는 조국을 묻는 질문에 '조선 반도'를 선택하였으며, 그 이유로 '자기 선조의 뿌리가 있다'는 항목을 선택하였다. 그리고 모국을 묻는 물음에는 '일본'과 그 이유로 '태어난 곳이기 때문'이라는 답변을 선택했다. 흥미로운 점은 이러한 응답과 아울러 그녀는 자신이 지니고 있는 일본인으로서의 정체성이 '가짜'라고 말했다는 점이다. 그것은 자신의 어머니가 재일 조선인이라는 점을 숨길 만큼 재일 조선인에 대한 차별이 심하다는 것을 알게 되었고, 역사를 공부하는 과정에서 일제 식민지 지배와 재일 조선인의 삶을 알고 난 후 자신의 정체성의 일부로 존재하고 있었던 재일 조선인이라는 절반의 정체성이 '삭제'되었다고 보기 때문이었다. 그렇기에 그녀는 일본인이라는 정체성 자체가 정치적으로 구성된 것에 불과하다고 생각한다.

　　"저는 내 정보를 통해서 일본 사람이라는 정체성에 대해서 가짜라는
　　것을 알게 되었어요. (…) 뭔가 일본인이라는 정체성 자체가 만들어진 거.

음… 정치적으로라고 해야 하나. (…) 일본인이라는 경계가 없어요. 일본
인이라는 정체성 자체가 근대의 산물이라는…" (여3)

  자기 정체성에 대한 고민은 분명 자신이 혈연적으로 조선인과 관련이
있다는 것으로부터 시작하지만 자신의 정체성을 일본인에서 조선인으
로 '수정'하는 것은 스스로 '재규정'하면서이다. 이는 정체성이 생활 문화
와 관련이 있는 신체적인 것만으로는 규정할 수 없다는 것을 보여준다.
정체성은 단일한 하나의 기준으로 규정할 수 없다는 것이다. 그것은 신
체적인 것에서부터 정서적 그리고 여3의 경우와 같이 인지적인 측면에
서도 자신을 어떻게 규정하는가에 따라 달라질 수 있다는 것을 의미한
다. 여3의 경우 그녀는 오히려 일본 문화에 더 친숙하고 정서적으로 별
거부감이 없음에도 불구하고 역사에 대한 인식을 통해 자기 정체성을
수정하고 있는 것이다. 그러면서도 오히려 앞서 보았던 진술자들보다
자기 정체성에 대한 혼란이 더 적어 보인다. 물론 그녀 역시 자신의 어
머니가 조선인이라는 사실을 알았을 때는 혼란스러웠다고 한다. '혼란'
은 자신의 재현 체계가 질서 잡히지 않는 상태로서 어떤 의미화가 불가
능하거나 완전하지 않는 카오스의 상태를 말하는 것이다. 그렇기에 혼
란의 극복은 어떤 의미 체계, 다시 말해 나름의 상징적 질서를 복원하는
것으로 가능해진다. 그녀에게 있어 그것은 일제 식민지 지배에 대한 청
산이 이루어지지 않았으며, 그런 이유로 재일 조선인이 해방 이후에도
수난을 겪어야 했던 점에 대해 해결을 할 것을 요구하는 '주체'로서 자신
을 의미 규정하는 것이었다. 실제로 그녀는 재일 조선인 관련 단체에서
활동하고 있는데, 자신의 정체성을 역사적 과제를 수행하기 위한 실천
가의 위치에 고정시키면서 규정하고 있다. 그렇기에 그녀 역시 자기 정
체성의 고민을 자기 개인에게만 국한하여 고민하지 않는다.

"일본에서 조선 반도를 식민지 지배한 역사적인 책임이 있고 일본의
책임이 지금도 남아 있고 역사적으로 식민지 시대부터 지속하고 있는 문
제도 많이 있고 지금도 해결되지 않은 문제가 많이 있잖아요. 현재 재일
동포가 가지고 있는 문제도 그 뿌리는 식민지 시대에 일본이 한 것이나
일본이 계속하고 있는 정쟁이나 그런 문제가 계속되고 있으니까 그런 것
이 있으니까 재일 동포가 가지고 있는 정체성의 고민도 없을 수가 없고
재일 조선인은 일본의 문제하고 일본과 한(조선)반도 사이에 있는 문제가
해결되지 않으면 재일 동포의 진짜 문제를 해결하지 못한다고 생각을 하
니까…"(여3)

이는 재일 조선인에게 있어 자신의 정체성을 '재일 조선인'이라는 집
단 안에서 규정하게 만드는 것은 그들에 대한 차별과 배제를 낳는 일본
사회의 구조라고 할 수 있다. 이에 대해 서경식은 "식민주의의 계속으로
서 차별과 편견은 재일 조선이라는 '실체'에 의해 만들어지고 있는 것이
아니라, 오히려 식민지 지배의 역사를 올곧게 직시하지도 않고 자기 성
찰을 하지도 않으며 극복할 수도 없는 일본인 다수자가 자신들의 마음
속에서 만들어내고 있는 것"이라고 비판한다.[11] 하지만 이로 인한 일본
에 대한 재일 조선인의 반감과 비판 의식이 '한(조선)민족 vs 일본'이라
는 적대적 대결 구도로만 나아가는 것이라고 일반화할 수는 없다. 아래
〈표 4〉와 〈표 5〉에서 보듯이 2012년 재일 조선인을 대상으로 실시한 통
일인문학연구단 설문 조사에서 본 조사와 동일한 연령의 20~40대는 '역
사적으로 한(조선)민족에게 가장 큰 상처를 준 나라는 어디인가?'라는
물음에 약 61%가 '일본'이라고 답하였으며 '일본인 때문에 고생했던 역
사에 대해 어떻게 생각하는가?'라는 물음에는 약 71%가 1순위로 '용서하
더라도 잊어서는 안 된다'라고 답했다. 이는 일본에 대한 비판 의식이

---

11) 서경식 지음, 권혁태 옮김, 『언어의 감옥에서 – 어느 재일조선인의 초상』, 돌
베개, 2011, 66쪽.

반드시 일본에 대한 완전한 부정으로 나아가지 않는다는 것을 보여준다.

〈표 3〉 역사적으로 한(조선)민족에게 가장 큰 상처를 준 나라는 어디인가?(%)

	(전체)	10대	20대	30대	40대	50대	60대 이상
일본	63.7	59.1	57.1	70.4	55.0	66.7	71.9
미국	14.3	27.3	17.9	11.3	20.0	12.8	4.7
소련	3.8	4.5	3.6	4.2	5.0	2.6	3.1
중국	3.2	4.5	5.4	1.4	1.7	7.7	1.6

〈표 4〉 일본인 때문에 고생했던 역사에 대해 어떻게 생각하는가?(%)

	(전체)	10대	20대	30대	40대	50대	60대 이상
결코 용서할 수 없다	11.5	27.3	10.7	5.6	8.3	7.7	18.8
진정으로 사죄한다면 용서할 수 있다	16.2	18.2	8.9	11.3	10.0	17.9	31.3
용서하더라도 잊어서는 안 된다	62.1	36.4	**66.1**	**81.7**	**66.7**	64.1	40.6
불행한 과거이므로 잊자	5.4	13.6	10.7		5.0	10.3	1.6

여3의 경우도 마찬가지이다. 그녀의 성(姓)은 아버지의 일본식 성과 어머니의 조선식 성이 결합되어 있는 것이다. 이는 그녀가 말하듯이 한편으로는 그녀가 자신의 정체성을 "역사적으로 형성된 존재"인 재일 조선인으로 규정하고 나아가 재일 조선인 사회가 역사적으로 겪었던 상처를 끌어안고 "역사적인 역할"로서 재일 조선인 사회의 문제를 바꾸어 가겠다는 결심을 의미하는 것이다. 하지만 또 한편으로 그녀는 일본이 역사적 과정에서 재일 조선인의 정체성을 부정하려고 한 것에 대해서는 비판적이지만 그렇다고 일본인으로서의 정체성을 완전히 삭제하지 않겠다고 말한다. 이는 일본에 대한 비판 혹은 저항 의식이 반드시 일본에 대한 완전한 부정으로 나아가는 것은 아니라는 점을 의미한다.

"내 정체성의 갈등이 없게 된 적이 있었는데… 사라진 계기가 있었는
데 많이 갈등이 심했어요. 일본인과 재일 코리안 사이에서… 역사를 바로
보면서 그리고 내가 지금까지 궁금하고 내가 어렸을 때부터 궁금한 것이
나 어머니하고 아버지가 있고 내가 있는 거 그런 것을 다 인정을 하면 과
거에 있었던 일을 다 인정을 하면서 정체성의 고민이 사라졌어요. 저는
그 때는 일본 루트도 있고 조선이라는 루트도 있다 라는, 연줄이 있다 라
는 그런 정체성이 있어요."(여3)

물론 여3의 경우에 있어 아버지가 일본이기에 당연한 결과가 아닌가
라고 반문할 수 있다. 하지만 이러한 경향성은 그녀에서만이 아니라 나
머지 조사 대상자들에게서도 나타난다. 남3은 재일 조선인으로서의 자
기 정체성을 인정하면서부터 자신이 일본에 살고 있는 조선인이라는 점
을 받아들이기 시작하였다고 말한다.

"자기 것을 더 잘 알고, 더 사랑하고 그렇게 되니까 일본에 대해서도
사랑하게 되고, 저도 조선을 사랑하고 한국을 사랑하게 되니까 일본에 대
해서도 내 고향이다. 이 말을 할 수가 있었지. 그전 같았으면 도저히 말
못했어요. 일본이 내 고향이라고는."(남3)

그는 '재일 조선인'이라는 자신의 정체성이 단지 '조선인'으로서의 민
족성만으로 구성되는 것이 아니라는 점을 말하고 있는 것이다. 그는 일
본에서 살아가고 있다는 정주의식으로서 '재일(在日)'이라는 정체성을
함께 가지고 있다는 점을 인정하는 것이다. 또 여4도 역사적으로 보자
면 재일 조선인 기성세대가 저항적 민족성을 강조할 수밖에 없었다는
점은 이해가 되지만 그것을 강요하는 것에 대해서는 반대한다고 말하는
데, 비록 약하게 드러나긴 하지만 일본에 대한 기성세대의 입장을 수용
할 수는 있지만 본질주의적인 민족성을 강조하면서 일본에 등지고 살아

가는 것에 대해서는 받아들일 수 없다는 입장을 보이면서 남3과 맥락을
같이 한다.

> "아버지와 어머니를 존경합니다. 그분들이 저항적으로 민족을 내세울
> 수밖에 없었던 역사적 사회적 상황이 있기에 이해는 됩니다. 하지만 그것
> 을 강요해서는 안 된다고 생각해요. 그렇다고 이런 생각이 일반적이라고
> 할 수 없지만, 아예 관심이 없는 사람도 있고, 반면에 강하게 이야기하는
> 사람도 있어요. 총련을 보게 되면 그 사람들의 믿음을 비판하고 싶지는
> 않아요. 그리고 그들이 동포들을 위해 일하려는 것에 대해 대단하게 생각
> 합니다. 하지만 같이는 못할 것 같아요. 기존의 이념에 갇혀 있지 않았으
> 면 해요."(여4)

그리고 일본 사람들 대다수가 역사 인식이 없다고 강하게 비판하는
남1의 경우 자신에게 가장 상처를 주는 말이 무엇이냐고 물었을 때 "언
제 일본에 오셨어요?"라는 물음이라고 답하는데, 그 역시 일본에 대해서
는 강한 비판 의식을 가지고 있지만 한편으로는 일본 사회의 구성원이
고자 하는 욕망이 있다는 점을 보이면서 자신의 정체성에서 일본을 완
전히 배제하지는 않는다.

> "일본 대다수가 역사 인식이 없어서 (…) 일본 사람들은 역사 인식이
> 없기 때문에 그 말 한마디가 상처를 주고 있다는 것 자체 모르고 있어요.
> [조사자: 그런 말들 중에 제일 상처 주는 대표적인 말은 무엇인가요?] 언
> 제 일본에 오셨어요?"(남1)

그렇다고 해서 이것이 기존의 재일론과 공생론을 전적으로 타당하다고
뒷받침해주는 것은 아니다. 왜냐하면 앞서 보았듯이 이들은 기본적으로
일본 사회에 대한 현실적이고 역사적인 비판 의식과 저항 속에서 민족정

체성을 구성하고 있다는 점을 부정할 수는 없기 때문이다. 재일론과 공생론은 자칫 이러한 재일 조선인의 정체성이 가지는 특성을 간과할 우려가 있다. 따라서 한편으로는 이들의 저항적 삶을 이해하면서도 또 한편으로는 이들이 일본에서 살아왔고, 살아가며, 살아가야 한다는 것을 부정하지는 않는다는 점을 인정하는 것이 필요하다. 그러한 점에서 일본 국가에서 살아가고 있는 코리언 민족으로서 이들의 삶의 지향성을 단적으로 표현하자면 '저항과 공생'이라고 할 수 있다. 그것은 '코리언 디아스포라'가 '코리언'이면서 '디아스포라'라는 점에서 어느 하나로만 설명할 수 없듯이 이들 역시 '조선인'과 '재일'이라는 이중성을 통해 설명되어야 한다는 것이다. 다만 재중 조선족과 재러 고려인에 비추어 특이한 점은 '조선인'은 저항적 주체가 되며 '재일'은 공생적 주체가 된다는 것이다. 이때 전자와 후자는 상호 대립적인 것이 아니다. 오히려 전자를 통해 후자로 나아간다. 다시 말해 그것은 일본의 차별에 맞선 저항이 일본으로부터 이탈 혹은 일본으로의 동화로 나아가는 것이 아니라 일본 내에서 안정적인 평화로운 삶을 살아가기 위한 권리 쟁취의 성격을 가진다는 것이다.

이러한 점에서 후쿠오카 야스노리(福岡安則)의 '재일 한인의 정체성 유형 분류'에 따라 이들을 굳이 분류하자면 '공생 지향적 정체성'을 지니고 있다고 할 수 있다.

〈표 2〉 재일한인의 정체성 유형분류[12]

		일본에서 성장한 지역에의 애착도	
		강	약
조선인 피억압 역사의 중시도	강	공생지향(함께 살기)	조국지향(재외공민)
	약	귀향지향(일본인 되기)	개인지향(자기실현)

12) 윤일성, 「재일한인의 사회적 적응과 정체성에 관한 연구」, 『한국문학논총』 제34집, 2003, 282쪽에서 재인용; 福岡安則, 『在日韓國·朝鮮人: 若い世代のアイデンティティ』, 中公新書, 1993.

이 분류표는 님미 허트릭(Nimmi Hutrik)의 소수 민족 집단의 정체성 유형 분류표를 재일 조선인의 상황에 맞게 수정한 것으로서, 이때 공생 지향적 정체성은 "사회적 차별에 싸워나가면서 일본인과 함께" 살아가고자 하는 사람들, 조국 지향적 정체성은 "태어나서 자란 일본에 대한 애착은 별로 없고 조선에 대한 일본의 억압과 가해의 역사적 의미를 되새기면서 일본사회에 동화되는 것을 거부하는 사람들"을 가리킨다. 또 개인 지향적 정체성은 "일본사회에 대한 애착심도 없고, 재일 한인에 대한 차별의 역사에 대하여 별다른 감각도 없이 자아실현을 위해서 혹은 자신의 사회적 출세를 위해서 살아가는 사람들"을, 귀화 지향적 정체성은 "조선인 차별의 역사에 대한 의식을 전혀 갖지 못한 채, 태어나서 자란 일본에 대한 강한 애착을 가지고 일본인이 되기를 바라는 사람들"[13]을 지칭한다.

이러한 분류 방식은 '민족이냐 국가냐'라는 이분법을 넘어 재일 조선인을 좀 더 다면적으로 분류하고, 또 재일 조선인 3세가 가진 특이성을 분석할 수 있게 한다는 점에서 일정 정도의 타당성을 가진다고 할 수는 있다. 하지만 이러한 분류 방식은 저항과 공생이라는 가치지향성이 가지는 역동성을 면밀하게 보여주는 것은 아니다. 왜냐하면 '공생지향'은 일본 내 마이너리티로서의 인정 투쟁적 성격만을 강조하게 되면서 그러한 삶의 가치지향성이 이들의 정체성에 미치는 영향까지 보여줄 수 없기 때문이다. 더구나 재일 조선인에 대한 연구가 한(조선)반도의 분단과 한국 혹은 조선과의 관계와 분리하여 일본 내부의 문제로만 제한할 수 없다는 점에서, 구체적으로 말하자면 재일 조선인 사회는 국적 선택 또 민단과 총련의 분열을 통해 국가 중심의 자기 정체성에 대해 답할 것을 요구받아 왔다는 점에서 지금까지 살펴 본 저항과 공생이라는 관점에서만 파악되어서는 안 되며, 한(조선)반도의 관계 속에서 형성되는 선택과

---

13) 윤일성, 위의 글, 282~287쪽.

배제라는 또 다른 축까지 고려해야 하기 때문이다.

3. '국적=정체성'에 대한 전복적 부정으로서 '국적≠정체성'

전쟁이 막 끝났을 무렵 주로 일본에 있던 재일 조선인 중 약 60-70여만 명이 한(조선)반도로 돌아오지 못하고 남게 되었다. 하지만 앞서 언급하였던 것처럼 그들은 일본의 국민으로도 또 해방된 한(조선)반도의 민족으로도 대우받지 못하고 외국인 신분으로서 '조선적'으로 표기되었다. 잘 알다시피 이때의 조선적은 한(조선)반도 이북의 조선민주주의인민공화국이 아니라 한(조선)반도를 지칭하는 조선이었다. 하지만 1965년 한일기본조약이 체결되면서 이들에게는 '한국 or 조선 or 일본'이라는 선택지가 주어졌다. 이는 사실상 1951년부터 냉전체제 하에서 자유주의 진영의 벨트를 공고히 하여 동북아시아의 안보전략을 강화하려는 미국에 의해 주도된 것이다. 그런데 중요한 점은 이 조약에서 논의된 "재일 한인의 법적 지위 문제"이다. 한국은 일본과의 협상과정에서 북송사업(귀환사업)에 대해 반대할 것을 요구하는 한편 "재일 조선인들이 외국인 등록을 할 때 '조선(朝鮮)'이라는 표기가 아닌 '한국(韓國)'이라는 표기를 채용할 것"을 요구하였던 것이다.[14]

이는 곧 '한국적'을 선택하지 않은 조선적 재일 조선인은 조선민주주의인민공화국 국적자와 동일시되면서 '북 지지자=공산주의자=빨갱이=…'라는 기표의 연쇄적 등식에 따라 그의 정체성이 수동적으로 성립된다는 것을 의미하였다.[15] 조선적 재일 조선인들에게 있어 '조선'은 식민

---

14) 오가타 요시히로, 「재일조선인에 대한 한국정부의 인식」, 『디아스포라연구』 제2권 제1호, 전남대학교 세계한상문화연구단, 2008, 113~121쪽.

지 지배로 인해 발생한 '국가≠민족'의 어긋남을 회복시키는 '상상적 국
가'였다. 그렇기에 또 한편으로 조선적을 고집하는 사람들에게 '조선'은
'미래 통일 한(조선)반도'이기도 하다.16) 하지만 한일협정은 재일 조선인
의 욕망으로 '조선'이라는 기표를 반공주의 이데올로기를 바탕으로 '금
기'(Tabu)로 상징화한다. 이에 따라 재일 조선인 사회는 한(조선)반도의
분단이 오버랩되어 또 하나의 분단을 맞이하게 된다. 물론 이것이 전적
으로 한국만의 문제라고만 볼 수 없다. 조선 역시 1963년 국가 "창건 이
전에 '조선'의 국적을 보유하였던 자를 공화국 공민으로 규정하는 국적
법을 공표한다. 이 국적법 시행 이전에 일본으로 귀화하지 않은 모든 재
일 조선인을 북한 국적자로 인정한 것이다."17) 따라서 재일 조선인 사회
의 분단은 남과 북 간의 체제경쟁 속에서 자국 중심의 '국민 만들기'의
연장선에서 발생한 결과라고 할 수 있다.

그러나 더 근본적인 이유는 분단 이후의 남과 북은 둘 다 민족의 열
망이었던 '국민=민족'에 대한 욕망을 충족시킬 수 없는 "결손국가(a
broken nation states)"18)였다는 점에서 찾을 수 있다. 이 둘의 국가는 결
핍을 가지는 분단국가로서 그것을 봉합할 필요가 있었다. 그 과정에서
각자의 결핍을 상대에게 전치시키게 된다. 오직 자신만이 민족의 정통

---

15) 1965년 한일정상수교는 한국 국적을 선택한 한인에게만 협정영주권을 부여
   하고 나머지는 무국적자로 남겼다. 그러다가 1982년 일본이 난민조약에 가입
   하면서 조선적에게 특례영주자의 지위를 부여하였다. 윤인진, 『코리언 디아
   스포라』, 고려대학교 출판부, 2008, 162쪽.
16) 실제로 여2의 경우 친정어머니는 딸이 결혼하고 호적상 한국 국적을 취득해야
   해서 조선적에서 한국적으로 국적을 바꾸었지만 친정아버지는 한(조선)반도
   가 통일된다는 신념으로 바꾸지 않았다고 한다(여2 인터뷰, 2014년 1월 24일).
17) 권준희, 「分斷내셔널리즘'과 '朝鮮籍' 在日朝鮮人」, 『한일민족문제연구』 제3
   집, 한일민족문제학회, 2003, 196쪽.
18) 임현진·정영철, 『21세기 통일한국을 위한 모색』, 서울대학교출판부, 2005,
   1~17쪽.

성을 계승하는 적자이며, 상대는 민족의 반역자, 괴뢰집단으로서 민족이 될 수 없는 결핍성이 되는 것이다. 그런데 그러한 결핍의 전치는 남과 북 사이에서만 이루어진 것이 아니다. '한국=민족', '조선=민족'에 대한 주장은 '나의 바깥'은 모두 삭제하는 것과 같은 것이다. 그렇기에 재일 조선인을 비롯한 해외 코리언 디아스포라도 예외가 될 수 없다. 비록 이들에 대해 에스닉적 동일성을 인정할지 몰라도, 국가 외부에 있는 이질성으로서 국민이 될 수 없는 것이다.

그렇기에 한국의 경우를 보더라도 일본적과 조선적 재일 조선인의 이동권을 제한하는 것[19]은 말할 것도 없고 한국적 재일 조선인조차도 "완전한 한국인"[20]이 될 수 없었던 것이다. 이들이 불완전하다는 것은 크게 두 가지의 의미를 지니는데, 첫째는 재일 조선인의 국적이 분단 상황을 반영한다는 점에서 빨간색을 완전히 탈색하지 못한 '혐의자'라는 것이다. 그렇기에 이들은 "한국 정부에게 모국을 도와주는 자원이자 동시에 정치적 공작의 대상이었다. 이는 한국 사회의 민주화 운동 과정에서 수많은 재일 조선인이 정치범으로 몰린 사실에서도 드러난다. 사상적으로 자유분방하고 민족주의적인 특성이 있는 재일 동포 유학생들은 독재정권 유지에 있어 '가장 좋은 희생양'이 되었다."[21]

19) 재일 조선인의 이동권에 대해서는 이재승, 「분단체제 아래서 재일 코리언의 이동권」, 『민주법학』 제52호, 2013 참조.
20) 김태영 지음, 강석진 옮김, 『저항과 극복의 갈림길에서』, 지식산업사, 2005, 146쪽.
21) 조경희, 「탈냉전'기 재일조선인의 한국이동과 경계 정치」, 『사회와 역사』 제91집, 한국 사회사학회, 2011, 76쪽. 조선 역시 항상 재일 조선인들에게 도움을 준 것만은 아니다. 1950년대 후반부터 시작된 북송사업으로 재일 조선인은 두 번의 이산을 경험하게 되었다고 할 수 있는데, 여2의 다음 이야기에서 볼 수 있듯이 한국과 마찬가지로 북 역시 공포의 대상이 되면서 재일 조선인에게 상처를 안겨주었다. "그 북에 가족이 계시는 저희 동포분들도 가족 안에서는 뭐 그런 말들도 하시겠지만 자기 발언으로 북한 가족들에 연결되지 않나. 그런 불안함이 있대서. 따라다니니까 자기가 이상한 말을 한 것 때문에 잘못 될 수도 있고. 그런 생각을 부쩍 가지고 계시니까. 맘 같아서는 그렇게.

조사 대상자들은 한국의 이러한 정책에서부터 재일 조선인을 잠정적으로 공산주의자로 재단하고 또 정치적으로 이용하는 것에 상당히 비판적인 인식을 드러내었다. 여3 경우에는 한국이 여전히 "재일 코리안에 대해서 반공 의식"을 지니고 있는 것에 대해 "냉전적 인식을 바꿔야 된다"[22]고, 또 조선적을 가진 남1은 "한국 정부 정책 자체가 재일 동포들을 분단시키려는 정책"[23]이라면서 상당히 직설적으로 비판하였다. 그런데 여기서 남3의 말에 주목할 필요가 있다.

"한국적을 취득한다고 해서 재일 동포들의 현황이 바뀌진 않았다고 생각을 하는 겁니다. 이거는 어디까지나 국적을 취득하는 것이지, 아니 일본 사람들도 자유롭게 가는데, 우리가 한국에 못가고 어떻게 할아버지 세대는 뭐 지조를 지킨다고 해서 통일될 때 까지는 안 간다고 해서, 자기 어머니가 계시는데 살아계실 동안에 한국에도 못가보고, 못보고 아니 그게 좋은지 어떤지. 물론 본인의 지조이고 그렇기는 하지만, 뭐 그런 부분이 있어 가지고 최근에 한국적을 취득하고 한국도 많이 다니고, 근데 그 전에는 조선에도 자주 못가지 않습니까."(남3)

그가 여기서 지적하고 있는 것은 "오랫동안 한국 정부가 실시해온 국민화 프로젝트의 허점을 재일 조선인들의 정체의 불순함에 떠 넘기"[24]면서 발생하는 '모순'이다. 남이든 북이든 이 둘은 국적을 중심으로 재일 조선인의 국가정체성을 판단하고 인정하려고 하였지만 "'제도상으로는 불순함이 보이지 않기 때문에 더 위험한' 존재"로 만들어버리는 것이다.

말 안 해요. 저희 할머니도 항상 조심스러우세요."(여2 인터뷰, 2014년 1월 24일)
22) 여3 인터뷰, 2014년 1월 24일.
23) 남1 인터뷰, 2014년 1월 23일.
24) 조경희, 「탈냉전'기 재일조선인의 한국이동과 경계 정치」, 『사회와 역사』 제 91집, 한국 사회사학회, 2011, 74쪽.

그것은 우리의 역사에서 예컨대 재일 조선인 유학생 간첩단 조작 사건 등과 같이 국가 폭력의 형태로 나타나기도 하였다. 이는 국민국가를 기준으로 하는 국적은 정체성을 판단하는 기준이 될 수 없다는 점을 국가 스스로 인정하는 꼴이 된 것이다.

그러나 '국적≠정체성'은 한국적 재일 조선인이 불완전하다는 또 다른 이유를 통해서도 드러난다. 민족 교육[25]을 인정하지 않는 일본에서 자란 많은 재일 조선인들이 한(조선)어를 제대로 구사하지 못한다. 뿐만 아니라 일본에서 나고 자라면서 이들의 신체는 한(조선)반도와 동일할 수 없다. 그렇기에 둘째, 불완전하다는 것은 언어, 생활방식 등 '차이'를 지닌 타자라는 것이다. 이 관점에서는 재일 조선인은 '반쪽발이'라는 말 그대로 반의 정체성이 일본성을 가지고 있는 자들로 순수성의 결여이다. 그렇기에 국적이 아무리 한국적이라고 할지라도 결코 한(조선)반도의 사람들과 동일성을 확보해주는 절대성이 되지 못하는 것이다.

김태영이 사례로 들고 있는 김신웅의 경우가 이 점을 잘 보여주는 사례라고 할 수 있다. 김신웅은 한국에서 거주하면서 한국 주민들의 멸시와 차별 때문에 완벽한 한국인이 되기 위해 그토록 노력을 했지만 결국 자신이 한국인이 되려고 하면 할수록 "'역시 나는 자이니치이구나'라고 절감"[26]했다고 한다. 이것은 현실적인 장벽 앞에서 한국인이 되려는 욕망을 포기하는 것일 수 있다. 그래서 재일 조선인 1세와 다르게 자신의

---

25) 해방 이후부터 시작한 "재일한인의 민족교육 역시 민족 동질성의 회복과 민족통합의 달성이라는 기본적인 취지에서 시작되었다." 하지만 일본은 민족학교를 강제로 폐쇄(1948~1949)하고 동화정책으로 일관하였다. 그러다 1955년이 되어서야 총련이 세운 조선학교를 중심으로 다시 민족교육이 활성화될 수 있었다. 윤인진, 『코리언 디아스포라』, 고려대학교 출판부, 2008, 192~193쪽. 하지만 현재까지도 일본에서 민족교육은 국가의 지원도 받지 못하며 학력으로도 인정을 받지 못하고 있다.

26) 김태영 지음, 강석진 옮김, 『저항과 극복의 갈림길에서』, 지식산업사, 2005, 147쪽.

정체성을 어느 하나로 고정시키지 못하고 혼란, 혼동 속에 있는 "'경계 (境界)의 사람들', 혹은 '주변인(marginal man)'"[27) 또는 "'홈리스(homeless)'" 로 규정하게 만드는 모습일지도 모른다.

　하지만 혼란, 혼동, 좌절 등으로 표현되는 이러한 모습이 오히려 완벽성 이란 어떤 고정된 점에 위치하고 있는 그 어떤 것이 아니라는 점을 드러내 주는 것일 수 있다. 그것은 자석의 N극과 S극처럼 둘은 공통적으로 쇠붙이 를 당기는 힘을 가지고 있지만 서로를 맞닿게 하였을 때는 '서로를 밀치는 힘'이 발생하며 보이지는 않지만 느낄 수는 있는 '거리'를 유지하는 것과 같다. 즉, 둘 간의 '차이'는 완벽성이라는 것으로 통합될 수 없는 것이다. 그렇다고 그것이 본질적으로 다름이라고 이야기할 수 없다. 왜냐하면 차 이는 둘의 만남에서 발생하는 것이기 때문이다. 그러나 좀 더 억지로 서로 를 결합시키려고 하였을 때는 어느 한쪽이 튕겨져 나가고 만다.

　여기서 주목해야 할 점이 바로 그러한 '튕겨져 나감'이다. 김신웅이 결 국 자신은 한국인이 될 수 없다고 느끼는 바가 그것이다. 서로 다른 자 성(磁性)을 가진 두 극이 완전히 하나로 결합할 수 없듯이 한(조선)반도 와 재일 조선인 간의 차이로 인해 발생하는 폭력, 배제와 차별을 통해 오히려 자신이 '자이니치'라는 점을 깨닫게 된다는 것이다. 그것은 국적 이 자신의 정체성을 말하게 할 수도 없으며, 완벽한 언어적 구사와 옷차 림 외형이 자신을 한(조선)반도의 민족과 동일하게 할 수도 없다는 것이 기도 하다. 그렇기에 윤인진에 따르면 과거와 다르게 오늘날 젊은 재일 조선인은 "국적에 따라 자신의 정체성을 규정하는 것은 부당하다"고 생 각하는 것이다.[28)

　여1의 경우 '내 조국은 어디라고 생각하십니까?'라는 사전 질문에 일본,

---

27) 위의 책, 142쪽.
28) 윤인진, 『코리언 디아스포라』, 고려대학교 출판부, 2008, 187쪽.

한국, 조선 어디도 선택하지 않았다. 그 이유를 묻자 다음과 같이 답했다.

"사람의 국적을 따지는 게 뭐가 중요하냐는 그런 게 있거든요. 그런데 일본사람이라거나 한국 사람이라는 게 어떤 것으로 생각을 하는지도 좀 궁금했고. (⋯) 저는 재일 조선인이라고 생각하는데 한국인이다 뭐 일본인이다 라고는 생각을 하지 않아요. (⋯) 나는 일본 사람은 완전히 아닌 것 같은데, 한국 사람이라 하기에도 좀 그렇고 그냥 국적만 한국 국적이다 (⋯) 한국말도 잘, 전혀 몰랐고. 한국 사람이라고 해도 국적에만 그걸 증명하는 거잖아요. 그래서 국적이랑 내가 안 맞는다. 그렇다고 일본 사람이라고 생각할 수도 왠지 없고"(여1)

그녀는 한(조선)반도의 어느 국가로도 또 일본으로도 귀속시키지 않으면서 자신의 정체성을 국가를 기준으로 찾고 있지 않는 것이다.[29] 즉, 여1에게 있어 한국 국적도 또 언어와 같은 문화적 요소도 자신의 정체성을 보여주는 것도 아니면서 그렇다고 자신의 정체성이 일본성만으로 이루어져 있다고 할 수 없다는 것이다. 남3도 마찬가지로 단일 민족주의가 강한 한국과 일본 사이에서 "자기가 누군지라는 고민을 많이" 했다고 한다. 그리고 그 '고민'의 결과 "국적이 나를 규정하는 게 아니다"라는 결론을 내렸다고 한다.[30] 그래서인지 남2의 말에 따르면 오늘날 재일 조선인들은 필요에 따라 국적은 선택할 수 있으며 변경할 수 있는 것으로 인식하고 있다고 말한다.

---

29) 여1 인터뷰, 2014년 1월 23일. 김태영에 따르면 1980년대 이후 "모국어를 말하지 못하는 데 대해서도, 전에는 '본래는 말하지 못하면 안 된다'는 식이었지만, '말할 수 없다고 해서 무엇이 나쁜가. 조선어를 말하지 못하는 조신인이 있어도 괜찮지 않은가'라는 생각이 자연스러운 것으로 받아들여졌다." 김태영, 앞의 책, 174쪽.

30) 남3 인터뷰, 2014년 1월 25일.

"옛날에는 재일 동포 사회에서 국적이라는 것은 제도적으로 자기 신분을 보장하는 제도적인 측면하고 자기 정체성을 변환하는 부분도 있었잖습니까? 자리 받고 보호하는 세상에 살면서도 나는 조선적이다 나는 북측이다 나는 한국 사람으로서 살아가겠다. 그런 자기정체성을 느끼는 부분인데 지금은 바뀌고 있다고 보고 있습니다. 오히려 국적이라는 것이 자기 정체성이라고 하는 것보다 제도적으로 어느 쪽이 더 쉽게 살 수 있는가 그런 측면에서 생각하는 사람들이 아마 많아지는 거 같다 보고 있고 또 하나는 한국에 대한 인식, 그리고 북한에 대한 인식, 바뀌고 있는 것이 가속화의 원인의 하나라고 보고 있습니다. 특히 조선족부터 한국 국적을 바꾸는 가속화 시기가 1990년 대 중반 이후인데 왜 그런가하면 북한 핵 문제 북한을 둘러싼 심각한 위기 문제들이 있고 북한이 강성대국이라고 하는 군사 대국가를 지향하고 핵 문제도 그렇고 또 한편으로는 한국은 민주화가 진행되고 오히려 한국이 여유 있는 나라가 되면서 왔다 갔다 하는 사람들도 많아지지 않았습니까…"(남2)

이것을 두고 재일 조선인이 기회주의적이라고 생각해서는 안 된다. 책임을 묻자면 그것은 한(조선)반도의 두 국가에게 있는 것이며, 그러한 점에서 이들이 편의에 따라 국적을 선택한다고 비판하는 것은 한(조선)반도 중심주의적 사고이다. 여기에는 남과 북이 체제경쟁을 하면서 재일 조선인 사회를 정치적으로 이용하였다는 점과 남-북과 조-일 간의 관계 변화에 따른 국제적 정세가 재일 조선인 사회에 민감하게 작용한다는 점과 관련이 있다. 이들은 그러한 역사적인 집단적 체험 속에서 어디로도 자신을 귀속시킬 수 없었던 것이다.

따라서 이들이 생각하는 국적은 남과 북의 사람들과 같이 '국적=국가정체성'으로 인식하는 방식과는 전혀 다른 것일 수밖에 없다. 우리는 일반적으로 자발적인 이민을 가는 경우에는 다르긴 하지만 대체적으로 국적은 태생적으로 주어지는 것이며, 자연스럽게 국적을 통해 자신의 정체성을 확립한다고 생각한다. 하지만 국적을 선택할 수 있으며 변경할 수 있다는 것은 일반적인 국가와 국민의 관계에 대한 사고를 전복하는 것으로까지 보인다. 그것은 남3이 말하듯이 거주하는 국가와 국적이 동일한 한(조선)반도에 살고 있는 사람들과는 다른 생각이다.

> "저도 대한민국 국적을 갖고는 있지만, 어 '한국 국민이다.'라는 의식 자체는 한국 사람들하고는 좀 다를 겁니다. 조선 국적을 갖고 있는 사람들도 그렇습니다. 그래서 '남과 북이라는 국가를 좀 넘어서야 된다.' 해가 지고 만든 학교인데, 남도 북도 아닌 것이 아니고, 남도 북도 우리 같이 생각해야 된다. 그래서 살고 있는 일본도 같이 생각해야 된다."(남3)

이들에게 있어 분단된 한(조선)반도의 남과 북의 국가는 자신의 민족을 대표하는 것이 아니다. 또 그러면서도 민족의 땅이라는 것을 부정하는 것은 아니다. 남이나 북은 어쩌면 둘 다 조국, 모국으로 불리어질 수 있는 '민족의 나라'이다. 그러면서도 비록 자신들을 온전한 시민으로 받아들이고 있지만 일본에서 살아가는 존재들이다. 이들이 국가를 사유하는 방식은 바로 그러한 조건들이 서로 교차하고 복합되면서 이루어지는 것이다. 그렇기에 이들은 국가의 경계에 정체성을 가두는 것이 아니라 그것을 넘나들고 있다. 실제로 조사대상자 8명 중 조선적 남1을 제외하고는 누구도 자신의 국적에 따라 한국이나 조선을 선택하지 않았다. 특히 여4의 경우, 그녀는 사전 조사에서 조국과 모국을 모두 한국, 조선, 일본, 조선반도도 아닌 '일본과 조선반도'를 선택했다. 그리고 그 이유로 '태어난 곳이기 때문에'와 '선조의 뿌리가 있는 곳이기 때문에'를 선택했다. 그녀는 일본도 한(조선)반도를 자신의 정체성에서 '배제'하지 않는다. 그렇다고 어느 하나를 '선택'하지도 않는다. 그렇기에 여기냐 저기냐와 같은 물음에서 "굳이 둘 중 하나를 선택해야 하는 이유를 느끼지 못"

하는 것이다.[31]

4. 나가며: 재일 조선인과의 소통을 위하여

영화 〈박치기〉에 등장하는 재일 조선인들은 일본어와 함께 한(조선)어를 섞어서 사용한다. 그런데 이들이 사용하는 한(조선)어는 너무나도 부자연스럽다. 오히려 영화를 보는 내내 차라리 일본어로만 말을 하면 더 좋겠다는 생각을 가지게 만든다. 그러나 어쩌면 부자연스러움은 감독이 의도한 바가 아닐까? 다시 말해 부자연스러움에도 불구하고 굳이 한(조선)어를 섞어서 사용하는 것은 이 영화가 재일 조선인들의 삶을 보여주고 있다는 리얼리티를 감미하기 위한 단순한 장치가 아니라 이 영화를 보고 있는 관객들을 향한 메시지라는 것이다. 영화 속의 배우들은 우리가 느끼는 '부자연스러운' 대화를 통해 너무나도 '자연스럽게' 의사소통을 원활하게 한다. 하지만 우리의 입장에서만 보게 되면 그것은 낯설고 불편한 것이 되는 것이다.

마찬가지로 재일 조선인의 정체성과 가치지향성을 보면서 이들이 본질주의냐 비본질주의냐라는 '딜레마'에 처해있다고 고집하는 것은 관객의 입장에서 이것과 저것이라는 선택지를 '자연스럽게' 전제하고 선택을 하지 않거나 또는 그 선택의 필요성을 찾지 못하는 이들에게 림보 상태로 단정하면서 '부자연스러운' 분석을 하고 있는 것인지 모르겠다. 전적으로 일반화할 수는 없지만 앞서 보았던 것처럼 오늘날 젊은 재일 조선인 3세들은 한편으로는 일본 사회에 대한 비판과 저항 그리고 공생, 또 한편으로는 한(조선)반도에 대한 배제와 선택이라는 이분법적인 경계

---

31) 여4 인터뷰, 2014년 3월 24일.

설정으로부터 벗어나 있다. 아니 그 경계 위에서 유동하면서 자신의 삶을 구축하고 있다고 표현하는 것이 더 정확한 말일 것이다.

그래서 우리가 본 이들은 '경계에 사는 자'라는 의미를 지닌 '안테바신'(Antevasin)을 닮아 있다. 그렇다고 이도 저도 아닌 중간에 위치하여 중립적이고 무관심으로 일관하지 않는다. 안테바신은 "고대에는 문자 그대로의 의미로 쓰여 복작거리는 속세의 삶을 떠나 영적 구도자들이 사는 숲 가장자리에서 사는 사람을 가리켰다. 안테바신은 집을 소유하면서 전통적인 방식으로 살지 않았기에 더 이상 마을 사람이 아니었다. 그렇다고 해서 미지의 깊은 숲 속에서 완전한 깨달음을 얻은 채 사는 현인들처럼 속세를 초월하지도 않았다. 안테바신은 그 중간이고 경계인이다. 양쪽 세상이 다 보이는 곳에 살지만, 시선은 미지로 향해 있다. 그리고 학자이기도 하다."[32] 여기서 중요해 보이는 것은 우선 안테바신이 마을과 숲의 경계에서 살면서 이 둘을 모두 본다는 것이다. 마을과 숲은 이질적인 공간이다. 그런데 마을의 끝은 숲의 시작이고 역으로 숲의 시작은 마을이다. 따라서 안테바신이 서 있는 경계는 시작이 될 수도 끝이 될 수도 있는 규정되지 않는 공간이면서 순간이다. 따라서 그의 삶의 방식은 마을 사람들과 완전히 일치하지도 않지만 그렇다고 숲 속의 방식을 전적으로 따르는 것도 아니게 된다. 하지만 그의 시선은 한 곳에 사로잡혀 그곳만을 향해 있는 것이 아니다. 그는 양쪽의 세상을 모두 번갈아 보며 이를 통해 고민하고 배우고 깨닫는 삶을 산다.

재일 조선인의 삶을 안테바신의 그것에 비유하는 것은 절대 그들의 삶을 미화하거나 신비화하기 위함이 아니다. 오히려 안테바신의 삶이 평화롭다면 재일 조선인의 삶은 그 역사와 현재가 보여주듯이 치열하며

---

32) 엘리자베스 길버트, 노진선 옮김, 『먹고 기도하고 사랑하라』, 솟을북, 2013, 307~308쪽.

고통일 수 있기 때문이다. 그럼에도 불구하고 이 비유는 재일 조선인의 삶과 독특한 정체성 그리고 이를 통해 지향하는 바를 잘 보여주는 것이기 때문이다. 다시 말해 그들은 과거와 현재의 연결축이 지나면서도, 한(조선)반도와 일본 혹은 일본인과 조선인 간의 국가와 민족의 문제가 발생시키는 경계에서 삶을 체험하고 자신의 실존성을 고민하며 그러면서 자신의 정체성과 미래적 삶을 구상한다는 점에서 닮아 있다는 것이다.

윤건차의 다음의 말은 이를 종합적으로 잘 설명해주고 있다. "'재일'은 한 사람의 인간 속에 일본과 조선이라는 두 개의 국가나 민족, 출신이나 언어, 습관이나 문화 등이 혼재하고 있다. 그 일본과 조선을 잇는 것은 역사적 기억이고 현재 생활이다. 더구나 그 역사적 기억은 공유되고 있는 부분이 있는가 하면 분열하는 부분이 있다. 현재 생활도 아무런 위화감 없이 공유하는 부분이 있다면 편견이나 차별 나아가서는 사회적 정치적 처우의 구체적 장에서 분열하고 첨예하게 대립하는 부분도 있다. 그것들은 어디까지나 고정적이지 않고 유동적이다. 오히려 '재일' 아이덴티티의 전체가 관계성 변화의 연쇄 속에 있다고 해도 좋을 것이다."[33]

그렇기에 한(조선)반도 중심의 국가관이나 민족관은 이들을 파악하는 것은 물론이고 나아가 민족적 합력을 창출하기 위한 소통 역시 근본적으로 불가능한 시도로 만들어버린다는 결론을 내릴 수 있다. 지금까지의 논의와 역사가 그것을 증명하지 않는가? 이들의 역사와 현재의 삶에 대한 적극적인 공감적 이해 없이 '국적'으로 이들을 규정하려는 시도는 사실상 그들을 국가가 바라는 그러한 '국민'으로 만들 수 없었으며, 도리어 실질적으로 그들이 그토록 국민이 되기를 요구했던 재일 조선인들이 안정적인 삶을 살 수 있도록 일본을 상대로 적극적인 외교정책을 펼치

---

33) 윤일성, 「재일한인의 사회적 적응과 정체성에 관한 연구」, 『한국문학논총』 제34집, 2003, 275쪽에서 재인용; 윤건차 외, 『21세기를 향한 '在日'의 아이덴티티』, 『근·현대 한일관계와 재일동포』, 서울대학교 출판부, 1999, 297쪽.

기보다는 재일 조선인 사회를 체제경쟁을 위한 장외 라운드로 삼으면서 오히려 이들을 폭력에 노출되도록 방기하는 결과를 낳았다. 따라서 이 문제를 해결하기 위해서는 무엇보다 분단국가주의 혹은 단일민족주의를 넘어서야 한다. 물론 이것이 그리 간단한 문제가 아니다. 왜냐하면 여기에는 근본적으로 남북 분단이라는 거대한 현실적인 문제가 걸려 있기 때문이다. 그렇기에 한(조선)반도와 재일 조선인 사회 간의 공생과 재일 조선인들의 삶의 개선은 통일의 문제와 너무나도 밀접할 수밖에 없다.

그럼에도 불구하고 통일을 향한 것이든 또는 지금 당장의 현실적인 대안을 마련하기 위해서든 지금 여기서 최소한 소통의 방식은 간단히 논의할 수 있다. 그것은 남과 북 그리고 한(조선)반도 그리고 더 나아가면 일본 사회 내에서 일본인과 재일 조선인 간의 관계가 타자가 지닌 차이를 인정하지 않으면서 발생한다는 점에서 첫째, 타자와의 차이가 비판의 대상은 될 수 있지만 삭제의 대상이 되어서는 안 된다. 그렇다고 이것이 다원주의적인 무조건적 인정을 의미하는 것은 아니다. 왜냐하면 다원성은 폭력성을 정당화하거나 소통의 지속성을 파기하고 무관심으로 상대를 밀어낼 수 있기 때문이다. 따라서 차이로서 타자의 타자성을 인정하면서도 대화의 장으로부터 이탈을 방지하기 위해서는 둘째, 탈중심주의와 객관화를 통한 자기반성이라는 규제적 원리가 전제되어야 한다. 그것은 환언하자면 자기중심의 국가 혹은 민족의 개념 틀 안으로 타자를 규격화시키는 것을 부정하는 데에서부터 소통을 이어나갈 수 있다는 것이다.

끝으로 재일 조선인 김시종의 시(詩) 「그림자에 그늘지다」를 옮겨본다. 오창은에 따르면 "그는 결코 남과 북에의 국민국가로 귀환하지 않는, 국민국가를 초월한 새로운 정체성을 문학 속에서 구현해냈다. 너무 깊이 절망했던 김시종이었기에 '국민국가'에 대한 초월적 상상력의 한

단초가 그의 시에 내재해 있는 것이다. 그것이 바로 '재일'의 한 특징이
며, 새롭게 존재하게 된 '정체성'의 가능태일 것이다."[34] 그렇다면 이 시
가 우리에게 들려주는 바가 코리언 디아스포라인 재일 조선인과 소통하
기 위한 출발이 되지 않을까 싶다.

> 그림자가 떨어진다.
> 깊디깊은 여름을 돋우어
> 그늘지는 여름을 반짝거리며 떨어진다.
> 위도(緯度)를 찢은 흙먼지가
> 머리카락에 엉겨 붙은
> 풀잎이
> 운모도 찬란히
> 공중에서 떨어진다.
> 그림자까지 불태운
> 섬광이 속임수다.
> 피해자뿐인 순난(殉難)이 있고
> 나를 눈멀게 한
> 나라는 없다.
> 있는 건 그림자 속
> 나의 그늘이다.
>
> ─「그림자에 그늘지다」中[35]

---

34) 오창은, 「경계인의 정체성 연구」, 『語文論集』 제45호, 중앙어문학회, 2010, 54~
55쪽.

35) 위의 글, 53쪽에서 재인용; 김시종, 유숙자 옮김, 『경계의 시』, 소화, 2008,
116~117쪽. "그는 '그늘' 속에서 '재일(在日)'의 정체성을 발견한 것이다. 남도,
북도 시인을 현혹시킬 수 없기에, 그 환멸이 오히려 스스로를 '그림자 속 그
늘'로 구성하게 한 것이다."

제5장 탈북자 가치관의 이중성과 정체성의 분화

1. 들어가는 말

이 글은 2013년 10월부터 2014년 5월까지 서울·경기 지역에 거주하는 탈북자[1] 11인에 대한 심층면접을 바탕으로 작성되었다. 심층 조사는 2012년 통일인문학연구단에서 서울경기 지역 탈북자 150명 대상으로 실시한 양적 설문 조사를 보완하는 차원에서 이루어졌다. 탈북자의 가치관과 정체성에 대한 구체적이고 심층적인 이해는 탈북자와 관련된 모든 사안과 연구 그리고 정책의 기본이 된다는 점에서 매우 중요한 문제이

---

* 건국대학교 통일인문학연구단 HK교수.

1) 새터민, 북한이탈주민, 북한이주민 등 다양한 호칭이 문제점을 지니고 있다는 판단 아래, 이 글에서는 대중적으로 가장 많이 쓰이고 있는 '탈북자'라는 명칭을 잠정적으로 사용하고자 한다.

므로, 가치관과 정체성 형성 과정에 영향을 준 다양한 사회 문화적, 정치 경제적 요인들을 세심하게 구분할 필요가 있다. 하지만 이 글에서는 남북 사회를 바라보는 거시적 측면에 초점을 두었기 때문에, 탈북자의 가치관 형성 과정을 북한 체제의 영향과 3국 체류 경험, 한국에서의 새로운 경험이라는 세 측면에서만 살펴보았다. 또한 탈북자의 가치관과 정체성은 결혼관, 직업관, 국가관 등 구체적이고 개별적인 측면이 아니라 주로 남북 사회를 바라보는 관점과 평가 그리고 한민족 귀속감 등 거시적 측면을 중심으로 작성되었다.

개개인의 가치관 및 정체성은 그가 속한 사회의 체제와 문화의 영향을 받으면서 형성되기 때문에 소속된 공동체의 성격과 무관하게 논의될 수 없다. 탈북자들은 탈북 이전 북한 사회, 탈북 후의 제3국, 그리고 한국 사회 등 여러 나라들을 거치면서 신분 변화와 더불어 가치관 및 정체성의 변화를 경험했다. 북한 체제의 영향과 3국 체류 경험, 한국에서의 새로운 경험이라는 3단계 경험은 탈북자의 가치관과 정체성 형성에 복합적으로 반영되어 있다. 요컨대 탈북자의 가치지향과 정체성 형성은 한국 사회의 적응 과정 경험은 물론 한국 입국 전 북한 체제와 제3국의 경험이 그 배경으로 자리 잡고 있다.(2절)

한국에 입국한 후 탈북자들은 한국 사회의 정치적 자유 보장과 경제적 발전에 놀라며 남한 체제의 우월성을 수용하지만, 정치적 자유의 과도함과 이기적인 자본주의의 현실에 대해 비판적인 경향을 보인다. 이는 북 체제에서 받은 교육과 사회생활을 통해 몸에 밴 집단주의 문화의 영향력을 보여준다. 한편 탈북자는 법적으로는 한국 국민이지만, 정서적·문화적으로는 북한에 대한 강한 애착을 지니고 있다. 북에 대한 애착은 태어나서 자란 추억의 장소, 보고 싶은 가족이 사는 장소, 친숙한 음식이나 산천 그리고 생활 문화가 깃든 장소의 의미를 지닌다. 탈북자

의 가치관에는 남한의 체제 지향성과 북한의 사회 문화적 지향성이 함께 자리 잡고 있다.(3절)

한국 입국 후 탈북자가 겪는 차별 경험은 구조적 측면에서 분단 체제와 신자유주의를 배경으로 하고 있다. 남한 주민의 차별에 대한 탈북자들의 불만은 같은 민족을 차별하는 민족적 유대의 훼손 즉 민족 동질성 욕망의 좌절과 근본적으로 관련되어 있다. 따라서 탈북자들이 자신의 존재를 증명하려는 인정투쟁은 같은 민족의 일원임을 드러내는 방향으로 작용하면서, 한국 사회에 대한 강력한 동화 의지, 공적 일에 대한 헌신, 남북 거리두기 및 비판 등 복합적이고 다양한 형태를 보여주고 있었다.(4절)

탈북자들의 북에 대한 애착심은 남한 사회에 대한 부적응이라기보다 오히려 남북의 소통, 화해를 위한 매개가 될 수 있다. 고향으로서의 북에 대한 강한 애착심은 탈북자가 '남한 사람'이자 '북한 사람'이라는 이중적 지위를 가진 존재임을 드러낸다. 이러한 이중적 지위는 남한의 체제적 가치와 북한의 정서적·문화적 가치를 통합하거나, 혹은 남북 소통과 화해를 위한 교량역할, 매개 역할을 가능하게 한다.(5절)

구술자 기본정보

순번	성명	성별	나이(만)	입국연도	북한직업	현재직업
01	김○이(A)	여	43	2008	간호원	간호원
02	이○준(B)	남	33	2011	중학생	대학생
03	권○녀(C)	여	50	2007	유치원 교원	자영업
04	박○관(D)	남	54	2007	사무원	자영업
05	최○일(E)	남	42	2008	방송원	대학원생
06	이○경(F)	여	49	2002	의료인	시민단체
07	곽○진(G)	여	48	2010	교사(사서)	무직
08	김○화(H)	여	32	2010	컴퓨터 문서원	대학생
09	최○영(I)	여	46	2008	교사	대학원생
10	이○진(J)	남	38	2002	노동자	자영업
11	김○혜(K)	여	39	2006	교환원	대학생

2. 탈북자 가치관 및 정체성 형성의 배경

1) 한국 입국 전의 가치관 및 정체성 형성 배경

분단 이후 남한에서는 자유민주주의 이념과 시장 원리에 입각한 자본주의적 사회 변화가 진행되었고, 북한에서는 사회주의 이념과 국유화에 입각한 사회주의적 사회 변화가 추진되었다. 탈북자들은 북한 사회주의 체제 속에서 정치사회화 과정을 겪으면서 일정한 가치관을 형성했다. 특히 집단주의는 북한 주민의 가치 체계를 구성하고 있는 근본적 가치관이라 할 수 있다. 기존 맑스주의 전통이 사회주의의 본질을 생산관계에 기초한 경제적 규정에서 찾고 있다면, 북한은 사회주의의 본질을 집단주의라는 사상적 특성에서 찾고 있다. 사회주의의 본질을 집단주의에서 찾는 이유는 주체사상 때문이다. 주체의 사회주의 이론은 경제적 측면보다 사람의 요구를 중심으로 역사의 발전을 설명하며, 집단주의가 사람의 본성적 요구이기 때문에 사회의 기본단위는 개인이 아니라 인민대중이라고 본다.

집단주의는 헌법에 명시되어 있으며 모든 생활영역에 걸쳐 북한주민에게 커다란 영향력을 발휘하고 있다. 생산수단을 국가와 사회협동단체 등 집단만이 소유할 수 있는 사회주의적 소유 원칙, 나이와 직업에 따른 각종 집단적 조직 생활, 문학예술 분야의 집단 창작 등 사회의 모든 영역에서 집단주의 원칙과 생활규범이 관철되고 있다. 개인의 이익을 중시하는 경제주의 가치관이 아니라 공동체의 이익을 중시하는 도덕주의적 가치관, 개인의 정체성을 사회, 집단에 대한 헌신에서 찾는 집단주의 가치관의 바탕에는 특히 '수령의 뜻과 의지'가 핵심으로 자리 잡고 있다. 물론 북한에서 1990년대 중반 경제난과 식량난으로 배급 체제가 붕괴되고, 장마당과 암시장을 통해 개인의 생계를 꾸려가는 상황에서 개인주의적 사고방식이 생겨나고 있는 것도 사실이다. 그러나 시장의 활성화와 더불어 개인주의적 가치관과 사고방식이 싹트고 있다고는 하지만, 현재 시장이 철저히 국가권력의 통제 아래 있는 데다, 오랜 기간 집단주의적 생활 방식과 가치관이 북한 주민의 일상생활에 내면화되어 왔기 때문에, 집단주의는 여전히 오늘날 북한주민의 일상적 삶과 행위를 지배하는 가치 규범이라고 할 수 있다.

탈북자의 가치관 및 정체성을 이해하는 데 빠트릴 수 없는 요인은 제3국 체류기간의 경험이다. 대부분의 탈북자들의 경우, 탈북의 일차적 목표지는 한국이 아니라 제3국, 특히 중국이다. 탈북자들 가운데 극히 일부만 한국 입국을 희망하며, 제3국에 그대로 정착하거나, 돈을 모아 북한으로 돌아가려는 경우가 대부분이다. 따라서 탈북 동기와 한국 입국 동기를 구별할 필요가 있다. 2000년 이후 탈북의 동기가 식량 부족을 해결하는 차원이 아니라 다양해졌다고는 하지만, 경제적 요인은 탈북 동기에서 여전히 중요하며, 이는 2000년 이후 입국한 탈북자의 인구통계학적 특성에서 잘 드러난다. 2008년 12월 현재, 탈북자의 북에서의 생활수준을 보면 중상류층 이상은 11.1%에 불과하고 중·하류층 이하는 52.5%를 차지하고 있어 북한에서의 생활수준이 열악했으며, 특히 26%는 하류층, 그리고 7.8%는 극빈자층으로 밝혀지고 있기 때문에 경제적 어려움이 탈북에 중요한 영향을 미쳤음을 알 수 있다.[2]

그렇다면 중국에 살다가 왜 한국에 들어오는 것인가? 한 마디로 말해 대부분의 탈북자들이 중국에서 직면하게 되는 불법 체류자로서의 불안정한 삶의 조건 때문이다. 한국 입국 동기는 탈북자 개인마다 다르지만, 대체로 중국에 거주하면서 불법 체류자 신분으로써 겪는 신변 위협을

---

2) 윤인진, 『북한이주민』, 집문당, 2009, 122쪽.

모면하거나, 더 나은 삶의 조건을 얻기 위한 차선책의 성격을 지니고 있다. 다른 나라가 아닌 한국행을 선택한 데에는 같은 민족으로서의 기대가 그 배경에 자리 잡고 있음은 물론이다.

> "중국에서 처음에 제가 사업을 하려고 가게를 냈는데 옆집에서 저를 찌르겠다고 협박을 하는 거예요. 그래서 한 달만 시간을 달라고 한 뒤에 가게를 처분하고 여권을 만들어서 한국에 왔어요. 준비도 없이 여행 비자로 한국에 온 거예요."(K와의 인터뷰)

> "조선족들이 한국에서 돈 벌어갖고 와 가지고 집을 사거든요. 그래서 내가 남조선이 좋다는 생각보단, 여기서 2년 동안 돈 버니, 나도 저 사람들처럼 남조선에 가서 한 2, 3년 돈을 벌어 중국으로 해서 다시 딸 있는 데(북한)로 간다라고만 생각했어요."(A와의 인터뷰)

> "중국에는 도저히 길이 안 보이더라구요. 신분이 없으니깐, 공부를 하고 싶어도 못하고 … 중국이란 나라가 원래 소수민족을 그렇게 잘 밀어주지 않는 나라라서 난 한국으로 가야되겠구나, 공부를 하려면 한국에 가야겠구나."(B와의 인터뷰)

우리는 탈북자들의 한국 입국 동기에 대해 중국에서의 불안정한 삶의 조건뿐만 아니라, 북한과 비교되는 중국의 경제발전을 경험하거나 특히 한국 사회의 발전상에 대한 다양한 정보를 습득하면서, 북 체제에 대한 실망과 반감 역시 크게 작용했으리라고 추측할 수 있다. 그러나 탈북자의 중국에서의 정치의식 변화는 크지 않다. 왜냐하면 체포와 북송을 피해서 숨어 살아야 하는 중국의 생활이 정치의식을 변화시킬 수 있는 환경이 아니기 때문이다. 중국에서 생활하는 기간 정치의식은 큰 전진이 없으며 북한에서 선전이 거짓이었다는 어렴풋한 판단에 머무르는 경우가 많다.[3] 그런데 2012년 탈북 동기를 묻는 설문 조사에서 '북한 체제가 너무 싫었기 때문' 41.3%, '생존 때문' 27.5%로 응답한 데서 보듯[4], 탈북 자들은 북 체제에 대한 혐오를 탈북 동기의 일순위로 선택하고 있다.

그렇다면 경제적인 이유나 삶의 질 때문에 한국 입국을 결심했음에도 불구하고, 한국에 들어와 탈북 동기를 묻는 물음에 접할 때, 북 체제에 대한 반감을 탈북 혹은 한국 입국의 주된 동기로 답하는 이유는 무엇일까? 이는 자신의 행위에 대해 공적인 가치를 부여하는 북 체제 규범의 영향뿐만 아니라, 생존 전략 차원의 자기 검열이 작용했기 때문이다. 남북의 첨예한 대결 역사를 온 몸으로 겪은 탈북자로서는 한국 사회의 일원으로 인정받기 위해서, 북한 체제에 대한 강한 적대감을 드러낼 필요가 있는 것이다.

2) 한국 입국 후 가치관 및 정체성 형성 배경

탈북자의 가치관 및 정체성 형성에는 오늘날 한국 사회의 구조적 특성이 영향을 미치고 있다. 탈북자의 가치관 및 정체성에 영향을 미치는 한국 사회의 구조적 특성은 크게 두 가지로 나눌 수 있다. 첫째, 70여 년 동안 형성되어온 분단 체제의 영향이다. 분단 체제는 정치 군사적 대립뿐만 아니라 북에 대한 적대성을 우리의 일상적 삶 속에 내면화하였다. 한국 사회는 분단 상황의 첨예한 남북 대결에 기초한 대북 적대성을 자신의 정체성의 핵심으로 삼았으며, 따라서 남침의 주범, 왕조적인 3대 세습국가, 호전적인 경제 후진국 등 적대적 이미지가 한국인의 일상적

---

3) 현인애, 「북한이탈주민의 정치적 재사회화 연구」, 이화여자대학교 북한학협동과정 박사학위논문, 2013, 85쪽.
4) 이병수 · 전영선, 「탈북자 정체성의 이해와 민족의 평등한 유대」, 『코리언의 민족정체성』, 선인, 2012, 129쪽.

인 삶 속에서 깊이 뿌리를 내리게 되었다. 문제는 한국 사회에 지배적인 이러한 적대적 이미지를 탈북자에게 투사하여 때로는 호전적인 대상으로 때로는 열등하고 가난한 대상으로 바라본다는 점이다.

탈북자들을 북과 동일시하는 한국 사회의 경향은 남북 관계가 악화될수록 탈북자에 대한 시각이 더욱 부정적으로 변한다는 점에서 잘 드러나며, 이는 2010년 이후 탈북자 관련 연구들이 한결같이 지적하고 있는 바이기도 하다. 이를테면 동아시아 연구원의 2005년 조사에서는 응답자의 75%가 북한 동포에 친밀감을 나타냈지만, 2010년 조사에서는 55.2%만이 친밀감을 보였다.[5] 이는 이명박 정부 이후 남북 관계가 경색되면서 탈북자를 부정적으로 인식하는 경향이 증가했기 때문이다. 일례로 천안함과 연평도 사건이 나자 탈북자들은 남한 사람들의 눈치를 살폈으며 대부분은 자신을 강원도나 연변 출신이라고 속인 경험이 있다고 할 정도이다.[6] 2011년 12월 김정일 사망을 기점으로 1년간 국내 주요 일간지의 탈북자 관련 기사에 달린 댓글 내용(탈북자를 보는 시각, 탈북자에 대한 감정)을 분석한 연구 결과에 의하면, 문제·비난의 대상(44.7%), 경계의 대상(20.7%) 등 부정적으로 보는 시각이 총 65.4%로 나타나 동정·구호의 대상(24.1%), 포용·인정의 대상(10.5%)으로 보는 시각보다 많았으며, 77.0%가 탈북자에 대한 부정적 정서를 보였고, 동정적 정서가 21.0%로 그 뒤를 이었다.[7] 이러한 대북 적대성은 2010년 북한의 천안함, 연평도 사건과, 2011년 김정일 사망, 2012년 김정은 정권 교체뿐만 아니

---

5) 손애리·이내영, 「탈북자에 대한 한국인의 태도 연구: 국가정체성과 다문화 수용성을 중심으로」, 『아태연구』 제19권 제3호, 2012, 7쪽.

6) 오원환, 「탈북 청년의 정체성 연구: 탈북에서 탈남까지」, 고려대학교 언론학 박사논문, 2011, 199~200쪽.

7) 최윤형·김수연, 「대한민국은 우릴 받아줬지만, 한국인들은 탈북자를 받아준 적이 없어요」, 『한국광고홍보학보』 제15권 3호, 2013년 가을, 187쪽.

라, 2013년 이석기 내란 음모 사건, 종편에 방영되는 탈북자들의 북한 실태 고발, 최근의 공무원 간첩 사건 등 지금까지 이어지고 있으며, 이는 탈북자에 대한 한국인의 시각에 그대로 투영되고 있다.

둘째, 2000년대 본격화된 신자유주의 경쟁의 피로와 스트레스의 영향이다. 탈북자는 1990년대의 지속적 증대 수준을 넘어서 2000년 이후 비약적으로 증대했다.[8] 탈북자들이 본격적으로 남한 사회에 유입된 것은 1997년 외환위기 이후 신자유주의 무한경쟁의 광풍이 한국 사회를 덮친 2000년대 이후와 시기적으로 일치한다. 2000년대는 1999년 재외 동포법 제정으로 인해 해외 거주 코리언들의 한국행도 크게 증가한 시기이기도 하다. 탈북자 정착지원 시설, 탈북자 아파트 입주, 그리고 탈북자 자녀의 학교 배정 등과 관련된 탈북자 기피현상은 경제적 지위가 낮은 탈북자를 차별하는 경제주의 가치관의 영향 때문이기도 하지만, 동시에 2000년대 이후 확대된 신자유주의 경쟁피로와도 무관하지 않다. 신자유주의 경쟁이 한국 사회에 전면화함으로써 야기된 청년 실업의 만연, 비정규직의 급증, 빈부격차의 심화, 교육비의 과도한 부담 등 한국인들의 불만과 스트레스가 증대되면서, 탈북자가 한국 사회의 경제적인 부담 혹은 삶의 질을 떨어뜨리는 대상으로까지 여겨지게 된 것이다.

이는 광범위하고 공고한 신자유주의 시스템의 지배에 대한 무력감과 좌절감을 사회적 약자에게 전가하는 '희생자 나무라기(Blaming the victim)'의 일종이라고 할 수 있다. 그러나 부적응의 문제를 탈북자 자신에게 묻는 '희생자 나무라기'는 개인적이며 미시적 요인에 치우쳐 한국 사회의

---

8) "탈북자의 수가 2000년대 들어서 연간 천 명을 넘어섰고, 2006년부터는 연간 2천 명을 넘어서며 급증하고 있다. 2012년 10월 2만 4천 명을 넘어섰다. 수적으로 증가했을 뿐 아니라 인구적 구성도 가족 연쇄이주의 증가에 따라 여성과 어린이, 청소년의 비율이 대폭 늘어났다. 이에 따라 탈북자가 증가할수록 국민의 세금부담도 증가할 것이라는 우려가 생겨나고 있다." 윤인진, 『북한이주민』, 집문당, 2009, 25쪽.

편견과 차별이라는 구조적이고 거시적인 요인을 간과[9]하는 문제점을
지닌다. 탈북자들의 낮은 사회 경제적 지위에 대한 차별 그리고 경제적
어려움의 호소에 대한 차가운 반응은 신자유주의의 확산으로 야기된 한
국인의 삶의 피로와 밀접한 연관이 있다.

분단 체제와 신자유주의라는 구조적 요인은 같은 민족으로서의 대우
를 기대하며 한국 사회에 진입한 탈북자들을 한국인이 차별하는 배경인
동시에, 탈북자들의 가치관과 정체성 형성의 핵심 배경이라고 할 수 있
다. 이들 두 측면 외에도 탈북자의 가치관 변화와 정체성 형성에 영향을
주는 요인으로 한국 거주 기간을 들 수 있다. 한국 거주기간은 정체성과
가치관 변화 추이를 이해하는 데 간과할 수 없는 변수라고 할 수 있다.

3. 가치관의 이중성

1) 남한 사회 평가에 나타난 이중성

탈북자들이 한국에 들어온 후 가장 놀라는 것은 한국인들이 누리는
정치적 자유이다. 2012년 탈북자를 대상으로 한 설문 조사에서 탈북자
들의 남북 호감도와 무관하게 북이 '폐쇄적인 나라'이며 남이 '자유로운
나라'라는 응답이 연령, 성, 직업, 한국 거주기간 등과 무관하게 고르게
50%대 이상을 유지하고 있는 것으로 나타났다.[10] 이는 한국에서 보장된
정치적 자유가 북한의 수령 중심의 권력 체제와 비교할 때, 상상을 초월

---

9) 위의 책, 48쪽.

10) 이병수·전영선, 「탈북자 정체성의 이해와 민족의 평등한 유대」, 『코리언의
    민족정체성』, 선인, 2012, 127쪽.

한 경험으로 다가오기 때문이다.

> "모든 것이 북한하고 비교해 볼 때 남한에야 순수히 자유 아니에요? 어디 가서 누워 자도 괜찮구, 뭐. 북한은 내가 하고 싶어도 하지를 못하니까 모든 부분에서 못, 자유가 되지. 정치적으로 볼 때 북한 사람들한테도 자유를 주고 남한 체제 더 좋은가 북한 체제 좋은가 물으면, 사람은 다 똑같은 본능을 가졌기 때문에, 모두 이쪽 체제 더 좋아하게 되죠."(D와의 인터뷰)

> "지금 북쪽은 너무나도 조여 놓고, 너무나도 한 사람 목소리에 그저 아랫단까지 하나같이 움직이길 딱 바라지 않아요? 그렇게 매여 있거든요. 근데… 주체사상이라는 것두 남한에 오니까 맞는 거예요. 이 남한 사회만이 진짜 내 운명의 주인… 누가 내 운명을 책임져주는 사람이 없거든요. …결국 두 사회에서 살아보니깐 그 말은 이 남한 사회에 맞는 말인 거 같아요."(C와의 인터뷰)

> "북한은 언론의 자유, 집회 결사의 자유가 있다고 말로만 하는 데 사실은 없잖아요? 그래서 남한에 언론 자유가 있는 걸 보고 '좋긴 좋구나' 라고 생각을 했어요. 그런데 이걸 북한에서는 살길이 막막해서 투쟁한다고 교육하고 있어요. 그걸 보고 예전에는 정말 그렇다고 믿었어요. 그런데 여기 와서는 그렇게 하는 것이 정말 언론과 집회의 자유라고 생각했어요. '북한도 이렇게 되어야 하는데!'라고 생각했어요."(G와의 인터뷰)

그러나 탈북자들이 한국의 정치적 자유를 마냥 긍정적으로 수용하는 것은 아니다.

> "그러나 언론 자유라는 게 국민이 알아야 할 거하고 몰라야 될 게 있지 않아요? 근데… 국회에서 막 서로 싸우고 이런 것이 결국 북한 사람들은 안 보겠어요? 북한 사람에게 남한 사회가 썩었다는 걸, 만천하 세계에다

가 딱 공개를 하는 그런 감을 주거든요. 우리 안에서는 어떻든지 간에, 외부적으로는 남한 사회가 든든하다는 거를 보여줘야 되겠는데… 이 나라가 자존심이 없는 거 같아요. 그런 것이 보도될 땐 막 답답해요."(C와의 인터뷰)11)

"여야 정치인들 싸우는 걸 보면 중국식 일당 독재가 낫다고 생각할 때도 있어요. 정치는 더 민주화가 되지 않았으면 해요. 매번 싸우고 쇼를 하는 걸 어색해서 못 봐주겠어요. (…) 사회단체는 민주화가 되더라도 집단주의에 기초한 자본주의가 되었으면 좋겠어요. 북한 정도는 아니더라도 일당 독재가 필요하다는 거죠. 정치도 5년에 한 번씩은 너무 짧아요."(I와의 인터뷰)

"국회에서 싸우는 꼴 좀 안 보여줬으면 좋겠어요. (…) 전 한국에 처음 와서 국회 싸움하고 들 것에 실려 나가고, 무슨 깡패 싸움이 따로 없더라구요. … 나라가 언제 무너지는지 시간문제겠다고 생각을 했어요. 그래서 정말 제가 여기 잘 온 건지 생각도 했어요. 4~5년에 한 번씩 바뀌고… 근데 이런 식으로 계속되면 우리나라가 정말 도태되는 것이 시간문제에요."(K와의 인터뷰)

북한 정치권력의 행태에 익숙한 탈북자들은 비록 정치적 자유를 긍정적으로 수용하지만, 국회 내 여야 의원들의 싸움이 국가의 위신을 실추시키거나 정치적 통일성을 파괴하며, 나아가 국가를 위태롭게 하는 것으로 여기고 있었다. 강한 국가주의, 애국주의적 성격을 지니는 탈북자들의 정치의식은 정치권력이 인민의 생존과 복지를 보장해야 한다는 북

---

11) 국회의 여야싸움이 국가 위신을 실추시킨다는 내용은 G와의 인터뷰에서도 확인할 수 있었다. "국회에서 싸움하는 것 보고 정말 놀랍고 황당했어요. 북한은 위에서 명령하면 밑으로 딱 전달되는데, 여기는 국회 내 여당, 야당이 엄청 싸우더라구요. 그래서 대한민국 국민이라는 게 창피했어요. 싸우는 것이 전 세계로 나가잖아요. 북남통일보다 남남통일이 먼저 되어야겠다고 생각했어요."

에서 습득한 정치사회화의 측면과 밀접히 관련되어 있다. 국회의원들의 싸움은 탈북자들에게 이러한 국가적 집단적 의무를 저버리는 이기적인 행태로 비춰진 것이다. 대통령 퇴진을 요구하는 사회단체의 데모에 대해서 "사람들이 미친 게 아닌가 하는 생각도 들어요. 권리도 중요하지만 이 나라에 사는 국민으로서 국가에 대한 의무도 있는데 자기 이익만 내세운다는 것에 대해서는 그게 아닌 것 같아요"(H와의 인터뷰)라는 평가 역시 같은 맥락에서 이해될 수 있다. 이는 탈북자들이 북한에서 살던 기간 동안 주입을 받은 수령의 위대성, 북한 사회주의의 우월성 등이 진실이 아니라는 것은 비교적 쉽게 깨닫지만, 북한에서 배웠던 권위주의, 집단주의 등과 같은 정치적 가치관과 행동방식은 잘 바뀌지 않는 점과 밀접히 관련되어 있다. 이런 점에서 탈북자들의 보수정당에 대한 높은 지지는 북한에서 체득한 권위주의, 집단주의 등과 같은 사고방식에 기초하여 한국의 정치문화를 해석하고 반응한 결과라고 할 수 있다.[12]

중국에 있을 때 한국의 경제수준은 북과 비교할 수 없을 정도로 높다는 점을 이미 들어 알고 있는 탈북자들도 한국에 들어와서 한국의 발전상에 대해 새삼 놀라게 된다. 특히 북한 교육의 영향으로 한국이 가난한 나라라고 생각하고 한국에 들어온 경우는 한국의 경제적 발전상이 거의 "반전"에 가까운 충격으로 다가온다. 중국에 있을 때 한국이 가난한 나라인 줄로만 알았으나 이웃집의 불법 체류자 신고 협박 때문에 어쩔 수 없이 한국에 오게 되었다는 K씨의 말이다.

---

12) 현인애, 「북한이탈주민의 정치적 재사회화 연구」, 이화여자대학교 북한학협동과정 박사학위논문, 2013, 158쪽. 2012년 4월 조사된 176명의 선거참가자 중 보수당인 새누리당과 자유선진당에 투표한 탈북자의 비율은 87.2%로, 한국주민의 새누리당과 자유선진당 지지율인 55%에 비하면 압도적으로 많은 숫자다. 현인애, 앞의 논문, 144쪽.

"인천 공항에 내렸는데 눈이 뒤집어지겠더라구요. 제가 남한에 가지고 있던 인상은 많이 뒤떨어지고 못 사는 것만 생각했었거든요. 그런데 승무원들의 친절함, 바닥과 불빛, 조명들이 깨끗한 거예요. 강부자가 나온 드라마에서 깨끗하다는 느낌을 거기서 똑같이 느꼈어요. 한국이 정말 제 생각과는 반전이라고 생각했어요."(K와의 인터뷰)

북한과 비교되는 한국의 경제적 발전에 대한 놀라움과 더불어 물질적 성공을 이루고자 하는 욕망 때문에 대부분의 탈북자들은 자유경쟁과 일한 만큼 번다는 자본주의적 가치관을 긍정적으로 수용하는 편이다. 그러나 북한에서 경험하지 못한 강도 높은 노동에 대해 힘들어 했다.

"어쨌든 대한민국 사회는 일한 거만큼 노력한 거만큼 버는데, 그니까 좀 힘들죠. 북한 사회는 직장생활을 한다구 해도 대부분 놀 노는 시간이 많고, 근데 여기는 뭐 직장에 출근 했다믄 그 시간 내에는 노동이 매우 힘들어요. 제가 태어나 지금까지 살면서 제일 육체적으로 힘들게 노동을 하면서 살아보는 때가 지금 시기예요."(C와의 인터뷰)

"정착 과정에는 처음에… 김 공장에 들어갔죠. 북한에선 대학가기 전에 사회 노동을 야간에 해봤어요. 근데 북한은 시간만 때우면 되거든요. …그런 생각으로 야간을 지원했는데 남한 야간근로는 1분 1초도 쉽게 해주지 않는 거예요. 석 달 하니까 사람이 절반이 되더라구요."(F와의 인터뷰)

"여기 와서는 우리 처남들을 1년에 한 두 번 보면 잘 봐요. 근데 북한에 있을 때는 정말 한 달두 같이 있을 때도 있고, 열흘을 같이 있을 때 있구… 여긴 사는 것이 바빠 그런 재미가 없어요. 어쨌든 다 먹고 살아야겠으니까. …통일되면 북쪽 가서 살았으면 하네요."(D와의 인터뷰)

"여긴 너무 바빠, 너무 각박해, 노동력이 너무 쎄요. 노동력이"(A와의 인터뷰)

그러나 탈북자들은 센 노동 강도에 대해서는 그나마 자본주의 사회의 현실로써 어쩔 수 없이 수용하는 편이지만 이기적이고 돈만 아는 비인간적 이익 추구 경향에 대해서는 매우 비판적이며, 한국 사회와 비교되는 북한 사회의 장점을 새롭게 인식하게 된다.

"북한에는 다쳐서 생명이 위급한 환자가 팍 들어오면 온 병원이 그 환자한테 집중하거든요. 피도 많지 않으니까 공장사람들이 막 수혈하겠다고 하고… 그게 자발적이거든요. 근데 여기는 아니잖아요. 저가 이곳 병원에서 근무도 해봤는데, 돈이 없으면 안 된다는 게…"(A와의 인터뷰)

"너무 자기 권리만 생각하는 것 같아요. 놀란 적이 많은데 너무 이기적이라고 생각해요."(H와의 인터뷰)

"여기는 개인주의가 너무 심하고 돈 중심으로 돌아가요. 그래서 자발적으로 자원봉사 하시는 남한 분들 보면 대단하다고 생각해요."(I와의 인터뷰)

"국민들의 의식수준이 돈에만 포커스가 맞추어지면 안 된다고 생각해요. …인간이 가지고 있어야 하는 기본적인 도덕성조차 없는 사이코패스 같은 사람들이 많아요. 사회가 전체적으로 돈을 벌기 위해서는 수단과 방법을 가리지 않는 발상이 정말 위험하다고 생각해요."(K와의 인터뷰)

"남한은 오직 실력으로만 하니까. 에티켓 의식은 전혀 없고 업무에 대해서만 말해요. 인간 대 인간이 아니고 기계 대 기계인 것 같아요. 병원에 가도 그저 무진(無診)하고 해서 내보내잖아요. 그래서 이 사람이 사람을 봤나, 어쨌나 하는 생각이 들어요. 남한은 사람관계에 오직 계산적이라는 맥락만 있어요. (…) 중앙대 거기에 '참에 살고 의에 죽자'라는 문구가 있던데, 그게 북한에서나 뜨거운 문군데 남한에도 그런 게 있구나 싶었죠."(F와의 인터뷰)

특별한 경우도 있지만13), 인터뷰에 응한 대부분의 탈북자들은 돈을 최고로 여기며, 자신의 이익만을 추구하는 계산적이고 이기적인 자본주의 현실에 대해 매우 비판적이었다. 이는 2012년 탈북자 대상의 설문 조사에서 '남쪽이 북쪽에 배워야 할 것은 무엇인가?'라는 물음에 '민족적 동포애', '집단주의'가 각 23.9%씩 나타났으며, '북쪽이 남쪽에 배워야 할 것은 무엇입니까?'라는 물음에 '개인주의'가 2.8%로 낮게 나타난 점에서도 확인된다.14) 다시 말해 북 체제에서 교육과 사회생활을 통해 몸에 밴 집단주의적 가치관은 한국 거주 기간에 따라 정도의 차이가 있지만 대체로 지속된다. 이는 북에서 태어나 살면서 내면화된 정서와 가치관이 여전히 살아있음을 보여준다. 탈북자들이 개인주의를 비판하고 이웃 간의 인정과 연대를 소중히 여긴다는 점은 그들이 북에 살면서 체화한 '집단주의 문화'의 영향력을 보여주는 것이라고 할 수 있다.

2) 북한사회 평가에 나타난 이중성

탈북자의 한국인으로서의 법적인 지위는 이들의 심리적, 일상적 귀속감과는 일치하지 않는다. 2012년 탈북자 대상의 설문 조사에서 "북한을 생각하면 가장 먼저 떠오르는 인상"을 묻는 질문에 '폐쇄적인 나라'(56.9%), '경제적 낙후'(19.3%)로 답했으며, "남한을 생각하면 가장 먼저 떠오르는 인상"을 묻는 질문에 '자유로운 나라'(72.3%), '잘 사는 나라'(16.9%) 순으로 답했다.15) 탈북자들은 남 체제의 우월성을 분명하게 인

---

13) "나는 이 나라에 처음 들어서서 … 답을 내린 게 … 내 손에서 돈이 나온다, 오늘 뭐 5만 원 벌든 6만 원 벌든 내가 열심히 사는 그게 내 돈이다. … 답을 찾은 게 오직 일해야 된다, 그거 밖에 없어요."(D와의 인터뷰)

14) 이병수·전영선, 「탈북자 정체성의 이해와 민족의 평등한 유대」, 『코리언의 민족정체성』, 선인, 2012, 144~145쪽.

식하고 있지만, 그것은 '북의 폐쇄성'과 '남의 자유'라는 대비에서 보듯 경제적인 측면보다 정치적인 측면에 초점이 있다. 그러나 남과 북의 체제를 모두 겪은 탈북자들은 비교 체험을 통해 북 체제의 문제점을 인식하고 있음에도 불구하고 한국 사회에 대한 귀속정도가 낮다.

왜냐하면 탈북자들은 법적으로는 대한민국 국민이지만 심리적으로는 북한 사회에 대한 강한 애착을 지니고 있기 때문이다. 북한을 떠나온 데다, 한국 사회에 생존해야 하는 관계로 대부분의 탈북자들은 북한 체제에 대해 매우 비판적일 수밖에 없지만, 심리적으로는 북한을 그리워하는 정서를 지니고 있다. 더욱이 경제적 어려움이라는 비정치적 탈북 동기를 가진 탈북자인 경우 북한에 대한 그리움은 더욱 짙어질 수밖에 없다. 북에 대한 그리움은 태어나서 자란 추억이 서려 있는 곳, 함께 오지 못한 가족이 남아 있는 곳, 익숙한 산천과 음식이 기다리는 곳, 못 살아도 인정이 살아 있는 곳, 그리고 친숙한 생활 문화가 깃든 곳, 한 마디로 총괄하면 '장차 돌아가야 할 고향에 대한 그리움'이라 할 수 있다.

우선, 가족과 헤어진 실향의 고통이 북을 그리워하는 정서의 중요 부분을 차지하고 있다. 2012년 탈북자 대상의 조사에서 탈북자들은 분단이 남긴 가장 큰 상처를 묻는 질문에 '남북의 적대와 긴장'(16.5%)보다 '이산의 고통'(64.2%)을 가장 많이 꼽았다.[16] 가족에 대한 애착은 북에 남은 가족이 입게 될 정치적 피해에 대한 죄책감이나 한국 사회 내 인간관계의 단절과 그로 인한 북한의 부모, 형제에 대한 그리움 때문에 더욱 강화된다.

"한국에 와서도 북한에 대해 그리워하는 분들도 생각보다 꽤 많아요.

---

15) 위의 책, 127쪽.
16) 김종곤·김종군, 『코리언의 분단·통일의식』, 선인, 2012, 109쪽.

한국에 와서도 한국 사회에 대한 불신이 많이 담겨 있는 분들도 있고, 북
한 영화만 보는 분들도 있어요. 그런데 그 분들 중에 대부분은 가족이 북
한에 있는 분들이에요."(G와의 인터뷰)

다음으로, 탈북자들은 국내 적응 과정에서 남한 주민들의 편견과 무
시 그리고 개인주의적 삶의 방식을 경험하면서, '폐쇄적이고 가난한 국
가인 북'이 아니라 '못 살아도 이웃 간 인정을 주고받았던 북쪽 사람들과
의 삶'에 대한 애틋한 향수를 가지고 있다.

"북쪽은 사람들이 많이 순진하죠. (⋯) 그건 뭐냐 이웃을 도와주는 거,
그런 교육 일주일에 한 과씩 하거든요. 그걸 항상 배와주니까 어릴 때부
터 그냥 연필 끊어져도 너나 쓰라고 선생들이 계속 이렇게 했어요. ⋯음
식을 하면 터지는 거는 우리 집이 먹고, 안 터진 걸로 담아서 옆집에 갖
다 주거든요. 북한에는 배고프고, 쌀이 없을 뿐이지 쌀만 있다면 한국보
다 좀 낫다고 저는 생각하거든요. 그렇다고 북한을 옹호하거나 그런 건
아니지만 저 객관적으로 봤을 때는 좀 그런 거 같아요."(A와의 인터뷰)

"북한은 짜여진 사회임에도 불구하고 인간애가 넘쳤어요. 지금도 한국에
서는 시골에 가야 볼 수 있는 그런 인간적인 면, 사람이 정을 느낄 수 있는
⋯ 솔직히 전 옆집에 사는 사람 누군지 잘 모르거든요."(B와의 인터뷰)

"북한하고 남한하고 볼 때 남한은 그저 아래 웃집도 모르잖아요. 북한
은 안 그래요. 한 아파트 한 동이라믄 다 알아요. 그 어느 집 할아버지 돌
아갔다 하게 되믄 알든 모르든 상관없이 가요. (⋯) 근데 남한은 정말 옆
집도 알려고 하지 않아요."(D와의 인터뷰)

"옆집과 6년 만에 말을 텄습니다. 6년 동안 살면서 엘리베이터에서 부
딪히면 심장이 멎어요. 인사를 하는 데 인사를 안 받아요. (⋯) 얼마 전
10월부터 아이 돌떡을 돌렸는데, 문화적 정서를 무시할 수 없어서 하는

건데. 그 집에 떡 주고 돌아왔는데, 초인종 소리가 납디다. 그리고 집에 들어오는 데 눈물이 핑 돌더군요."(E와의 인터뷰)

"북한은 같은 마을에 사는 사람들끼리 진짜 맛있는 음식 있으면 공유하고 그런 게 있어요. 여기는 그런 게 좀 부족하죠. 근데 확실히 고난의 행군되면서 가족끼리 격차가 생기니까, 그런 나누는 게 희석되긴 했어요. (…) 북한은 어느 정도 마음의 여유가 있으니까 정을 나누는 데 여기는 집에 가서도 자기 과제 때문에 시달리고 하니까, 일단 심적인 여유가 없어요."(F와의 인터뷰)

"북한에 있으면 이웃 간에 나누고 화목한 분위기가 정말 많거든요. 그런 측면에서 차이가 있죠. 그런데 여기는 양 옆에 소 잡아먹고, 죽어도 모르겠더라구요"(G와의 인터뷰)

셋째, 어릴 때부터 친숙하게 접해온 북한 문화에 대한 향수도 북에 대한 그리움을 한 요소를 이루고 있다.

"한번은 제가 북한 노래를 듣다가 혼자 듣기가 아까워서 배려 차원에서 룸메이트한테 같이 듣자고, '지새지마라 평양의 밤아' 이 노래를 볼륨 높여서 틀어줬어요. 그랬더니 그 애가 갑자기 막 괴상한 소리를 지르더니 그 노래를 끄라고, 소름 돋는다고 그러는 거예요. 나는 너무 좋았는데 왜 소름이 돋는지 모르겠어요. 그랬더니 발성법도 이상하고 너무 싫대요. 그래서 저는 충격이었어요. 그래서 그 애가 좋아하는 노래는 뭐냐고 해서 들어봤더니 그건 제가 소름이 돋는 노래더라구요. 음악이 뭐 정신병자들이 뚜드리는 소리 같았어요."(H와의 인터뷰)

"노래방에 몇 번 가봤어요. 전 북한 노래가 좋더라구요. (…) 이경숙의 '반갑습니다', '휘파람', '사령부를 멀리 떠나서', '꽃피는 이 봄날에', 김일성에 대한 노래 등등—많아요. 북한 노래는 거진 다 자신 있어요."(I와의 인터뷰)

"저는 북한 문화를 좋아하는데, 지금도 보면 눈물 나옵니다. 제 어릴 때의 혼이 담겨있다 할 수 있죠. 만화 하나를 봐도 다 인생 절반의 추억이 담겨 있으니까요. 그래서 눈물이 나요. 만화는 '소년 장수', 영화는 '소금', '길' 이런 것이죠. 노래는 좀 가물가물한데 사랑 관련 노래가 많이 남아요. '처녀시절 꽃 시절', 이런 것…"(J와의 인터뷰)

넷째, 북에 대한 그리움 가운데 음식과 오염되지 않은 고향 산천도 포함되어 있다.

"북한은 먹을 거만 좀 있고 자유만 좀 있으면 사람이 살아가는 데는 남한 사회보다 좋아요. 인간적인 면이나 모든… 그리고 야, 공기 자체도 얼마 좋은지 몰라요. 히야 얼마나, 산물이 수돗물로 나오는 데 이런 기 오염이 없어요." (C와의 인터뷰)

"제가 대한민국 들어와서 느낀 것이, 물이 정말 맛이 없더라구요, 소독 냄새도 나고. 북한에서 살다가 중국 가서 충격 먹었어요, 물이 너무 안 좋아서. 근데 여기가 더 안 좋더라구요. 여기는 냄새가 납니다. 함경북도 청진 쪽의 온천 지방이 고향이라 그렇습니다. 와, 물이 이런 것도 있구나 할 정도로 쇼크를 먹었습니다. 입에서 느낌이 오는데… 요즘은 모르죠." (J와의 인터뷰)

이상에서 보듯 탈북자에게 북의 체제는 싫지만 고향으로서의 북은 살고 싶은 곳이다. 따라서 탈북자들은 어느 누구보다 통일에 대한 열망을 가장 강하게 표출하고 있다. 탈북자에게 통일은 무엇보다 그리운 가족과 이웃을 다시 만나고, 어릴 때부터 몸에 밴 북한 음식과 산천 그리고 북한 문화를 다시 향유한다는 것을 의미한다. 따라서 탈북자들이 통일에 대한 열망이 강한 이유는 바로 통일만 되면 다시 고향으로 돌아갈 수 있다는 귀향의 소망 때문이라고 할 수 있다. 바로 이 점이 2012년 설문 조사에서 "남과 북의 통일이 나의 삶을 보다 윤택하게 만들 것이라고 생각하는가?"라는 물음에 성별, 한국 입국 연도와 관계없이 '그렇다'(94.5%)가 '아니다'(5.5%)에 비해 압도적으로 많이[17] 답변한 이유이자, 대부분 통일이 되면 북한으로 돌아가겠다고 답한[18] 이유이기도 하다.

탈북자들은 체제적 차원에서 북의 국가를 비판하면서도 정서적, 문화적인 차원에서 북한사회에 대한 강한 애착을 지니고 있다. 바꾸어 말하면 남한 체제의 우월성을 인정하면서도 남한 사회의 개인주의적 삶의 방식과 문화에는 반감을 보이고 있다. 이는 한국 사회가 "집단주의에 기초한 자본주의"가 되었으면 좋겠다는 〈I와의 인터뷰〉에서 보여지듯이, 남북을 모두 비교 체험한 탈북자의 가치관 혹은 정체성에는 남한의 체제 지향성과 북한의 사회 문화적 지향성이 함께 자리 잡고 있음을 알 수 있다.

4. 정체성의 분화

1) 차별 경험과 민족동일성 욕망의 좌절

한국 입국 후 탈북자는 대한민국 국적을 얻었지만 같은 민족의 일원으로 동등하게 대우 받지 못하며, 자본주의 가치관과 규범을 기준으로 북한의 문화와 자신의 경력이 평가 절하되는 사회적 경험을 한다. 탈북

---

17) 위의 책, 103쪽.
18) "연구자 본인이 하나원 강의 시 매번 통일 후 고향으로 돌아가는 여부를 확인해 본 결과 90% 이상이 손을 들고 의사 표시를 했"다. 신미녀, 「남한주민과 북한이탈주민의 상호인식을 통해 본 통일준비」, 『사회과학연구』 제19집 1호, 95쪽.

가가 겪는 이러한 차별과 무시의 경험은 북한에서 습득한 문화적 차이로 인한 오해나 자격지심이 원인인 경우도 많겠지만, 구조적 차원에서 분단 체제와 신자유주의를 떠나 설명될 수 없다.

무엇보다 남한 주민들은 분단체제의 영향으로 고착화된 북한에 대한 적대적 이미지를 탈북자에게 투사하여 탈북자를 북한 사람과 동일시하는 경향이 있다. 그렇기 때문에 남한 주민에게 탈북자는 같은 민족이지만 적대국 출신의 호전적인 집단, 즉 "민족 내부의 적대적 타자"[19]로 취급된다. 천안함이나 연평도 사건처럼 남북의 군사적 긴장이 고조되면, "너네들 왜 그래"라든지 "북으로 돌아가라"는 소리를 종종 듣게 된다.

> "탈북자라 그러면, 만나자마자 물어보는 말이 칼 던질 줄 아냐, 이런 질문하고… 뭐 밥 먹다가도 젓가락으로 사람 찍어봤냐고 물어보고. 영화에서 그런 거만 보여 줘가지고 (…) 그리고 북한에 대한 인식이 너무 한 쪽으로 너무 치우쳐 있어요. (…) 북한사람이라고 하면 다 그런 이미지를 거의 떠올리는 것 같아요."(B와의 인터뷰)

> "언어가 통하는 데도 탈북자들은 빨치산 집단처럼 인식되는 경우가 있어요. 북을 강한 호전성으로만 봅니다. 또 별 볼일 없는 애들로도 여깁니다. 남쪽보다 잘 사는 애들이라 보았다면 미국이나 다른 나라처럼 대했을지 모르죠."(E와의 인터뷰)

또한 사람을 사회 경제적 지위에 따라 평가하는 경제주의 가치관이 몸에 밴 데다, 신자유주의 확산으로 인한 삶의 피로, 불만이 누적되어 남한 주민들은 탈북자를 경제적으로 가난한 사람으로 무시하거나 남한 국민이 낸 세금을 축내는 기생적 존재로 여기기도 한다.

---

19) 오원환, 「탈북 청년의 정체성 연구: 탈북에서 탈남까지」, 고려대학교 언론학 박사논문, 2011, 142쪽.

"한국 사람들이 북한사람들을 무시하는 시선이 느껴져요. 한국 사람들은 북한 사람들을 한 몽둥이로 '못산다.'고 해 버리는 것 같아요. 예전 수업시간에는 저한테 제주도 귤 먹어봤냐고 그래서 어이가 없었죠. 90년대에 이미 먹어봤다 하니까, '너희 부자였구나' 라고 하는 거예요. 얼마나 북한을 못산다고 생각했으면 그 정도로 생각하는지 싶었죠."(H와의 인터뷰)

"통일교육 할 때 보면 자기들이 북한을 알고자 하지 않으면서, 탈북자들한테 남한을 왜 모르냐고 한다는 거죠. 자기네들이 북한에 대해서 모르는 건 정당하고 (…) 몰라도 너무 몰라요, 북한이 어떤 상황인지. 또 탈북자들한테 왜 내려와서 우리 세금으로 살고 있는 지를 비난하기도 하고…"(F와의 인터뷰)

"한국 사람들이 생각하는 게, 북한 사람들이 내려와서 우리 세금을 다 먹는다고 이야기해요. 저한테도 얼마나 받느냐고 묻는 사람들이 있었구요. 그래서 국민들이 탈북자를 부담스러워 한다고 이야기도 해요. 그래서 저는 예전만큼 그렇게 돈을 받고 그렇지는 않다고 이야기해요."(G와의 인터뷰)

탈북자들은 남한주민들이 자신들을 적대하거나 가난하다고 무시하고, 심지어 기생적 존재로 비난하는 사회적 경험을 하면서 깊은 좌절을 느낀다. 그렇다면 좌절의 실체는 무엇일까? 그것은 외국인 이주 노동자들이 경험하는 사회적 차별에 대한 불만과 같은 성격의 것이 아니라, 같은 민족으로 대우하지 않는 데서 오는 불만이다. 2012년 설문 조사에서 "남한 주민을 같은 민족으로 느끼는가?"라는 물음에 대해 98.1%가 '느낀다'고 답했으며, "내가 한민족이라는 사실에 대해 자랑스럽게 생각하는가?"라는 물음에 대해 92.1%가 '자랑스럽다"고 답하였다.[20] 이처럼 탈북

---

20) 이병수·전영선, 「탈북자 정체성의 이해와 민족의 평등한 유대」, 『코리언의 민족정체성』, 선인, 2012, 134~138쪽.

자의 민족적 소속감과 자긍심이 매우 높은 만큼, 그와 비례해서 남한 주민과의 민족적 유대의 욕망, 나아가 남북통일에 대한 열망 역시 높다고할 수 있다. 그러나 탈북자들은 민족적 동포애가 결여된 남한 주민의 이기적 삶을 목도하는 한편, 같은 민족을 적대하거나 차별하는 경험을 하면서 민족적 유대가 결여되고, 통일에 대해 아무런 관심도 없는 남한 주민들에게 섭섭함을 느끼거나 심지어 배신감을 느끼기까지 한다.

> "남과 북이 하나의 민족이라고 해도 여기 오니까 그게 없어. 민족이라는 거. 북한에서는 있잖아요 통일, 통일 이라 하면 눈물이 그냥 고저 펑펑나. 임수경 왔을 때 있잖아요. 임수경 그 국회의원 왔을 때, 북한에서는막 있잖아, 진짜 집집마다 티비 보며 펑펑 울었어, 펑펑. … 근데. 여기한국에 왔는데 통일? 통일이란 생각도 없어, 그냥. 개념도 없는 거 같아.…그런 게 진짜 너무 없어. 메마른 것 같아."(A와의 인터뷰)

> "왜 북한은 못 사는 데도 통일을 원하고, 한국은 잘 사는 데도 통일을원하지 않은가? (…) 초등학생들한테 물어봤는데, 북한 애들 티비 나오는데, 다 거지 같은 애들 걔네들하고 통일되면 어떻게 같이 사냐고 그러더라구요."(B와의 인터뷰)

같은 민족임에도 민족 내부의 가난하고 적대적인 타자로 여기는 남한주민에 대한 탈북자의 반감은 "내가 남한 사람과 만날 때 북한 이탈 주민이라는 것을 알리고 싶은가?"라는 물음에 '감추고 싶다' 36.7%, '알리고싶다' 28.4%, '상관없다' 34.9%로 답변한 데서 잘 드러난다. 왜냐하면 탈북자의 신분을 적극 알리거나 탈북자 신분에 구애 받지 않는다는 비율이 합쳐 63.3%가 된다는 점은 탈북자라는 신분을 알리면 차별을 받는다는 사실에도 불구하고, 같은 민족을 홀대하고 차별하는 남한 사회에 대한 반감을 드러내고 있기 때문이다. 이는 탈북자의 불만이 사회 문화적으로 배제되는 소수자 차별의 맥락이 아니라 같은 민족임에도 불구하고 무시당한다고 여기는 민족 차별의 맥락에서 이해되어야 함을 보여준다.[21)]

최근 증가하고 있는 탈북자들의 탈남 현상도 민족 차별의 맥락에서 이해할 수 있다. 한국이나 제3국이나 낯설고, 고생하는 것은 매한가지이지만, 같은 민족에 대한 기대도 없고 따라서 차별과 무시를 당하더라도 같은 민족에게 차별당하지 않기 때문에 제3국으로의 탈남 현상이 증가하고 있는 것이다. 동일한 차별이라 하더라도 같은 민족에게 당하는 차별이 더욱 섭섭하고 배신감을 안겨주기 때문이다. 요컨대 탈북자의 차별 경험은 같은 민족을 차별하는 민족적 유대의 훼손 즉 민족 동질성 욕망의 좌절과 근본적으로 관련되어 있다.

2) 인정투쟁과 정체성의 분화

탈북자들이 지닌 강한 민족적 소속감과 자긍심은 인정투쟁의 강력한 동력으로 작용한다. 왜냐하면 민족 동질성의 욕망이 강할수록 남한 주민들이 같은 민족 구성원인 자신들을 홀대하는 무시의 시선에 그만큼 더 큰 차별 의식과 불만을 지니게 되며, 따라서 그에 맞서 자신의 존재를 증명하려는 노력 역시 강력하게 되기 때문이다.[22)] 탈북자의 자기 존재 증명을 위한 노력은 무시와 굴욕, 수치라는 '부정의 도덕적 감정'을 동력으로 한국 사회의 사회적 인정을 이끌어내려는 인정투쟁의 성격을 띠지만, 단순히 대한민국 시민으로서의 권리를 확보하기 위한 것이라기보다, 민족 동질성을 회복하려는 방향성을 지닌다.

---

21) 위의 책, 143~144쪽.
22) 위의 책, 147쪽.

그러나 이러한 방향성은 획일적인 것이 아니라 탈북자들이 남과 북을 모두 경험한 점 때문에 이중적이고 복합적인 성격을 지닌다. '동화형·통합형·혼돈형·저항형' 혹은 '동화형·통합형·고립형·주변화형' 등 탈북자의 정체성을 분류하여 유형화하려는 연구 경향이 있지만[23] 이들 분류는 탈북자의 한국 사회 적응 유무를 기준으로 하고 있어, 여러 유형이 혼합된 탈북자 정체성의 복합적 성격은 물론 민족적 유대의 욕망을 제대로 드러내지 못하고 있다. 사례가 많지 않아 일반화된 유형으로 말하기는 어렵지만, 인터뷰에 응한 이들의 정체성은 대한민국 국민이라는 법적인 소속을 넘어, 한국 사회에 대한 강력한 동화 의지, 공적 일에 대한 헌신, 남북 거리두기 및 비판 등 복합적이고 다양한 형태를 보여주고 있었다.

우선, 심층면접 대상자들 가운데, 비교적 일관된 경향을 보이고 있는 사례는 남한 사회에 적극적으로 동화하려고 노력하면서, 대북 적대 의식이 매우 강한 경우(C, D E)이다. 심층면접에 응한 사람들 중 가장 적극적으로 한국 사회의 현실에 적응하고 가치 질서에 동화하려는 성향을 지닌 사람은 D씨였다. 그는 한국에 처음 와서 찾은 답이 "내 손에서 돈이 나온다", "오직 일해야 된다"라며, 자본주의 사회에 대한 철저한 적응을 생활신조로 삼고 있었고, "통일을 위해 남쪽이 가장 먼저 고쳐야 할 점"으로 '대북 퍼주기 사업'을 선택했을 뿐만 아니라, 일부 탈북 단체의 대북 삐라 살포를 적극 지지했다. 그러나 동일하게 대북 적대의식이 강한 C와 E씨의 경우 삐라 살포에 대해서는 반대 입장을 보였다. C씨는 "삐라를 뿌린다고 하지만 북한 사람들의 마음에 안 전달돼요. …북한 사람들 심리 상태를 더 악화시키는 행동이랑 같아요"라며 대북 전단지 살

---

23) 강진웅, 「한국시민이 된다는 것: 한국의 규율적 가버넌스와 탈북 정착자들의 정체성 분화」, 『한국사회학』 제47집 1호, 2011; 윤인진, 앞의 책, 참조.

포의 효용성을 의심했으며, E씨는 "삐라 같은 거 뿌리는 짓 하는 사람들 보면, …남한 체제 속에서 경쟁하기 싫으니까, 일부 보수층의 돈을 받아서…" 삐라 살포의 진정성을 의심했다.

그러나 이들이 "남한 사회에 적극적으로 참여하지만 북한문화와 정체성을 부정하는 동화형"[24]으로 볼 수 있을 지는 의문이다. 왜냐하면 C, D, E씨 모두, 북한 체제의 폐쇄성을 강하게 비판하면서도, 이웃 간의 인정이 살아 있는 북한에서의 삶을 그리워하고 있기 때문이다. 삐라 살포를 유일하게 찬성한 D씨조차 통일이 되면, 이웃 간의 정이 없고, 생계 때문에 일가친척 만나는 즐거움도 없이 바쁘게 사는 남한보다, 이웃이나 친척을 자주 만날 여유가 있는 북에서 살고 싶다고 말했다. 이는 앞서도 지적했듯이 북한 체제에 강한 반감을 지니면서도 '북한 사람과 문화'에 대해서는 오히려 애착을 지니는 탈북자들의 일반적 성향에서 이들 세 사람도 예외가 아님을 보여주고 있다.

둘째, 자영업에 종사하거나 아직 장래의 꿈이 정해지지 않았다고 대답한 사람들을 제외하면, 인터뷰 대상자들 가운데 절반 정도가 다른 탈북자와 어려운 사람들을 돕거나 통일 등 공적 가치를 지닌 의미 있는 일에 종사하겠다는 포부를 밝혔다.

> "앞으로 하고 싶은 일은 사회적 기업 만드는 일이에요. 한국에서 독서모임을 만든 것도 대학생활을 하면서 발표 하나 제대로 못하는 탈북 대학생들을 돕고 싶어서 시작한 거예요. 그리고 사회 나가서도 제대로 적응하는 것들을 돕고 싶어요."(K와의 인터뷰)

> "제가 원하는 직장은 북한이탈주민지원재단에서 탈북자들을 위한 일을 하고 싶어요."(I와의 인터뷰)

---

24) 윤인진, 『북한이주민』, 집문당, 2009, 66쪽.

"앞으로 북한이탈주민들의 정착에 도움이 되기 위해 노력하고, 또 연구를 통해서 통일에 종이 한 장이라도 더 놓고 싶습니다."(G와의 인터뷰)

"앞으로 하고 싶은 일은, 공부한 걸 바탕으로 통일이라는 목표로 나아가는 것 밖에 없어요."(F와의 인터뷰)25)

"저가 종로에 집을 배정받았거든요. …가난한 남한 사람들은 30년, 40년, 70년 살아도 집이 없는데 나한테 집이 있다라는 게, 하!, 이거 큰 거다, 감동이라고 해야 할까, 진짜 저도 모르게 생각을 바꿨어요. 그니까 나도 비록 없지만 봉사하면서 살아야 되겠다, 나보다 더 어려운 사람들이 많구나. 그런 생각을 해갖고 마음을 굳혔죠."(A와의 인터뷰)

셋째, 친북과 반북의 정치적 양자택일의 논리를 거부하는 경우이다. 남한에 온 탈북자라고 해서 무조건 남한을 옹호하지 않고 주체적 정체성을 고수하려는 A씨와 남북 모두에 거리를 두면서 양쪽을 비판적으로 보는 B씨가 이에 해당한다.

"근데 뭐 북한이란 나라에서 우리가 그렇게 감수하면서 살 수밖에 없었어요. 왜냐면 그 나라에서 태어났고 그 나라 교육받으면서 살아왔으니까. 근데 뭐 남한에 뭐 왔다, 대한민국에 왔다고 해서 대한민국 만세를

---

25) F씨는 통일과 관련된 사업이나 연구에서 탈북자를 소외시키고 있는 현실에 대한 강한 불만을 피력했다. "통일 준비위를 만든다는 얘기가 있던데, 저는 북한 출신이 못해도 3대 7은 있어야 된다고 생각하거든요. 근데 한국 사람들은 다 우리가 해야 된다고 생각해요. (…) 탈북자에 대해 무시하고 뭘 알겠냐고 생각하는 거죠. 북한에 대한 연구는 다 한국 사람들만 하고 탈북자들한테는 안 줘요. 탈북자들은 오로지 인터뷰 대상인거죠."
또 F씨는 한국의 통일의지를 의심하면서 자신의 포부가 실현될 가능성에 대해서도 회의를 드러내었다. "과연 한국이 통일 한국으로 가겠다는 자세가 맞는지 의심이 들 때가 있어요. 통일 한국에서 살고 싶다는 지향의식을 가지고 사고하는 것이 없는 것 같아요. 그래서 내가 하고자 하는 통일공부가 제대로 굴러갈 수 있을지, 내가 여기서 살아남을 수 있을지에 대한 고민이 들어요."

부르면 안 되잖아. 북한 편들려고 이런 게 아니라, 다른 탈북자들하고 좀 생각, 좀 개념이 틀린 게 뭐냐면, 저는 친구들에게도 그렇고 정체성을 잃지 말아야 된다고 하거든요."(A와의 인터뷰)

"어찌 보면. 진보 보수 이념의 대립, (…) 솔직히 그 이념들이 다 우리나라 것도 아니고 동양 것도 아니고 다 서양의 것들이 들어와서, 지네들끼리 충돌하는 거라 생각하는 데. (…) 남북 양쪽에 다 문제가 있는 거죠. 60년 동안 서로 헐뜯어왔고 앞으로도 그럴 거 같은 데… 제일 뿌리는 그거라고 생각해요. 정통성이 다 부족했기 때문에, 양 국가가."(B와의 인터뷰)

넷째, 인터뷰 대상자 가운데 종편 프로그램에 출연한 탈북자들이 북한의 실상에 대해 왜곡하거나 거짓말을 하는 데 대해 비판하거나 심지어 분개를 하는 경우가 많았다. 그들은 북한의 실상에 대한 TV의 왜곡 보도나 증언이 오히려 탈북자들에 대한 부정적인 이미지를 고착시키면서, 한국 사회에서 탈북자들의 삶을 고립시키거나 더욱 어렵게 만들고 있다고 보았다.

"저는 '이만갑'같은 프로그램을 좋게 생각 안 해요. 돈을 준다고, 있는 사실을 거짓말로 바꿔서 얼토당토 않는 이야기를 하고 있더라구요."(G와의 인터뷰)

"TV조선은 너무 억측이 많은 것 같아요. (…) 그리고 '이만갑'에 나온 애들은 아닌 것 같아요."(I와의 인터뷰)

"2년 전에 '이만갑'에서 연락이 와서 참여하라고 했는데, 저는 부모님이 북에 살고계셔서서 참여하지는 않았어요. (…) 저는 이만갑이 좀 자제했으면 좋겠어요."(K와의 인터뷰)

"'이제 만나러 갑니다'라는 프로그램이 있어요. 보다가 짜증나서 지금
은 안 보는데요. …이목을 끌기 위해서 이상한 소리들을 해요. …한국인
들한테 심어주는 북한에 대한 이미지가 왜곡이 많이 되죠." (B와의 인터뷰)

"여기 온 탈북자들이 지금 너무 거짓말을 많이 하고, 너무 왜곡해요.
(…) 30대 초반 애들이 뭘 안다고 김정은이, 김정일이를 말하는지, 또 그
걸 방송에 내보내는 게 너무 안타깝고 속상하죠. 네이버, 아고라 그런 데
들어가서 한국 분들이 댓글 단 걸 보면, 자기네끼리 싸움한다고, 자기네
집 자기가 욕하고 있다고, 탈북자들을 막 비난하거든요."(A와의 인터뷰)

5. 나오는 말

'민족'은 오늘날 적대적인 분단 체제를 극복할 수 있는 '저항적 의미'
를 지닌다. 물론 분단 체제 하에서 '민족'이란 말은 한쪽 체제를 정당화
하기 위해 수식어로 동원되었다. 남북의 두 분단국가는 자신의 국가 체
제가 민족을 대표한다고 여기는 정통성 경쟁을 벌이면서 각기 민족을
국가적으로 전유하였다. 그러나 민족이 비록 두 분단국가에 의해 전유
되어왔지만, 분단 체제의 적대성에 완전히 포섭되지 않고 오히려 균열
을 만들어내는 생성적 힘들 역시 누적되어 왔다. 이를테면 분단 이후,
지속적인 통일 운동의 흐름은 물론이고, 민중의 고단한 현실에 주목하
고 통일을 지향하는 인문 사회과학의 등장이나 냉전 논리의 허구성을
직시하고 분단 현실의 극복을 염원하는 분단 문학의 성립 등이 그러하
다.[26]

분단 체제가 남북 주민 모두에게 민족적 결합과 유대의 정서를 가질

---

26) 이병수, 「남북 관계에서 소통과 치유의 문제」, 『한민족문화연구』 43, 2013,
353쪽.

수밖에 없도록 만드는 엄연한 현실인 이상, 분단 체제의 극복에서 '민족'이라는 관점은 불가피하게 요구된다. 본문에서 살펴보았지만 탈북자들은 강한 민족적 유대의 열망을 지니고 있다. 탈북자는 외국 이주민과 달리 같은 민족의 일원임을 요구하며, 남한 주민보다 훨씬 강력한 통일 열망을 지니고 있다. 탈북자에 대한 민족주의적 접근을 비판하는 다문화주의적 관점은 같은 민족으로서의 동질성을 바라는 탈북자의 이러한 자기 인식을 충분히 고려하지 않고 있다. 탈북자들은 민족적 동질성에 대한 욕망 때문에 남한 주민들의 차별에 대해 반감을 가질 뿐만 아니라, 진보적 시각에서 소수자, 혹은 불우한 타자 일반으로 자신이 표상되는 것에 대해서도 거부감을 가지고 있다. 탈북자들은 같은 민족이라는 연대감을 무시하고 자신들을 다문화 가정의 범주에 포함시킨다는 사실에 크게 상처를 받는다.[27)]

탈북자가 지닌 강한 민족적 유대의 열망은 그들의 주체성 존중 차원에서도 인정되어 마땅하지만, 남북의 적대성을 극복하는 맥락에서도 중요한 의미를 지닌다. 탈북자들이 지닌 북을 향한 애착과 정체성 수립을 위한 인정투쟁은 남북의 소통, 화해를 위한 매개가 될 수 있기 때문이다. 탈북 후 그들이 겪은 고난에도 불구하고 탈북자들은 남북의 체제와 문화를 비교 체험한 한(조선)반도의 유일한 존재이기 때문에, 남과 북의 상호 이해를 증진시키는 매개적 역할을 할 수 있다. 뿐만 아니라, 고향으로서의 북에 대한 강한 애착심은 탈북자가 단순히 한국 사회에 정착해야 할 이주민의 의미 혹은 남한 사회에 대한 부적응의 의미를 지닌다

---

27) "탈북자들을 우리 사회에 새로이 생겨나기 시작한 타자로 보고, 그들을 이 사회에 버림받은 호모 사케르(homo sacer)로 취급하면서 그러한 호모 사케르들이 버려지게 만들면 안 된다는 식의 타자윤리학을 언급하는 것 자체가 그들에게는 지극히 불쾌한 일일 수 있다." 오영숙, 「관객으로서의 탈북자: 탈북의 자기표상과 영화수용」, 『영화연구』 51호, 2012, 325쪽.

기보다, '남한 사람'이자 '북한 사람'이라는 이중적 지위를 가진 존재임을 드러낸다. 이러한 이중적 지위는 남한의 체제적 가치와 북한의 정서적·문화적 가치를 통합하거나, 혹은 남북 소통과 화해를 위한 교량 역할, 매개 역할을 가능하게 한다. '먼저 온 미래'라든가 '통일의 예행연습'이란 말이 지니는 의미도 그러할 것이다.

제6장 한국인들의 한국인들에 대한 공포

한국인들의 통일 및 재외 동포에 대한
의식 구조 분석 및 전환을 위한 모색

최　원*

1. 들어가며

본 논문은 건국대학교 통일인문학연구단이 재외 동포에 대한 설문 조사(양적 조사)를 행한 후 그 후속 작업으로 진행한 재외 동포에 대한 심층 구술 조사(질적 조사) 결과 중 한국인 부분을 분석함으로써 한국인의 통일과 재외 동포에 대한 의식 구조의 변화 및 거기에서 발견되는 모순 또는 딜레마를 분석해보고, 긍정적인 전환을 이끌어내기 위한 대안을 모색해보고자 한다.

우선 본 논문은 통일 문제에 대해 한국인들이 지난 20~30년에 걸쳐 보여준 태도 변화에 주목하는데, 그 핵심은 민족주의로부터 경제주의

* 건국대학교 통일인문학연구단 HK연구교수.

(또는 경제적 관점에서 해석된 민족주의)로의 변화에 있다고 파악한다. 주로 민족 해방파(이른바 NL)에 의해 주도되어 1980년대 말에 일어났던 대규모 대중 운동으로서의 통일 운동은 하나의 민족은 하나의 국가로 통일되어야 한다(또는 "조국은 하나다")는 민족주의적 이데올로기에 그 기초를 두고 있었고 이는 당시 대부분의 한국인들의 통일 의식과 부합하는 면이 있었기에 광범위한 호소력을 가질 수 있었다. 그러나 대중 운동으로서의 통일 운동의 몰락이 보여주듯이 오늘날 더 이상 이러한 민족주의 이데올로기는 그 자체로서는 대중적 설득력을 지니지 못하고 있는 것으로 보이며, 다만 경제주의로 전위된 형태 하에서만 수용되고 있는 것 같다. 다시 말해서 원래 남북이 하나의 민족이기에 통일되어야 한다는 것이 아니라 통일은 경제적 강국의 미래를 약속할 경우에만 바람직하다는 것이다(이는 통일에 대한 반론 또한 공히 경제적인 면에서 자기 근거를 찾는다는 것을 의미하기도 한다). 이렇게 놓고 보면 2014년 초 박근혜 대통령이 연두 기자회견에서 한 "통일은 대박"이라는 발언은 대중적 정서와 유리되어 나온 발언이라고 볼 수 없으며 오히려 이렇게 변화된 대중적 정서에 편승하면서 동시에 거기에 정책적으로 다소간 구체적인 형태를 부여한 발언이었다고 볼 수 있다.

다른 한편 본 논문은 재외 동포들에 대한 한국인의 태도에서 나타나는 새로운 양상에 주목한다. 주지하다시피 1999년 '재외 동포의 출입국과 법적 지위에 관한 법률'(줄여서 '재외 동포법')이 제정되면서 해외에 살고 있던 동포들의 국내 이주가 대폭 증가하였다. 이들 재외 동포는 다양한 기원을 가지고 있지만, 크게 재중 조선족, 재러 고려인, 재일 한국·조선적 등이 있으며, 여기에 그간 꾸준히 증가되어온 탈북자까지 추가한다면, 그 수는 상당한 규모에 이른다. 말하자면 지난 십 수 년 사이 한국인들은 자신의 이웃이 가시적으로 재구성되는 상황, 곧 자신과 닮아있기도 하고 이질적으로 느껴지기도 하는 재외 동포가 자신의 주변에서 출현하는 상황에 놓이게 된 것이다. 이 새로운 이웃에 대해 한국인들은 같은 동포이기 때문에 비동포 이주자(예컨대 동남아나 다른 지역에서 들어온 이주 노동자)에 비해서는 친숙하게 느낀다는 반응과 함께, 그럼에도 불구하고 문화적이고 언어적인 이질성을 지울 수는 없으며 어떤 장벽을 느낀다는 부정적 반응을 동시에 보여준다. 그런데 막상 한국인들이 느끼는 이러한 문화적 · 언어적 이질성이라는 것을 분석해보면 그 근거가 매우 불분명하고 자가당착적인 면모를 내보이는 경우가 많다. 오히려 그 표면적 이유 밑에서 우리가 발견하는 것은 종류가 다른 공포인데, 이 공포는 많은 경우 경제적인 차원에 뿌리를 내리고 있다고 여겨진다.

통일과 재외 동포에 대한 한국인의 의식 구조의 이러한 변화 내지 새로운 형성은 어떻게 해서 일어난 것일까? 본 논문은 이를 1990년대 후반에 한국에서 본격화된 신자유주의 사회재편을 빼놓고는 설명하기 힘들다고 생각한다. 통상적인 믿음과 달리, 신자유주의는 단순한 고전적 자유주의의 부활로 이해될 수 없으며, 따라서 (자신의 기능을 경찰 기능에 국한하는) 작은 정부를 지향하거나 시장에 대한 국가 개입을 제한하는 경향 따위로 이해될 수 없다. 그것은 오히려 시장과 관련된 국가의 개입 방식의 질적 변화 및 이를 통한 새로운 주체성의 생산을 추구하는 것이라고 봐야 한다. 상기한 한국인의 의식 구조의 변화는 바로 이러한 새로운 주체성의 출현과 밀접하게 연관되어 있다. 본 논문은 먼저 통일과 재외 동포에 대한 한국인의 의식 구조에 대한 구술 조사 결과를 공유하고, 이를 '신자유주의 통치성(neoliberal governmentality)'에 대한 프랑스 철학자 미셸 푸코(Michel Foucault)의 논의를 통해 분석한 후, 다시 구술 조사 결과로 돌아가 그 속에서 엿보이는 대안적 사유의 가능성을 모색해 보고자 한다.

2. 심층 구술 조사를 통해 바라본 한국인들의 의식 구조

건국대학교 통일인문학연구단의 사상 이념팀은 2013년부터 2014년 초까지 총 6인의 한국인(20대 2인, 40대 2인, 70대 2인)에 대한 심층 구술 조사를 실시하여 민족정체성, 통일, 재외 동포 문제 등에 대한 질문들을 던지고 답을 구했다(표 1 참조).

〈표 1〉 심층인터뷰 대상자

	이 름	나 이	직업
1	김O빈	22	학생
2	정O진	20	학생
3	이O윤	40	배우
4	임O식	41	사업가
5	강O한	74	무직
6	하O재	77	퇴역군인

이들의 정치적 성향을 살펴보면, 개개인이 정확히 하나의 일관된 성향을 내보인다고 말하기는 어렵지만, 대략적으로 볼 때 20대와 70대 구술자는 상대적으로 보수적인 정치 성향을 보여주었고, 40대는 진보적이거나 중도적인 정치 성향을 보여주었다(물론 그렇다고 이들 각자의 정치 성향이 자신이 속한 세대의 정치 성향을 대표한다는 말은 아니다). 또한 각각의 질문들에 대해 이들이 들려준 답변도 청년 세대와 노년 세대의 구술자의 것은 겉으로 드러나는 표면적인 차이에도 불구하고 심층에서 서로 일정하게 수렴하는 경향을 보여주었지만, 40대는 다소 다른 방향으로 나아가는 모습을 보여주었다.

먼저 통일의 당위성에 대해 20대 및 70대 구술자 4인 중 2인은 "반드시 해야 한다" 또는 "언젠가는 해야 한다"는 긍정적 답변을 내놓았지만 다른 두 사람은 "반신반의 한다"거나 "통일은 해선 안 된다"라는 부정적 답변을 내놓았다. 그리고 통일에 대해 긍정적 답변을 내놓은 두 사람은 '왜 통일을 해야 하는가?' 또는 '통일 한(조선)반도는 어떤 나라가 되었으면 하는가?'라는 질문에 대해 모두 통일이 한국을 경제 강국으로 만들어 줄 것이기 때문이라거나 그렇게 되길 희망한다고 답했다. 다른 한편 통일에 대해 부정적인 답변을 내놓은 두 사람은 모두 그 이유를 어마어마한 경제적 통일 비용 면에서 찾았다.

먼저 통일에 대해 긍정적으로 답한 20대 남성 구술자 김○빈 씨는 통일의 이유에 대해 남과 북은 한 민족이기 때문에 통일을 해야 한다고 생각한다면서도, 그러한 자신의 민족주의를 경제 강국을 이루기 위한 수단으로 삼는 부국강병론의 입장에서 해석하는 경향을 보여주었으며, 사실 자신의 주변 친구들은 자신보다도 더 노골적인 경제주의의 입장을 취한다고 말했다. 다음은 관련된 김○빈 씨의 인터뷰 내용이다.

질문자: 같은 민족이다, 이게 통일을 해야 하는 이유가 된다고 봅니까?

김○빈: 글쎄요

질문자: 그럼 통일을 해야 된다고 생각하세요?

김○빈: 해야 되는데 급하겐 안 했으면 좋겠어요

질문자: 해야 되는 정작 근거, 이유가 [뭔가요?] 꼭 뭐 우리하고 일본하고 사이좋게 전쟁하지 않고 평화 공존하듯이, 남과 북도 통일하지 않고 이산가족 교류하고 경제협력하면서 평화공존하면 되지, 군이 체제적 이질감이 있고 사고방식도 이렇게 60년 동안 [달라져 왔는데] (…) 근데 군이 통일을 해야 하는지?

김○빈: 전 일단 남과 북은 한 민족이라 생각을 해요. 그리고 만약에 통일을 하면 남한에 자원과 북한에 있는 자원을 합쳐가지고 진짜 하나가 된 대한민국이 더 세계적으로 강국이 될 수 있을 거라고 생각을 해요.

질문자: 같은 민족이라는 측면보다는?

김○빈: 같은 민족이라는 측면도 있고.

질문자: 그럼 어떤 게 먼저 가는 거예요? 같은 민족이기 때문에 통일을 해야 한다는 거예요, 아니면 경제 강국이기 때문에 통일을 해야 한다는 거예요?

김○빈: 민족이기 때문에 통일 먼저 하고 그 시너지가 나가지고 경제강국이 될 거 같아요.

질문자: 그럼 요즘 학생들, 비슷한 나이대의 친구들은 통일에 대해서 어떻게 생각하는 거 같아요?

김○빈: 긍정적으로 보는 거 같긴 해요. 근데 한 민족이기 때문에 통일을 해야 한다 이런 건 아니고 친구들은 약간 경제강국, 북한의 자원을 이용해야 된다? 그리고 감성적으로, 이렇게, 남과 북이 이렇게 분단되면서 떨어진 이산가족들이 있잖아요? 그런 면에서 많이 접근하는 것 같아요. 그 분들을 이어줘야 되고.

마찬가지로 통일에 대해 긍정적이었던 70대 남성 구술자 강○한 씨 또한 바람직한 통일한(조선)반도 상에 대해 이렇게 말했다.

질문자: 통일은 대박이다. 통일 대박론, 박근혜 대통령이 말한 통일은 대박이다라고 말한 것에 대해서 어떻게 생각하세요?

강○한: 그 얘기는 참 좋은 이야기라고 봐야지요. 뭐 우리나라에서만 그 얘기를 한 것도 아니고 해외에 나가서도 하지 않았습니까? 그럼 북한에서도 이걸 중요시하게 받아들여서 좋은 얘기를 주고받고 해야 하는데, 영 딴 생각이라 그 말이여.

질문자: 어르신께서는 분단돼서 가장 안 좋다고 생각하시는 점, 또 반대로 말하자면 통일이 되면 가장 좋다고 생각하시는 점이 무엇입니까?

강○한: 지금 크게 봐서는 빨리 통일이 되면 우선 나라가 커지지 않습니

까? 두 나라가 한 나라가 돼버리니까 일본도 제압할 수 있고, 중
국도 함부로 못할 테고, 두 나라가 딱 뭉치면.

질문자: 통일 한(조선)반도가 어떤 나라가 되었으면 좋겠습니까?

강○한: 제 생전에 그런 게 봐질진 모르지만, 철도를 빨리 놔서 그냥 러시
아까지 쫙 놔서 구경도 좀 하고 그랬으면 좋겠어요. 가스도 북한
에서 한국까지 들어온다고 하고 말은 그렇게 하고 있는데 그런
거 좀 빨리 해서 할 건 했으면 좋겠어요 그래야 우리나라도 살기
가 좀 편할 것이고.

　그러나 통일에 대해 "반신반의" 한다고 부정적으로 답한 20대 여성 구
술자 정○진 씨도 그 이유에 대해서는 통일에 대해 긍정적으로 말한 위
두 사람과 유사하게 통일의 경제적인 차원에 주목하는 모습을 보였다.
곧 통일이 되면 남한의 경제 사정이 악화될 것을 우려한다는 것이다.

질문자: 그럼 (…) 같은 민족이기 때문에 통일해야 한다는 생각에 대해서
도 상당히 부정적이겠네요?

정○진: 네, 좀 그거는 약간 강압적인 거 같아요. …같은 민족이라는 이유
하나 때문에 통일을 강요하는 것보다 일단은 남과 북의 문화의
이해 문제가 드러날 거 같다는 생각이 들거든요? 왜냐하면 둘이
비슷비슷한데 다 엇갈리니까 먼저 북한 문화를 소개하는 것이 필
요할 거 같아요.

질문자: 통일한(조선)반도가 어떤 나라가 되었으면 좋겠습니까? 그냥 뭐,
정치, 경제, 사회, 문화 뭐, 나눌 필요 없이 그냥 자기가 바라는
통일 한(조선)반도의 미래상이라고 할까?

정○진: 그냥 북한 주민이랑 남한 주민이랑 차별이 없었으면 좋겠어요.

질문자: 근데 아까 같은 민족이기 때문에 강압적으로 통일되는 것은 문제
가 있다고 했잖아요? 그럼 남북이 어떤 점에서 통일이 되어야 한
다고 생각하십니까? …보통 우리가 남북통일을 이야기할 때 대부

분 기성세대도 그렇고, 뭐 요즘 젊은이들은 조금 낮은 편인데, 대
부분 물어보면 같은 민족이기 때문에 통일이 되어야 한다고 이야
기하거든요? 근데 같은 민족이기 때문에 통일되어야 한다는 것은
너무 강압적이다, 아까 그렇게 이야기했으니까, 통일이 되어야
한다면 어떤 측면에서 통일되어야 한다고 생각하십니까?

정○진: 일단 경제력이요.

질문자: 남북이 통일되면 경제력이 국제사회에서 부국강병을 이룰 수 있
다는 거지요?

정○진: 예.

질문자: 통일이 되면 몇 년 안에 될 수 있을 거 같아요?

정○진: 그건 생각해 본 적이 없는데, 지금은 먼 거 같다는 생각이 들어
요. (…) 10년, 20년 안에는 힘들 거 같아요.

질문자: 그럼 10년 안에 통일이 되면 어떨 거 같아요?

정○진: 10년 안에 통일이 되면 일단 남한 경제사정이 정말 여기서보다
더 악화될 거 같기도 하고, 더 힘들어질 거 같기도 하고, 근데…
그리고 문화적으로 충돌해가지고 사건사고가 많이 일어날 거 같
아요.

질문자: 근데 (…) 혹시 이게 지금 심정인지 모르겠는데, 통일한(조선)반
도보다 통일이 안 된 상태에서 남한만 이렇게 지속적으로 가는,
뭐 이것도 괜찮다, 이런 생각을 하고 있는 게 아닌가 하는 느낌
이 들었는데, 어떻습니까? 반드시 뭐 통일될 거 있나? 통일되어
가지고 서로 여러 가지 문제점이나 서로 다른 가치관이나 이런
것 때문에, 북한이 뭐 변할 것 같지도 않고, 또 갈등이나 대립이
있을 텐데, 분단된 상태에서 그냥 지속적으로 남한만의 공동체를
유지하는 것도 괜찮겠다, 이런 생각도 있습니까?

정○진: 약간은 반신반의.

질문자: 그런 생각도 있다는 거죠?

정○진: 예.

질문자: 그럼 남한이 통일을 이루지 않고 부유한 경제적 발전을 지속할

수 있다면 북한과 반드시 통일될 필요가 없다는 건가요?

정○진: 예.

질문자: 그러니까 거의 전적으로 통일의 이유는 경제적인 것에 있다고 봐
　　　 도 되는 건가요?

정○진: 예.

또 70대 남성 구술자 하○재 씨도 남북 주민의 이념 갈등 문제를 이유
로 통일에 대해서 부정적으로 답하면서도 그것을 경제적 문제 또는 통
일 비용 문제와 연결하여 다음과 같은 견해를 밝혔다.

질문자: 그러면 한국하고 북한하고 화해협력하고 교류하고 해야 된다, 이
　　　 것도 마땅치 않겠네요?

하○재: 지금 박근혜 대통령이 '대박'이라고 하는데, 대박이 날 게 뭐 있겠
　　　 습니까? 아니 일단 철조망 없어지면, 거주의 자유 인정해버리면
　　　 이북사람들 다 내려올 텐데, 지금 이북에는 농민들이 자기 명의
　　　 로 된 땅 한 평 없습니다. 벌써 3대에 걸쳐 그러고 살았기 때문
　　　 에 고향이란 게 없어요. 조상 묘가 없고, 뭐 있는지 모르겠어요.
　　　 있기야 있겠지. [하지만] 뭐 하러 추운데서 살겠습니까? 따뜻한
　　　 남쪽 나라로 내려와서 살지. 그러니 다 내려오면 그걸 어떻게 다
　　　 먹여 살려요? 직장 있습니까, 여기서?

질문자: 그러면 어르신 생각은, 굳이 통일 안 해도 된다는 말입니까?

하○재: 아 지금 내 말이 그거 아닙니까? 저놈들이 우리한테 해만 안 끼
　　　 치면 너희들끼리 먹고 살라는 얘기예요. 아프리카 있는 애들보고
　　　 '야, 하얗게 탈색하고 우리하고 같이 살자!' 뭐 이거랑 똑 같은 얘
　　　 긴데. 다만 우리한테 위협이 있으니까 우리도 잘 살아야 하는 돈
　　　 을, 뭐 예산의 10프론가 그렇게 되죠, 그걸 국방에 써가며 고생
　　　 하고 있잖아요. …나는 통일이란 건 바라지도 않고. 왜냐? 통일
　　　 이 되면 완전히 대한민국은 지구상에서 없어질 수 있어요. 생각
　　　 잘 해야 합니다. 아랫사람 윗사람 만나서 뭐 하겠다는 거예요?

> (…) 나는 위우익측에서 통일을 자꾸 하자는 얘기에 대해서 참
> 이상하게 생각해요. 우리 지금 잘 먹고 잘 사는데, 뭣 때문에 통
> 일합니까? 걔들 내려오면 뭐, 어마어마한 통일비용이 들어갈 텐
> 데. 그건 다 입에 발린 소리고.

게다가 통일에 대해 긍정적으로 답한 20대 김○빈 씨도 통일이 언젠
가 되어야 한다고는 생각하지만, 실제로 통일이 오면 경제 혼란, 사회
혼란이 있을 것 같고, 오히려 "분단에서 오는 안정감"이 있기 때문에, 통
일은 자신이 사회적으로 자리 잡기 전에 되지 않았으면 한다는 바람을
분명히 표현했다. 이렇게 놓고 보면, 20대와 70대의 구술자들은, 그들이
통일에 대해 긍정적으로 사고하든 부정적으로 사고하든 간에, 공히 통
일을 경제주의 관점 또는 경제 효율성의 관점에서 해석된 민족주의의
관점에서 사고하고 있다는 것을 쉽게 알 수 있다.

40대 구술자들의 경우는 이러한 경제주의 관점으로 환원되기 어려우
며, 이들은 오히려 안보와 인권 차원에서 통일 문제에 접근하고 있다.
통일의 당위성 및 이유에 대한 질문에 대해 40대 여성 구술자 이○윤 씨
는 통일이 반드시 되어야 한다고 말하면서 그 이유를 크게 두 가지로 들
었는데, 첫째는 안보에 대한 불안 해소이고 둘째는 인권 차원에서 분단
때문에 빚어지는 여러 문제점의 해결(이산가족, 실향민, 북한 사람들의
인권 문제 해결)이었다. 40대 남성 구술자 임○식 씨 또한 남북이 통일
되어야 하는 이유에 대해 "자유와 인권"을 들고, 권리로서의 "경제적 평
등"의 가치를 지향한다고 답했으며, 이러한 통일을 위해서는 흡수통일
보다는 남북의 군사적 긴장완화가 중요하다고 말했다. 우리는 의식전환
을 위한 대안 모색을 다루는 본 논문의 마지막 절(4절)에서 이러한 40대
구술자들의 답변으로 다시 돌아올 것이다.

20대와 70대 구술자들이 통일 문제에 대해 보여준 경제주의 태도는

재외 동포에 대한 그들의 태도에서도 드러나며, 흥미롭게도 40대 구술자에게서도 일부 나타난다. 우선 20대 남성 구술자 김○빈 씨는 탈북자나 재외 동포에 대해 "우리나라에서 난리만 치지 않는다면 괜찮"다고 말하면서 그들이 한국의 사회경제적 안정을 해칠 것을 우려했다. 70대 남성 구술자 강○한 씨는 좀 더 노골적인 불만을 토로했다.

> 질문자: 재중 조선족들을 보면 자기가 속한 국가는 중국이다, 그러나 민족은 한민족이다 이렇게 말하거든요? 어떻게 생각하시는지요?
>
> 강○한: 그런데 참 어떻게 보면 뭐 [한국인] 3세, 4세가 중국서 넘어와서 여기서 돈을 벌고, 그러는 사람들은 [한국인] 3세, 4세 아닙니까? 어떻게 보면 동정도 가죠. 그 모진 고생을 하다가 돈 좀 벌겠다고 중국까지 가서 있다가 지금 한국에 나와서, 그래도 경제가 조금 좋다니까 여기 와서 돈을 벌어가겠다고 해서 한국 나왔는데, 그 사람들이 돈을 좀 벌면 아주 행동이 불순해요. 한국 사람들을 둘러먹겠다고 하고 아주 그냥, 아주 행동이 너무나도 거칠고, 조선족들 지금 좋아하는 사람 없을 거 같아요. 나만 그런지는 모르겠습니다. 그런 거 저런 거 보면 그 사람들이 어떻게 보면 참 여러 가지 고맙게 돈도 벌고 한 민족이니까 잘 하고 같은 사람으로서 거시기 해야 하는데, 여기 나와서 사는 분들이 진짜론 중국 (…) 우리가 그건 잘 생각해야 할 것 같아요. 여기 사는 중국교포들이 많이 나와 있지요. 여기 가리봉동에 가면 한 시장이 전부 중국 조선족들이예요. 종로 하나를 조선족이 장악했어요. 이대로 가면 우리나라도 힘들겠다 하는 생각이 들어요.
>
> 질문자: 중국동포가 국내에서 돈 버는 데 대해서 고마움도 모르는 것 같고 우리 경제에서도 많은 부분을 중국으로 가져갈까봐 걱정을 하시는 거죠?
>
> 강○한: 아니, 가져갈까봐가 아니라 [정말] 가져가죠! 여기서 돈을 벌면 중국 가서 자기들이 쓸 돈이 많지 않습니까? 그러니까 좀 벌면 중국 가서 땅 사놓고 집 사놓고, 이것도 그렇고, 참 그 사람들은 하

는 것이 참, 우리나라 사람들을 우습게 봐버려요. 시비가 벌어져서 이건 안 좋으니까 좀 시정하라 하면 막 떼거지로 달려들어서, 이래서 되겠습니까? 이런 걸 볼 때 우리나라가 참 심각하다는 생각이 듭니다.

질문자: 그래도 우리 언론에 보면, 우리나라에서도 재중동포를 못산다고 경제적으로 가난하다고 멸시하고 차별하는 것도 있지 않습니까?

강○한: 근데 그건 이유가 있지요. 너무나도. 우리 국내에서 돈을 벌면 국내에다 돈 좀 써주고 이렇게 해서 잘 살도록 해주고, 그러면 우리나라 경제가 살아나고 어쩌고 해야 하는데, 이건 뭐 돈 좀 벌면 전부 다 가져가 버리고 여기선 돈만 벌어가고 그럼 우리나라는 뭡니까? (…) 문제는 우리나라에도 있어요. 우리나라 사람들은 조금 힘들고 어쩌면 일을 안 하지 않습니까? 그러니까 일은 시켜야 되겠고 그런데 일을 안 하니까 결국 그 사람들을 데려다 일을 시킬 수밖에 없어요. 임금도 싸지 일도 잘하고 하는데, 다만 그렇게 해주면 한국에 돈도 좀 풀어주고 한국에서 집도 사고 해서 더불어 살면 되는데 그게 아니고 돈 좀 벌면 중국 가서 집도 사고 땅도 사고 주머니를 차는 실정이지요.

통일에 대해 매우 진보적인 자세를 견지하면서 자유, 인권, 평등의 가치를 내세웠던 40대 남성 구술자 임○식 씨조차 재외 동포에 대해서만큼은 사뭇 다른 태도를 보여줬다.

질문자: 탈북자는 같은 민족이라 느끼는데, 해외 동포는 같은 동포라고 느끼지 못한다고 답변하셨는데 특별한 이유가 있습니까?

임○식: 친구 사이를 예로 들면 두 사람이 쌍방 간에 동의를 해야 친구가 되는 거지 한쪽만 친구라고 생각하고 상대방이 친구라고 느끼지 않으면 친구라고 말하기가 애매한 것처럼, 해외에 나가 있는 동포들이나 중국에서 이제 몇 세대를 거친 조선족 같은 그런 분들의 생각이 모두 다르기 때문에… 실제적인 예로 제가 중국에 한

5년 있었는데, 거기서 만난 조선족들은 겉으로는 '동포'라는 말을 써요. 한국 사람끼리 만날 때는 자기의 목적과 어떤 걸 이루기 위해선 동포라고 하고 접근을 자주 하지만 자기들끼리 술을 먹거나 개인적인 환담을 나눌 땐 자기들은 한국 사람이란 말은 절대 안 꺼내거든요. 자기들은 철저하게 중국 사람이라고 생각하기 때문에 한국에 있는 사람들이 생각하는 가치관과는 상당히 다르더라고요. 그 사람들은 중국인이라고 생각하고, 자기 부모가 한국인일지라도 자기는 중국인이라고 생각하고 중국에 터전을 둬야 한다는 생각을 가지고 있다고 생각합니다. 대부분이.

질문자: 재중 조선족 이외에도 재미나 재일 동포, 또 북한 사람을 만나봤다고 했는데, 재중 조선족하고 비슷한 느낌을 받았습니까?

임○식: 그렇진 않았어요. 제가 의구심이 들었던 게 조선족 때문이었거든요. 그 사람들이 굉장히 한국인하고 만날 때하고 자기들끼리 만날 때하고 너무 다르더라고요. 그걸 처음엔 몰랐는데, 실제로 한국에서 중국 베이징 올림픽 당시 중국에 가서 사업을 하려고 했던 주재원들이 중국 땅에서 사업을 하기 위해서 언어적 장벽을 극복하기 위해서 조선족과 가장 1차 접촉을 이루었는데, 그 부분에서 굉장히 많은 사람들이 조선족에게 재산을 뺏기거나 그와 연결되어서 손해를 극심하게 입거나 사기를 당하거나 그런 경우를 많이 봤거든요. 베이징에서 사업하는 사람들이 제일 경계해야 할 게 조선족이라고 하거든요. 그런 경험을 바탕으로 봤을 때 애매한 문제인 것 같아요. [가장 불쾌했던 경험은] 저도 주변에서 들은 얘기인데, 한국인 같은 경우엔 중국에서 자기 명의로 사업을 할 수 없거든요, 현재. 중국인 누군가를 대리로 세워서 그 사람 명의로 사업을 해야 하기 때문에 대부분 조선족 명의를 가져오거나 아니면 조선족과 결혼을 해서 자기 와이프 명의로 사업을 하거나 아니면 중국에 있는 믿을만한 변호회사를 통해서 중국인 사업자와 연결해서 사업을 하는데, 그런 쪽을 통해서 사기를 당한 사람들 얘기가 충격적이었죠. 그리고 개인적으로 중국 술집에 가서 술을 먹다보면 조선족들끼리 술을 먹거든요. 그 얘기를 들으면 철저한 중국인이에요.

즉 임○식 씨는 중국에서 5년 간 지냈던 자신의 경험을 토대로, 재중 조선족이 말하는 '동포'라는 단어는 단순히 정치적인 수사에 불과하며 실생활에서 그들은 철저하게 '중국인'으로 살고 있다고 주장하면서, 만약 그들이 한국인과 중국인 중 하나를 선택해야 할 상황이 온다면, 철저하게 중국인이 될 것이라고 말한 것이다. 다시 말해서 재중 조선족은 그에게 동포가 아닌 철저히 외국인이라고 볼 수 있다.

또 그는 국내에 들어와 있는 동포들(특히 조선족)에 대해서도 "[재외 동포들이 자신이] 받아먹을 것만 생각한다면 그들에 대한 구별(차별?)은 가능하지 않을까 한다. 외국인 장학금을 보면 열 받는다. 한국인들이 나가면 못 받는데, 외국인들[재외 동포]은 한국에서 받는다. 쌍방적인 관계가 되어야하는데, 너무 일방적인 것 아닌가?"라고 말하면서 재외 동포를 경제적으로 부당 이득을 취하는 도둑이나 사기꾼과도 같은 존재로 묘사했다. 다시 말해서, 어떤 경제주의와 경제적 공포가 그의 사고를 지배하고 있는 것이다.

그런데 사실 이들 구술자들이 보여주는 한국 국민의 경제적 불이익에 대한 공포는 별 근거가 없는 것이다. 왜냐하면 현재 외국에 나가 공부하고 있는 많은 한국 유학생들이 그곳에서 장학금과 생활비를 지급받고 있지만 각각의 국가에서 반드시 유사한 규모의 외국 학생이 우리나라에 들어와 유사한 규모의 장학금과 생활비를 받으며 공부하고 있는 것은 아니기 때문이다.

또한 재외 동포가 국내에서 취업하여 돈을 벌어 해외로 돈을 빼돌린 다는 식의 이야기도 근거 없는 것인데, 이들은 분명 국내 경제에 기여하는 바가 크며(이들이 없다면 취업 의향이 있는 국내 노동자를 찾지 못해 사라질 산업이 부지기수라는 것은 주지의 사실이다), 또 과거 7~80년대에 한국인들도 중동 등 해외로 나가서 돈을 벌어 한국으로 "빼돌렸"기 때문이다(물론 현재에도 이런 경우는 흔하다). 70대 남성 구술자 강○한 씨에게 70~80년대 한국인의 해외 취업에 대해서 묻자, 그건 경우가 다르며 우리나라 사람들은 다른 나라에 가서 말썽 부리지 않고 조용히 일만 하다 왔다고 하면서 말을 얼버무렸다. 그러나 70~80년대에 해외 취업을 나갔던 한국인이 외국에서 말썽을 부리지 않았다고 판단할 근거는 어디에도 없다.

다른 한편, 20대 여성 구술자 정○진 씨와 같은 경우 재외 동포에 대해 별다른 적대감을 보이고 있지는 않지만(사실 그녀는 재외 동포를 타민족 이주 노동자들과 다르게 대우해서는 안 된다는 입장을 보여주고 있다) 재외 동포 그룹 사이에 어떤 위계를 설정하고 있었다. 그녀는 재중 조선족이나 재러 고려인에 비해 재일 한국인·조선적을 더 선호하는데, 그 이유는 재일 동포가 훨씬 더 에티켓이 있기 때문이라고 말했다. 에티켓이 있다는 것의 의미가 무엇인지 조금 더 캐묻자 그녀는 재일 동포는 좀 더 잘 사는 나라, 선진국인 일본에서 살다 왔기 때문에 훨씬 더 문명화되어 있고 예의가 있는 것 같다는 견해를 표명했다. 전체적으로 진보적 정치 성향을 보여주고 재외 동포에 대한 우호적 태도를 견지하는 40대 여성 구술자 이○윤 씨도 재미, 재일 동포의 경우엔 그들이 한국에 대해서 비판적으로 말할 때조차 흔쾌히 그것을 받아들일 정도로 자신의 마음 문을 열지만, 재중, 재러 동포들에 대해서는 애매한 태도를 보이면서 자신이 느끼는 이질감을 표현하고 종종 그들의 "인정 없음", "불친절함"("가는 것은 있지만 오는 것은 없다")이 느껴진다고 말했다. 특히 한민족 내에 있는 위계에 대해서 어떻게 생각하는가 하는 질문에 대해 그녀는 "어떻게 보면 당연한 것"이라면서 "못사는 사람들은 나에게 손을 벌리지 않는가? 중국, 미국 공산품을 대하는 것을 보면 차이가 느껴진다"고 대답한다. 이 두 명의 구술자의 경우 다른 구술자만큼은 아니지만 어떤 경제주의 관점이 저변에 깔려 있다는 것을 감지할 수 있다.

그러나 한국인의 의식 구조에서 나타나는 이러한 경제주의 태도는 1980년대까지만 하더라도 찾아보기 어려웠던 것이다. 물론 먹고 사는 문제를 중시하는 태도야 언제나 있어왔다고 말할 수 있지만, (통일이나 재외 동포 문제를 포함하여) 모든 사회적 문제를 먹고 사는 문제로, 경제주의 관점에서 파악하는 태도는 비교적 최근의 것이라고 말할 수 있다. 이러한 의식 구조의 변화는 1990년대 말(좀 더 정확히는 1997년 IMF 사태를 기점으로) 전면화된 한국 사회의 신자유주의 재편을 빼놓고는 이해하기 어렵다. 다음 절에서 우리는 신자유주의가 어떤 새로운 주체성을 출현시켰는가 하는 점에 대한 푸코의 논의를 한국적 맥락과 관련하여 간략히 살펴보고자 한다.

3. 신자유주의 주체의 공포

푸코는 콜레주 드 프랑스(Collége de France)에서 행한 1977~1978년 강의(『안전, 영토, 인구』)와 1978~1979년 강의(『생명관리정치의 탄생』)에서 (고전적) 자유주의와 신자유주의 통치성의 형성 과정을 추적한다. 자유주의 통치성은 17~18세기를 지배했던 중상주의(mercantilism)에 반대하여 등장한 18세기 말 중농주의(physiocracy)에 의해 수립되었는데, 바로 후자가 근대 정치경제학(political economy)의 진정한 기원을 이룬다.

이들의 논쟁은 다양한 쟁점을 통해 전개되었지만 푸코가 주목하는 것은 단적으로 시장에서의 곡물 가격을 안정시키기 위해 양자가 도입한 정책상의 대립에서 드러나는 통치 전략상의 차이이다. 시장에서 거대 상인이 곡물을 사재기하여 차후 부당하게 높은 독점 가격으로 되팔음으로써 생겨나는 가격 교란을 방지하기 위해, 중상주의자들은 정부가 법적 수단을 가지고 개입하여 곡물의 가격을 고정하거나 제한해야 한다고 주장했다. 그러나 이러한 정부의 개입은 상품가격을 경직시킴으로써 수요와 공급의 균형에 따르는 시장의 자연스런 가격 형성 메커니즘 자체를 마비시키는 부작용을 불러 왔다.

여기에 대해 중농주의자들은, 정부의 개입은 시장의 자연스러운 법칙을 존중하는 경제내적 방식으로만 행해져야 한다는 주장을 펼쳤다. 곧 정부가 법적인 수단을 동원하여 가격을 고정하거나 제한하는 경제 외적 (정치적) 주체로서 개입해서는 안 되며, 그 자신이 시장에서 활동하는 하나의 경제 내적 주체가 됨으로써 가격의 형성에 영향력을 행사해야 한다고 말한 것이다. 이러한 맥락에서 중농주의자들이 제안한 구체적 정책은, 시장에서 거대 상인이 곡물을 사재기하는 정황이 포착되면 정부 또한 시장에서 곡물을 같이 사들이고, 이후 시장의 곡물이 바닥남에 따라 거대 상인이 곡물을 다시 높은 가격에 시장에 되팔려고 들면, 정부는 그보다 훨씬 낮은 (정상적) 가격으로 시장에 곡물을 풀어서 독점적 가격 형성 시도를 무력화해야 한다는 것이다.

이렇게 중농주의자들은 경제 또는 시장을 하나의 '자연', 곧 자연법칙/물리법칙에 따라 필연적으로 작동하는 하나의 객관적이고 공정한 '교환'의 영역이라고 표상했기 때문에, 정부의 개입이라는 것도 시장의 교환 메커니즘에 종속되어야 한다고 봤다. 이러한 관점은 그들의 이름에서도 드러나는 바, physiocracy의 접두사 physio-는 알다시피 자연을 의미하는 phusis에서 유래한 것이다. 푸코는 중상주의를 규율 권력(disciplinary power)의 통치성과 연결시키고, 중농주의를 자유주의 통치성과 연결시킨다.

정부가 정치적 개입을 자제해야 하고, 정부가 개입할 때조차 오직 경제 내적 수단을 통해서만 개입해야 하며, 따라서 정부가 시장의 교환 주체들을 '자유방임'해야 한다고 하는 자유주의 통치성은 그러나 (칼 맑스가 주목하고 분석한) 자본주의 시장의 모순을 해결하는 데에 무력했으며 시장이 끊임없이 위기에 몰려 주기적 공황을 겪거나 격렬해지는 계급투쟁에 의해 시장이 교란되는 것을 막지 못했다. 이러한 문제점들이 결국 1·2차 세계대전으로까지 이어졌다는 것은 주지의 사실이다. 신자유주의는 이러한 상황에 대한 대응으로 등장했다고 볼 수 있으며, 그 효시를 이루는 것이 바로 독일의 질서자유주의(ordoliberalism)이다(2차 대전 이후 대부분의 자유주의 진영이 케인즈주의 쪽으로 선회한 반면 나치즘 및 그것의 '민족사회주의'의 유산을 청산해야 했던 독일의 경우 예외적으로 신자유주의 쪽으로 나아갔다).

신자유주의에 대한 흔한 오해와 달리, 고전적 자유주의의 문제를 극복하기 위해 제안된 질서자유주의자/신자유주의자들의 주장은 따라서 자유주의의 단순한 복원일 수 없었다. 독일의 질서자유주의자들은 무엇보다도 시장의 기본소여를 '교환'으로 바라보던 자유주의자들과 달리 그것을 '경쟁'으로 바라보았으며, 이러한 '경쟁'은 정부의 불개입에 의해 달성되는 것이 아니라 오히려 정부의 적극적인 개입을 요구한다고 생각했다. 물론 이러한 정부의 개입은 시장 자체에 대한 규율 권력이고 정치적인 개입을 가리키는 것이 아니라 시장을 그 주변에서 떠받치고 있는 제도들에 대한 개입, 곧 (시장을 위한) 시장 외부에서의 개입을 가리키는 것이다. 자유주의자들이 생각했던 것처럼 시장은 필연적인 철의 자연법칙에 따라 자동적으로 굴러가는 것이 아니라 인위적이고 그 자체로서는 오히려 유약한 것이기 때문에, 그것을 둘러싸고 있는 사회적 제도들을 통해 보완되지 않으면 쉽게 깨져버린다는 것이 질서자유주의자들의 주장이었다.

질서자유주의자들이 주장한 정부의 개입은 크게 두 가지로 볼 수 있다. 그 가운데 하나가 시장 내에 형성되는 독점의 경향을 제어하는 것(그렇게 함으로써 소위 '순수경쟁'의 논리를 복원하는 것)이라면, 또 다른 하나는 노동계급의 정치화에 대한 직접적인 반격을 가하는 것이다. 우선 독점의 경향을 제어하는 개입의 내용을 살펴보면, 그것은 독점을 시장의 자동적인 경향으로 인식하는 것이 아니라 오히려 시장 외부의 공적 권위/권력과의 정경유착 등을 통해 형성되는 이질적인 경향의 침투로 인식하면서 이를 금지하는 제도적 장치들을 마련함으로써 기업들의 투명성을 제고하는 것이 핵심이다. 다른 한편, 노동 계급의 정치화에 대해 반작용하기 위한 개입의 핵심 내용은, 노동 과정을 분할/분산시킴으로써 노동 계급이 하나의 동일한 거대 작업장에서 같은 조건 하에 작업하는 것을 피하고, 지역적으로도 유사한 조건들을 가지고 있는 노동 대중이 동일한 물리적 또는 사회적 장소에 집적되는 것을 적극적으로 교란함으로써, 노동 계급이 자신의 노동 조건을 개선하기 위해 어떤 단결된 정치적 행동으로 나아가는 것을 막아내는 데에 있다.

1960년대에 미국에서 출현한 신자유주의는 이러한 독일의 질서자유주의의 전통을 계승하면서 그것의 문제 설정을 극단적으로 발본하는데, 그 핵심은 '경쟁'이라는 시장의 논리를 시장에만 한정하지 않고, 사회의 모든 부분으로 침투시켜 일반화하는 것이다. 물론 질서자유주의자들 또한 경쟁 논리를 상당히 확장하려고 했던 것은 사실이지만 그들은 여전히 국가가 다양한 경쟁 사회들 위에서 공동체적인 유대를 생산하는 역할을 해야 한다고 하는 모호한 태도를 보여주었고 이를 생정치(Vitalpolitik)라는 이름하에 이론화하려고 시도했다. 그러나 미국의 신자유주의자들은 이러한 모호한 태도를 완전히 청산하면서, 그야말로 경쟁 논리를 사회의 전영역으로, 절대적인 방식으로 확장시키고, (교육, 육아, 의료, 공공

서비스 등) 전통적으로 '비경제적'이라고 여겨지던 모든 영역에 '경제 논리'를 침투시키려고 들었다. 이러한 미국 신자유주의의 관점에서 보면, 국가, 가족, 학교 등 모든 사회적 활동의 주체가 하나의 '기업(enterprise)'으로 인식될 수 있으며, 심지어 노동자들조차도 자신의 능력을 자본으로 삼아 이윤을 창출하는 하나의 '기업'으로 인식될 수 있다. 모든 주체가 자신의 활동을 오로지 경제 논리, 경쟁 논리, 이윤 논리로 해석하여 행동 전략을 선택하고 그것을 수행하게 되는 신자유주의 주체성이 출현한 것이다.

오늘날 우리는 이러한 미국식 신자유주의의 논리가 전 세계에 일반화되어 있는 것을 볼 수 있다. 한국과 같은 경우에도 (경로상의 특수성이 없는 것은 아니지만) 신자유주의의 논리가 사회 전면에 퍼져나감으로써 모든 활동이 경제 논리에 의해 해석되는 인식이 일반화되었다. 이러한 변화는 아주 극적인 방식으로 드러나기도 했는데, 예를 들어 사회학자 서동진이 자신의 책 서두에서 지적하듯이 이는 1980년대에 서점을 꽉 채우고 있던 사회과학 서적들이 모두 퇴출당하거나 구석으로 밀려나고 90년대부터 자기 계발서가 베스트셀러의 자리를 차지하는 사태로 나타났다.[1] 이제 모든 주체는 공히 자본으로서의 자기 자신의 '스펙'에 투자를 하고 그것을 이윤으로 연결시키는(또는 연결시키기 위해 행동 전략을 선택하는) '자기 계발하는 주체'로서의 인적 자본(human capital)이 된 것이다.

물론 신자유주의가 이렇게 사람들을 무한경쟁 속으로 몰아넣음으로써 노리는 효과 가운데 하나는 사람들 사이의 정치적·사회적 연대를 파괴하고 그들이 자신의 권리를 위해 벌이는 다양한 집단적 실천 및 투쟁을 곤란하게 만듦으로써 자본의 이윤을 극대화하는 것이다. 정치적·

---

1) 서동진, 『자유의 의지, 자기계발의 의지』, 돌베개, 2009.

사회적 권리가 형해화하거나 후퇴함에 따라, 신자유주의 하에서 개인의 사회적 안전(social security)을 책임지고 관리하는 주된 주체는 더 이상 국가나 공공서비스 기관 등이 아니라 개인 자신이 되었다. 돈이나 스펙이 있는 자만이 자신의 안전을 구매할 수 있으며(각종 보험 상품 및 준 경찰적 민간 시큐리티 업체의 증가 등이 단적으로 보여주는 것처럼), 그렇지 못한 자들은 항상 불안정한 삶을 살아가야 한다. 이러한 상황 속에서 신자유주의 주체들은 자신이 경쟁에서 밀려나 비참한 자들의 무리 가운데에 서있는 처지가 될까봐 항상 불안해하며 공포에 떨게 되고, 반면 이미 몰락한 비참한 자들은 정치 사회적 연대투쟁을 통해 공적인 방식으로 자신의 문제를 해결할 길이 묘연해짐에 따라 자포자기하여 자살하거나 사적이고 범죄적인 방식으로 자신의 문제를 돌파하려고 시도하거나 반(反)정치적인 폭력(소요나 폭동)을 통해 불만을 표출하는 자기 파괴적 실천을 벌이게 된다.

한국의 경우 이러한 현상은 매우 극단적인 방식으로 진행되었는데, 한국인의 연간 자살자 수는 1995년 4,930명이었던 것이 IMF 사태가 터진 1998년을 기점으로 큰 폭으로 증가하기 시작하여 2010년에는 300퍼센트 이상으로 증가한 15,566명에 이르게 되었으며, 그리하여 한국은 현재 OECD국가 중 가장 높은 자살률을 가진 나라가 되었다.[2] 범죄율 또한 2000년대에 들어 급격히 증가하는 양상을 보이며, 특히 (사회적 약자로서의 여성이나 아동에 대한) 성범죄율이 크게 증가한 것으로 나타난다. 이에 따라 국가는 성공한 신자유주의 주체들의 안전을 지키기 위해 더욱 더 억압적이고 강력한 경찰국가로 변모할 수밖에 없게 되는데, 바로 이 지점에서 신자유주의와 신보수주의가 하나로 수렴되면서 양자 사이의 전통적인 쟁점들은 사실상 그 의미를 상실하게 된다.

---

2) 위키백과, 「대한민국의 자살」(http://ko.wikipedia.org/wiki/대한민국의_자살).

주지하다시피 이러한 견지에서 처음으로 신자유주의와 신보수주의의 수렴을 명시적으로 논한 것은 80년대 초의 라클라우와 무페였고,[3] 최근에는 낸시 프레이저가 『지구화 시대의 정의』에서 이 수렴을 분석했지만,[4] 이것은 푸코의 관점에서 봤을 때에도 모순적인 것이 아니다. 왜냐하면 푸코는 비록 규율 권력이 역사적으로 자유주의 및 신자유주의 통치성에 자리를 내주었다고 할지라도 규율 권력은 단순히 사라지는 것이 아니라 다시 복귀하여 특정한 방식으로 후자와 결합한다고 말했기 때문이다. 말하자면 어떤 이질적 권력들 사이의 위계화된 과잉결정(hierarchized overdetermination)과 같은 것이 있는 것이다. 최근 저서에서 사토 요시유키는 푸코를 프레이저의 논의와 결합시킨다.[5]

한국의 경우도 IMF사태를 계기로 한국 사회의 신자유주의 재편을 주도했던 것은 김대중·노무현 정권과 같은 소위 "민주정부"였지만, 그 바통을 이어받아 신자유주의 재편을 완성시켜 나가고 있는 것은 보수주의적인 이명박·박근혜 정권이라고 볼 수 있으며, 양 파당 사이에는 점점 더 의미 있는 정치적 차이를 찾아보기 힘들게 되었다. 사실 한국 사회의 신자유주의 재편이 소위 "민주정부"에 의해 주도되었다는 점 때문에 한국의 대중들은 신자유주의로 인해 생겨나는 자신들의 고통을 민주주의 또는 민주화의 결과로 오인하게 되면서 전반적인 한국 사회의 우경화가 전개되었다고 볼 수 있다.

비록 1970년대 말에 신자유주의 통치성을 이론적으로 파악하려고 시도했던 푸코는 주목하지 못했던 현상이지만, 우리는 신자유주의의 또 다른 측면으로서 '자본의 세계화'라는 현상을 고려하지 않을 수 없다. 자

---

3) Ernesto Laclau and Chantal Mouffe, *Hegemony and Socialist Strategy*, Verso: New York, 2001.

4) 낸시 프레이저 지음, 김원식 옮김, 『지구화 시대의 정의』, 그린비, 2010.

5) 사토 요시유키 지음, 김상운 옮김, 『신자유주의와 권력』, 난장, 2014.

본의 초민족화는 동시에 노동 인구의 국제적 이동을 비약적으로 증가시켰는데, 이들 이주 노동자들은 글로벌 시티(메트로폴리스 또는 메가시티)의 안이나 주변에 일정한 거주 집단을 형성하고 살아가면서 대부분 시민적 기본권을 박탈당한 채 과잉 폭력과 초과 착취에 시달리고 있다. 이주 노동자들의 노동은 대부분 그들이 체류하고 있는 국가의 산업 체계에는 필수적이지만 국내 노동 인구가 기피하는 이른바 3D업종에 집중되어 있으며, 따라서 이주 노동자들의 노동은 국내 노동 인구의 취업 기회에 위협을 가하기는커녕 오히려 국내 노동 인구가 취업하는 다양한 산업 부문들을 아래로부터 떠받치는 역할을 하고 있다.

그러나 앞서 말한 것과 같이 신자유주의 하에서 살아가고 있는 주체들은 자신이 경쟁에 밀려 비참한 처지로 굴러 떨어질지 모른다는 공포에 사로잡혀 있기 때문에, 적어도 자신이 아직 그러한 처지에 놓인 것은 아니라는 '증거'를 절망적으로 찾아 헤매는 주체이다. 곧 자신의 주변에서 발견할 수 있는 자신보다 못한 처지에 있는 자들, 비루한 자들의 존재야말로 이들에겐 자신의 존재감에 대한 모종의 확신을 줄 수 있는 증거가 되어주는 것이다. 또 이미 비참한 처지로 내몰려있는 신자유주의 주체들도 자신의 비참함에 대해 책임을 추궁하고 비난할 수 있는 존재를 필요로 할 뿐만 아니라, 자신의 무력함을 지우거나 심리적으로 보상할 수 있는 더 약한 존재에 대한 증거를 필요로 하기 때문에, 이들은 비루한 자들 사이에 여전히 어떤 위계적 차이를 도입할 수 있는 모종의 표식(피부색, 언어, 문화적 차이 따위)에 매달리게 된다. 신자유주의가 야기한 불안한 삶의 한복판에서 이렇게 자기 존재에 대한 거짓된 확신을 구하고자 하는 왜곡된 욕망이 인종주의적 이데올로기와 결합할 때 이주 노동자들은 가장 손쉬운 공격 대상으로 부상하며, 내국인들은 이주 노동자들을 이 땅의 선한 주인의 물건을 탐하여 몰려온 사악한 침입자로 표상함으로써 증오의 도덕화, 증오의 위험한 이상화를 향해 나아간다.

앞서 구술 조사 결과를 통해 살펴봤듯이, 국내로 이주해 들어온 재외 동포들에 대해 강한 적대감을 나타내는 한국인의 경우 재외 동포들을 잠재적 범죄 집단(사기꾼, 도둑, 폭력범)으로 간주하는 경우가 많은데, 이는 사실 전혀 근거가 없는 것이다. 재중 동포인 오원춘 씨의 수원 20대 여성 살해 사건을 계기로 헤럴드 경제지가 보도한 2012년 4월 17일자 기사 「외국인 범죄 vs 한국인 범죄, 뭐가 더 많을까?」에 따르면, "내국인 보다는 외국인의 범죄율이, 외국인 중에서도 합법 체류자보다는 불법 체류자의 범죄율이 오히려 낮다."

> "경찰청에 따르면 지난 2010년 1년간 한국에서는 총 178만 4,953건의 범죄가 일어났다. 이를 통계청의 인구 추산 4,976만여 명에 대입하면 국내 범죄율(전 국민 중 범죄자 비율)은 평균 3.58%가 나온다 … 이중 가해자가 외국인인 경우는 2만 2,543명으로 2010년 한국거주 외국인수 126만 1,415명에 대입하면 외국인범죄율(전체 외국인중 범죄자의 비율)은 1.78%가 된다 … 합법체류자와 불법체류자를 비교할 경우에도 편견과 사실은 거리가 멀다. 2010년 합법체류자 109만 2,900명이 저지른 범죄는 2만 636건으로 합법체류자의 범죄율은 1.88%인데 반해 불법체류자는 16만 8,515명이 1,907건의 범죄를 저질러 범죄율이 1.13%에 불과하다."[6]

다시 말해서 범죄는 내국인의 경우나 이주 노동자의 경우나 모두 저지를 수 있지만, 이주 노동자들(특히 불법 체류자)의 경우 권리가 제대로 보장되지 않거나 추방의 위험에 노출되어 있기 때문에 이들의 범죄율은 오히려 낮다는 것이다. 그럼에도 불구하고 인종주의적 이데올로기

---

6) 헤럴드경제, 「외국인 범죄 vs 한국인 범죄, 뭐가 더 많을까?」, 2012년 4월 17일자 기사, http://m.heraldbiz.com/view.php?ud=20120417000282, 2014년 6월 25일 접근.

는 이주 노동자가 어떤 범죄를 저지를 경우 그것은 그/녀가 가난한 나라, 야만의 나라, 적절한 "에티켓"을 모르는 나라에서 온 외국인 또는 (가짜 한국인으로서의) 동포이기 때문에 저질렀다는 식의 설명을 제공함으로써 곧바로 문제를 외국인/동포 대 한국인이라는 구도로 몰고 나간다(물론 이는 언론, 특히 보수언론에 의해 조장되는 면이 크다).

그러나 이렇게 거짓된 자기 확신을 확보하려는 실천들은 결국 사회의 전반적 권리의 후퇴를 가져옴으로써 한국인 자신의 권리마저 점점 깎아먹는 결과만을 낳을 뿐이고, 그러면 그럴수록 한국에 들어와 있는 사람들, 한국을 살아가는 또 다른 사람들, 곧 또 다른 한국인들에 대한 한국인들의 공포는 점점 더 극단화되는 악순환이 이어진다. 증오가 증오를 낳고, 공포가 공포를 낳는 이 악순환의 고리를 끊어내기 위해 필요한 것은 무엇일까? 이 질문은 이제 더 이상 우리가 답을 미루어서는 안 되는 질문이 된 것 같다. 왜냐하면 그것이 외국인들이나 동포의 문제가 아니라 한국인들 자신의 문제가 되었기 때문이다.

4. 의식 전환을 위한 모색: 시테에 대한 권리(droit de cité)를 향하여

에티엔 발리바르는 이렇게 신자유주의 세계화가 급속하게 진행됨에 따라 생겨나는 근대적 시민권 및 민주주의의 위기를 파악할 수 있는 유효한 사고의 틀을 제공해주는 보기 드문 철학자 중 한 사람이다. 그에 따르면, 근대적 시민권은 오직 '시민권=민족성원권/국적(nationality)'이라는 등식을 통해서만 스스로에게 구체적인 내용을 부여할 수 있었다. 민주주의가 최대한 발전되었다고 하는 서구의 "복지국가들"조차 민족

국가의 경계 안에서 다소간 평등한 사회권을 보장하려는 시도에 불과했을 뿐 민주주의를 무한정 확대하려는 시도와는 거리가 멀었다. 이렇게 봤을 때 민족 국가의 경계 또는 국경은 그 안에서 민주주의가 작동할 수 있는 유효한 조건이자, 동시에 민족 성원이 아닌 자들에 대한 차별을 제도화하고 그 너머에서 민주주의를 무효로 만드는 "민주주의의 반민주적 조건"으로 작동해 왔다고 볼 수 있다.

70년대 말부터 시작된 자본주도의 신자유주의 세계화가 심각하게 교란한 것이 바로 민족 국가의 경계가 가졌던 이러한 전략적 기능이다. 그러나 경계가 위기에 처했다는 것이 곧 경계가 사라지고 있다는 말은 아니다. 세계 자본주의의 발전 지역과 저발전 지역으로서의 중심과 주변(북과 남)은 이제 더 이상 지정학적인 방식으로 분명하게 구분되지 않으며, 중심 속에 주변이 있고 주변 속에 중심이 있는 상황을 일반화시키고 있다. 종래에 식민지적 또는 제3세계적 주변으로 인식되던 공간에는 원활한 자본의 초민족적 운동을 보장하기 위한 특권적인 메가로폴리스들이 건설되어 있으며, 종래에 중심으로 인식되던 공간에는 이주 노동자들로 이루어진 일종의 내적인 식민지들이 은밀하게 건설되어 있다. 이 때문에 오히려 오늘날 경계들은 그 복잡성을 더해가면서 사회의 모든 곳에서 생산·증폭되고 있으며, 모든 지역을 하나의 경계지대(borderland)로 만들면서 그 속에서 인구통제와 민주주의의 제한을 위한 수단으로서의 반민주적 성격을 노골화하고 있다.

이러한 상황에서 발리바르가 대안으로 제시하는 것은 바로 "경계선의 민주화"이다. 이제까지 우리는 경계 내에서의 민주주의를 고민해 왔지만, 이제 본격적으로 경계들의 민주주의를 고민할 때가 왔다는 것이다. 이는 경계들을 단순히 철거하고 세계 공동체의 단일한 시민권으로 나아가자는 말이 아니다. 경계들의 제거는 더 많은 폭력으로 귀결될 수 있다. 문제는 경계들을 이루는 반민주적 제도들을 변혁하고 경계들의 내부와 외부가 민주적으로 교통하게 만들기 위한 실험과 실천을 정치의 중심 과제로 설정하는 것이다. 상이한 정치공동체에 속하는 사람들이 자기가 거주하는 바로 그곳에서 더 이상 "시민"과 "이방인"(또는 "적")이 아닌, 평등한 권리를 누리는 서로-시민들(co-citizens)로 만날 수 있는 조건을 창출하기 위한 정치가 발명되어야 한다.

이러한 새로운 정치를 위해 발리바르가 목표로서 제안하는 "시테에 대한 권리"는 입국과 거주에 대한 권리로서 "권리들을 가지고 머물 수 있는 권리"를 의미한다. 이것은 한나 아렌트가 『전체주의의 기원』에서 말한 "권리들을 가질 권리(right to have rights)"를 재정식화한 것이지만, 그 강조점을 전위시키는 것이다. 전간기에 무국적자들이 보편적이고 추상적인 인권이라는 명목 하에 어떤 실질적 권리도 보장받지 못하고 집단 수용되거나 학살되는 것을 목격하면서 그 점을 문제 삼고자 했던 아렌트의 정식화는, 이러저러한 모든 구체적 권리들은 개인이 어떤 특정한 정치공동체(단적으로 민족국가)에 속할 경우에만 가질 수 있게 된다는 점을 강조하면서 '정치공동체에 속할 권리'야말로 "권리들을 가질 권리"라는 메타-권리적 성격을 갖는다는 점을 이론화한 것이다. 하지만 발리바르의 정식화는, 비록 같은 정치공동체에 속하지 않더라도 개인 또는 집단이 (자신이 거주하는 곳이 어디든 간에 그곳에서) 누려야할 권리들이 있으며 그것이 구체적으로 확립되어야 한다는 점을 강조한다.

따라서 이러한 시테에 대한 권리는 이주자들이 자신의 거주국의 정치체제나 문화에 동화되는 것의 대가로서 주어지는 것이 아니다. 윌 킴리카는 자신의 저서 『다문화주의 시민권』에서 (건국 시기에 이미 존재하고 있던) 소수 민족이 갖는 자치권(self-government rights)과 새로운 이민을 통해 형성되는 이주자 집단이 갖는 다인종 문화권(polyethnic rights)

을 대립시키면서 자치권은 소수 민족의 독특성(distinctness)을 보존하기 위한 것이라면 다인종 문화권은 오히려 그 인종 문화 집단을 해당 국가에 통합하기 위한 것이라는 식으로 이론화한다.[7] 그러나 이는 이주자들의 권리를 동화의 대가로 여긴다는 점에서 문제가 있다. 아이리스 매리온 영은 이러한 킴리카의 이원론은 자기 모순적인 측면이 있으며 '다문화적 사회'라는 관념 자체를 유지하기 어렵게 만든다고 비판한다.[8] 다양한 기원의 이주자들을 불러놓고 모두 한국 문화를 배우도록 만드는 것을 '다문화주의'라고 부르는 아이러니는 바로 이러한 쟁점에 관련된다.

어쨌든 이렇게 시테에 대한 권리는 지구적 차원과 지역적 차원을 동시에 강조하기 때문에 그것은 시민권을 민족 성원권으로 이해하는 근대 시민권을 날카롭게 비판하지만 모든 이에 대한 시민권의 조건 없는 부여라는 세계시민주의(cosmopolitanism)적 관점(또는 아렌트가 비판하는 바의 추상적 인권의 관점)으로 나아가지도 않는다. 오히려 그것은 시민권을 다양한 수준에서 차별적으로 또는 미분적으로 사고할 수 있어야 한다는 함의를 가지고 있다. 예컨대 발리바르는 이주자들이 반드시 (선거권으로 이해되는) 정치적 시민권을 그 정치 공동체의 구성원과 동일한 방식으로 가질 필요는 없다고 보며, 이러한 점에서 그는 민족적 시민권이 상대화된다고 할지라도 여전히 약화되어 존속할 수 있다고 본다. 반면 그는 이주자들에게 사회적 시민권은 전면적으로 보장될 필요가 있으며, 문화적 시민권의 차원에서도 공적인 방식으로(특히 공공 교육 또는 시민 교육의 영역에서) 그들의 문화 역사적 존재가 인정되어야 한다고 말한다.

---

7) 윌 킴리카 지음, 장동진·황민혁·송경호·변영환 옮김, 『다문화주의 시민권』, 동명사, 2010.

8) Iris Marion Young, "A Multicultural Continuum: A Critique of Will Kymlicka's Ethnic-Nation Dichotomy", *Constellation* vol. 4, no. 1(1997).

이러한 시테에 대한 권리라는 범주는 (일제에 의해 강요된) 디아스포라와 분단의 역사를 가지고 있는 한(조선)반도에서 새로운 민주적 정치의 가능성을 사고함에 있어 매우 유용한 틀이 아닐 수 없다. (외국인들뿐만 아니라) 다양한 재외 동포들이 이주자로서 국내에 대거 들어와 우리의 새로운 이웃을 구성하고 있으며 분단의 극복을 위해서 남과 북의 시민들이 서로 교류할 필요(다시 말해서 단지 접촉할 뿐만 아니라 서로의 국가 안으로 입국하고 거주할 필요)가 날로 증가하고 있는 한(조선)반도의 상황은 더 이상 시민권을 단지 남쪽의 민족국가의 국민들의 차원에 국한해서 논의하는 것을 곤란하게 만든다. 게다가 앞서 살펴본 것처럼 이러한 상황은 신자유주의인 무한경쟁의 고통 속에 놓인 한국인들로 하여금 자신의 새로운 이웃을 증오하며 그들을 적으로 돌리게 만드는 상황이고, 또 바로 이를 통해 사회전반의 민주적 권리들이 악순환적인 방식으로 파괴되고 있는 위험 상황이기 때문에, 이를 극복할 새로운 민주적 정치를 발명하기 위해서는 민족 국가적 시민권을 탈구축하는 새로운 시민권적 논의가 필수적이다.

또한 이러한 맥락에서 시테에 대한 권리를 정식화하는 발리바르의 논의가 가지고 있는 장점이 돋보이는데 왜냐하면 그것은 다양한 이주자 집단의 권리들을 평등한 방식으로 사고하고 있지만 그 문제에 대해 글로벌하고 추상적인 방식으로 접근할 수는 없다는 점을 분명히 하는 것이기 때문이다. 예컨대 다음과 같은 질문을 던져보자. 한국에 들어오는 다양한 이주자 집단 가운데 한민족에 속한다고 볼 수 있는 재외 동포들이나 탈북자와 다른 외국인 노동자들 사이엔 어떤 권리 상의 위계가 있어야 하며, 따라서 한민족에 속하는 사람들은 모종의 특권 내지 특혜를 받아야 하는가? 하지만 그것은 평등권에 위배될 뿐만 아니라 시민권을 다시 민족주의에 묶어 두는 것이 아닌가? 매우 곤란한 이러한 문제에 대

해서 시테에 대한 권리는 우리에게 일정한 답을 줄 수 있다.[9]

발리바르는 글로벌(global)한 문제(즉 전지구적 이주자 문제)에 대해서 글로벌한 관점을 취할 수는 없다고 주장한다. 글로벌한 관점을 갖는다는 것은 결국 모든 곳에서 문제를 바라본다는 것으로, 그것은 결국 어디에서도 보지 않는다는 것을 의미하기 때문이다. 이러한 그의 설명은 메를로 퐁티와 같은 현상학적 전통에 속한 철학자들의 어떤 생각을 활용하는 것인데, 메를로 퐁티는 『지각의 현상학』에서 예컨대 어떤 집을 우리가 관찰할 때 우리는 이 집을 단번에 중립적으로 객관적으로 보려고 하면, 그런 관점은 어디에서도 발견될 수 없으므로, 어느 곳에서도 보지 않아야 한다는 역설에 처하게 된다고 지적한 바 있다. 우리는 집의 이러한 측면, 저러한 측면, 이러한 부분, 저러한 부분들을 조금씩 봐나갈 수밖에 없다는 것이다. 결국 발리바르가 지구적 문제에 대해 지구적 관점을 취하지 않는다는 것은 그가 지역성(locality)을 강조한다는 뜻이라고 볼 수 있으며, 특히 복잡성과 독특성의 구체적인 지형들을 풍부하게 묘사하고 분석할 것을 주장한다는 뜻이라고 볼 수 있다.

결국 이주자들의 권리로서의 시테에 대한 권리라는 관념은 이러저러한 이주자 집단의 구체적인 역사적 맥락 속에서 생겨나는 그들의 요구와 필요의 독특함에 주목하면서 그 권리를 내국인과의 평등한 소통과 토론을 통해 구체적으로 생산할 필요가 있다는 점을 강조하는 것이라고 볼 수 있다. 따라서 재외 동포들이 자신들에 관련된 어떤 특별한 대우를 요구한다면, 그것은 그것이 동포로서의 특권이기 때문이 아니라 그들이

---

9) 20대 여성 구술자 정○진 씨는 동포정책에 대해 어떻게 생각하느냐 하는 질문에 다음과 같이 답했다. "그건 좀 아니라고 생각해요. 그거는 솔직히 탈북자들이 힘든 상황이긴 한데, 필리핀이나 이런 쪽도 힘들기 때문에 남한에 와서 이렇게 일을 하는 건데, 우대를 하는 거는 해외 그…민족들에 대한 차별이 아닌가 생각해요. … 그 동포들이 한국에 오는 건 동포적인 시선이 아니라, 외국인 노동자와 똑같이 대하는 것이 맞지 않나?"

식민지에서 디아스포라를 강요당하고 조국을 떠나야 했으며 오랜 기간
외국에서 소수 민족 내지 인종그룹으로 살아 왔다는 역사적 특수성으로
부터 비롯되는 독특한 요구들이 있기 때문이다. 이러한 독특한 요구는
재외 동포가 아닌 외국인 동포들도 가질 수 있는 것이다. 자신의 조국
또는 고향의 가족의 어떤 특수한 상황이나 조건 등에 따라 한국 시민들
에게 독특한 요구를 할 수 있고, 한국 시민들은 이러한 독특한 요구를
적어도 그들 외국인 노동자들과 함께 논의하고 해결하기 위해 공동으로
노력해야 할 의무가 있다. 곧 평등한 권리로서의 시테에 대한 권리의 독
특하고 다양한 실현들이 구체적 맥락 속에서 생산·재생산되어야 하는
것이다.

 글을 마무리하기 위해, 앞서 논한 구술 조사 결과로 다시 돌아가 보
자. 신자유주의와 그것을 극복하기 위한 새로운 정치 기획을 고민하고
난 후 그 결과를 다시 살펴보면 거기에는 분명 어떤 의식 구조 전환의
싹이 숨어 있다는 것을 느낄 수 있다. 재외 동포(특히 재중조선족)에 대
해 강한 적대감과 경계심을 보여줬던 40대 남성 구술자 임ㅇ식 씨는 미
래의 통일 한(조선)반도에 대해서 말하면서 통일 한(조선)반도는 자유,
인권, 평등의 가치가 실현되어 인간이 인간답게 살 수 있는 그런 나라가
되길 원한다는 바람을 피력했다. 또한 그는 외국인이나 재외 동포에 대
해서도 그들이 경제적으로 자신을 위협하지만 않는다면 인간적 차별은
없어져야 한다는 관점을 내비쳤다. 이는 바꿔 말하면 자신의 권리(사회
적 권리)가 보장된다면 외국인이나 재외 동포에 대한 자신의 적대감을
누그러뜨릴 수 있다는 뜻이기도 하다. 40대 여성 구술자 이ㅇ윤 씨 또한
통일 한(조선)반도에서 실현되어야 할 가치로 안보와 인권을 들었는데,
이는 결국 안전에 대한 권리를 포함한 시민권의 발본적 확장을 원한다
는 뜻으로 읽을 수 있다. 상대적으로 진보적 정치 성향을 드러낸 두 명

의 40대 구술자에게서만 이러한 관점이 나타나는 것이 아니다. 70대 남성 구술자 강○한 씨는 북한 체제에 대해서는 상당히 적대적인 태도를 보여주지만, 한국 전쟁 때를 회고하는 과정에서 그는, 인민군이 들어와서 부자들로부터 전답 등 토지를 빼앗아 평등하게 분배했던 것은 비록 곧바로 다시 국군이 들어와서 좌절되긴 했지만 좀 더 오래 지속되었다면 좋았을 것 같다는 생각이 들었다고 말하면서 그 기억은 아직도 평등에 대한 좋은 기억으로 남아 있다는 매우 놀라운 발언을 했다. 모든 구술자의 발언의 여기저기에는 이렇게 평등과 자유에 대한 어떤 충동이 숨어 있다. 비록 그들이 어떤 공포(특히 경제주의적-신자유주의 공포)에 정념적으로 또는 수동적으로 시달리며 비합리적인 인식을 종종 내보이고 있지만, 그들은 또한 그러한 상황을 근본적으로 바꾸고 싶어 하는 충동을 가지고 있는 것이다. 거기에 우리는 새로운 정치의 가능성과 새로운 의식 구조로의 전환의 가능성이 있다고 믿는다.

제7장 국내 이주 코리언 디아스포라의 정체성 변용과 가치지향:

한국(인)과의 가치충돌 양상을 중심으로

박민철*

1. 들어가며: 코리언 디아스포라의 심층 구술 조사와 가치지향 연구

코리언 디아스포라의 한국으로의 대규모 이주가 자연스럽고 순조로운 과정이 될 것인지, 아니면 여러 갈등과 충돌을 낳을 것인지에 대한 의문은 이제 더 이상 새롭지 않다. 이들과 한국(인)의 사이에서 발생하는 다양한 갈등과 충돌은 이미 익숙하게 발견된다. 위의 글들은 바로 이 '충돌'과 '갈등'에 대한 연구였다. 구체적으로 코리언 디아스포라들이 어떠한 정체성과 그에 기반한 가치지향성을 가지고 있으며, 한국(인)과의

* 건국대학교 통일인문학연구단 HK연구교수.

만남 속에서 어떠한 충돌과 갈등이 발생하는 지에 대한 연구이다. 이때 이 연구의 토대가 되는 방법론은 '심층 구술 조사'이다. 심층 구술 조사는 2013년 10월부터 2014년 5월까지 재중 조선족 4명을 포함하여 중국에서 이주한 조선족 11명, 구소련(중앙아시아와 러시아) 지역에서 이주한 고려인 13명, 일본에서 이주한 조선인 14명, 탈북자 11명 및 이와 대비하기 세대별로 구분된 한국인 6명에 대한 일대일 면접조사 방식으로 진행되었다.[1] 이러한 국내 이주 코리언 디아스포라에 대한 '심층 구술 조사' 방법론의 구체적인 내용과 특징은 다음과 같이 정리할 수 있다.

첫째, 앞서 밝혔듯 우선 이번 심층 구술 조사는 설문지 조사로 진행된 선행 연구에 토대를 둔 후속 연구의 성격을 갖는다. 선행 연구는 2010~2011년 사이 세대별-남녀별-도농별 균형을 맞춘 재중 조선족 300여 명, 고려인 및 사할린 한인 300여 명, 재일 조선인 300여 명, 탈북자 100여 명, 한국(인) 500여 명의 대상자에게 100개 항목으로 구성된 실증적인 단답형 설문 조사를 바탕으로, '민족 대 탈민족', '국가 대 탈국가', '코리언 대 디아스포라', '동질성 대 이질성'이라는 이원적 대립 구도를 벗어나 그들 나름의 내적이고 역사적인 삶의 맥락에 따라 구성된 코리언 디아스포라의 이중정체성을 확인하였다. 예컨대, 코리언들의 민족정체성이 각자 처한 역사적 조건과 사회적 환경 그리고 본국과의 상호 작용 속에서 형성된 '인지-정서-신체적 정체성'의 중층적 결정 구조를 가지고 있으며, 나아가 단일한 하나의 정체성으로 규결되지 않음에도 불구하고 여전히 '민족적 유대의 끈과 흔적들'을 가지고 있다는 것을 실증적으로 확인했다.[2] 하지만 선행 연구는 설문 조사라는 양적 연구에 기초하고

---

1) 인터뷰 대상자의 기본정보는 이 글 제일 하단의 〈별첨〉을 참고.
2) 선행 연구의 결과는 각각 건국대학교 통일인문학연구단 편, 『코리언의 민족 정체성』, 『코리언의 역사적 트라우마』, 『코리언의 생활문화』, 『코리언의 분단·통일의식』(선인, 2012)으로 출판되었으며, 최종적으로는 건국대학교 통일

있기 때문에 전체적인 양상들을 확인할 수는 있었지만 내밀한 정체성의 변화와 흐름들, 특히 코리언 디아스포라가 어떠한 가치·정서·생활 문화적 양상을 가지고 있으며, 한국(인)과의 만남 속에서 그러한 그들의 정체성 구성양식들이 어떠한 '충돌'과 '갈등'을 겪으며 변화하고 있는지를 확인할 수 없었다.

따라서 둘째, 후속연구로서 이번 심층 구술 조사는 양적 조사 방법론이 아닌 질적 조사 방법론을 통해 코리언 디아스포라의 내면적인 정체성을 확인하는 데 목적을 둔다. 특히 한국(인)과의 접촉 이후 발생하는 코리언 디아스포라의 정체성 변용과 이와 관련된 가치지향에 주목한다. 예컨대, 정체성과 관련해선 선행 연구에서 코리언 디아스포라들에게 공통적으로 발견할 수 있었던 이중정체성이 한국(인)과의 직접적인 만남을 통해 어떻게 유지되거나 반대로 분화되고 있는지, 또한 정체성과 연관된 가치지향이 어떻게 표출되고 있는지를 심층 구술 조사를 통해 확인하고자 했다. 이를 위해 심층 구술 조사의 구체적인 내용은, ① 일반적인 물음, ② 한국 관련 질문, ③ 거주국 관련 질문, ④ 남북 및 통일 관련 질문과 같이 네 가지 큰 범주로 나뉘어져 있으며, 세부적으로는 '민족 호칭 이유', '모국과 조국의 구분 이유', '집안 내력과 성장 배경', '거주국에서의 차별 경험과 생활상', '한국으로 입국한 경위 및 직업 여부', '한국에서의 차별과 소외의 경험', '한국인의 재외 동포에 대한 태도', '남북의 분단과 통일에 대한 인식' 등과 같이 총 20개 항목으로 구성된 사전 조사지를 작성하게 한 뒤, 이를 토대로 특징적인 응답을 찾아 질문을 던지고 구술자가 자유롭게 답변하는 방식으로 진행되었다. 다만 이때 조사자는 단순히 질문지에 나온 질문만을 던지는 것이 아니라, 구술자의

인문학연구단 편, 『민족과 탈민족의 경계를 넘는 코리언』, 『코리언의 생활문화 낯섦과 익숙함』(선인, 2014)로 출판되었다.

이야기 흐름에 응대하면서도 적극적으로 그 이야기에 참여하여 다른 질문을 던지고 그에 대한 답변을 듣는 형식으로 진행되었다.

셋째, 결과적으로 심층 구술 조사의 목적은 코리언 디아스포라들에게 나타나는 내면적인 가치지향의 생성 과정을 심층적으로 파악하기 위함이었다. 특히 폭넓고 다양한 가치관 영역을 대상으로 하는 것이 아니라, 정체성과 관련된 가치지향에 주목했다. 코리언 디아스포라의 가치지향에는 거주국에서의 역사적 경험과 생활방식 속에서 형성된 그들의 정체성이 복합적으로 반영되어 있기 때문이었다. 따라서 구체적으로 본 논문은 '직업 선택', '거주지 선택'과 같은 개인적인 선호도에 기반한 영역이 아니라, 평등과 자유·연대·권리와 같은 보편적인 윤리적 지향으로서 '가치지향성'을 심층 구술 조사를 통해 이해하고자 하였다. 이를테면 코리언 디아스포라와의 인터뷰를 통해 한국인들의 '민족 내 위계화와 차별'에 대항하는 '평등의 지향', '국적＝정체성' 프레임에 반발하는 '대한민국 국가 중심주의' 비판과 '민족적 연대'에 대한 요구, '자본주의와 사회주의 생활양식의 모순적 공존' 등을 확인할 수 있었다.

요컨대, 이 글은 코리언 디아스포라들이 스스로 말하고 있는 한국(인)과의 '차이' 및 '충돌' 양상을 확인하고, 이를 통해 그들의 정체성 변용 및 그와 관련된 가치지향을 구체적으로 발견하는데 목적을 둔다. 이를 위해 이하의 2절에서 코리언 디아스포라들의 변화하는 정체성과 가치지향의 기반을 파악하기 위해 그들의 국내 이주 원인에 대해 거주국 별로 살펴볼 것이다. 3절에서는 한국(인)과의 직접적인 만남을 통해 발생하는 코리언 디아스포라의 정체성 분화 양상에 대해 살펴볼 것이다. 4절에서는 코리언 디아스포라와 한국(인)의 가치충돌의 구체적이고 공통된 양상에 대해 살펴볼 것이다. 마지막 5절에서는 코리언 디아스포라와의 민족적 합력과 새로운 연대를 만들어 갈 수 있는 몇 가지 전제 조건을 확인한 후, 이와 관련된 초보적인 수준의 제안을 제시할 것이다.

2. 코리언 디아스포라의 국내 이주: '상상된 공동체'의 와해와 '강요된' 노마드적 삶

일반적으로 코리언 디아스포라는 '민족적 프레임'을 통해 부정적인 기호 내지 비극적 표상으로 연결되거나, 반대로 '탈민족적 프레임'을 통해 디아스포라의 창조적 행위 내지는 긍정적인 존재방식으로 연결된다. 하지만 이러한 대립적 규정은 '민족이냐-탈민족이냐'라는 이중적 시선을 통해 그들을 '대상화'할 뿐[3], 그들이 갖는 이중정체성을 결코 사유할 수 없다. 실제로 코리언 디아스포라들에게는 공통적으로 '이중정체성'이 확인된다.

선행 연구에 의하면, 해외 거주 코리언의 정체성이 편차는 있지만 거주국 중심의 '국민정체성'과 한(조선)반도 중심의 '민족정체성'의 이중정체성을 보여준다. 코리언 디아스포라들은 자신의 민족 호칭을 묻는 질문에 대해 재중 조선족의 경우 '중국 조선족'을 89.6%, 재러 고려인(CIS 고려인)의 경우 '러시아 고려인'을 70.6%, 재일 조선인의 경우 '재일 조선인/재일 한국(인)'을 69.4%로 가장 많이 선택했다. 이러한 경향은 민족적 호칭에 대한 그 '이유'를 묻는 질문에서도 동일하게 발견된다. 자신이 속한 민족 호칭 이유에 있어서 '거주국에서 살고 있는 소수 민족이기 때문에'란 답변을 재중 조선족의 84.4%, 재러 고려인(CIS 고려인)의 69.3%, 재일 조선인의 32.5%로 가장 많이 선택했다. 반대로 '한(조선)반도와 같은

---

3) 조경희는 언제나 주체(한국(인))에 의해 특정한 틀로 재단되어 버리는, 코리언 디아스포라들에 대한 일방적 '타자화' 내지 '대상화'를 비판한다. 조경희, 「한국 사회의 '재일조선인' 인식」, 『황해문화』 통권 제57호, 새얼문화재단, 2007, 75쪽.

민족이기 때문에'란 답변 비율은 각각 6.1%, 9.2%, 24.5%에 불과했다.[4]
여기서 알 수 있듯이, 코리언 디아스포라들은 자신들의 민족적 호칭을
한(조선)반도나 거주국 어느 한편으로 일방적으로 귀속시키지 않고 있으
며, 오히려 민족적 소속과 거주국 소속의 이중정체성을 표현하고 있다.

그렇다면 이러한 코리언 디아스포라의 이중정체성은 그들이 모국인
한(조선)반도로 진입하면서, 동시에 민족과 국민이 분열되어 본 경험이
없는 한국(인)들과의 직접적인 만남 속에서 어떻게 유지 또는 반대로 변
형되는 것일까? 이것을 확인하기 이전에 우선적으로 코리언 디아스포라
의 이주 원인을 각 집단별로 상세하게 살펴볼 필요가 있다. 이는 그러한
이주 원인이 결과적으로 그들의 정체성 형성에 큰 영향을 주기 때문이다.

자본주의적 신자유주의의 세계적 확산은 코리언 디아스포라의 한(조
선)반도와의 만남을 급속도로 만들어내었다. 실제로 코리언 디아스포라
들이 자신들의 거주국을 떠나는 가장 큰 이유는 신자유주의의 세계화이
다. 특히 재중 조선족과 재러 고려인(CIS 고려인)의 한국으로의 이주가
이에 속한다. 우리가 만난 대다수의 조선족과 고려인은 이주 이유에 대
해 '돈을 벌기 위해서'라고 답했다. 그들이 원한 경제적 소득 증대는 거
주국의 경제상황에 따른 현실적 요구에 의한 것이다. 신자유주의 자본
주의화는 거주국의 소수 민족인 그들의 삶을 척박하게 만드는 결정적인
계기였으며, 그들로 하여금 적극적으로 한(조선)반도로의 이주를 결심

---

4) 건국대학교 통일인문학 편, 『민족과 탈민족의 경계를 넘는 코리언』, 선인,
   2014, 46~49쪽. 다만 한 가지 특이한 점은 재일 조선인의 경우 '한(조선)반도
   와 같은 민족이기 때문에'란 답변비율이 상대적으로 높다는 점이다. 이는 정
   체성이 단순히 그들의 인지적 차원에서만 구성되는 것이 아니라, 다양한 차
   원이 결합되어 중층적으로 구성된다는 것을 의미한다. 이를테면 그들은 의식
   적으로 한민족에 대한 소속감을 강하게 가지고 있었는데, 이는 거주국에서의
   국가차별과 배제로 인해 말과 글을 잃게 되었기에(특히 재중 조선족과는 달
   리) 의식적 차원에서의 거주국에 대한 반감과 민족적 소속감을 강하게 마련
   했기 때문이다.

하게 한 결정적 원인이기도 했다.

그런데 이와 같은 이주 원인은 곧 코리언 디아스포라에 대한 '탈민족주의-디아스포라-초국가주의적' 관점을 생성했다.5) 이러한 관점은 코리언 디아스포라들을 민족과 국가의 경계를 가로지르는 '디아스포라성'을 가진 집단으로 정의한다는 공통점이 있다. 이를테면 '민족적 동질성'보다는 '혼종성'을, '정주의식'보다는 '유목적 정체성'을, '강요된 이주와 귀환'보다는 '경계를 넘나드는 능동적인 커뮤니티 구축 과정'으로 이해한다. 하지만 이러한 정의가 과연 합당한지에 대한 의문과는 별도로, 그들의 이주 원인을 단순히 경제적 이유로만 치환할 때 발생할 수 있는 문제가 존재한다. 즉, 그들의 이주가 '왜 한(조선)반도로 집중되어 있는지'를 사유할 수 없다는 점이다. 요컨대 코리언 디아스포라의 한국으로의 이주를 단순히 경제적 이유로만 설명해버리면, 코리언 디아스포라의 이주가 갖는 고유한 특징을 발견할 수 없다.6)

예를 들어, 신자유주의 세계화는 한편으로 그들의 모국인 한국 사회의 경제적 발전상에 대한 다양한 정보를 그들에게 전해준 계기이기도 했다. '먹고 살기 힘든' 경제적 어려움 속에서 조선족과 고려인에게 비춰지는 한국은 '월급이 좋은' 매우 잘 사는 나라였다. 그리고 동시에 그들에게는 '같은 민족'이라는 기대가 자리 잡기 시작했다. 경제적으로 발전한 한국을 목격하면서 그들은 다른 지역이 아니라 '나와 같은 민족'인 한국으로의 이주를 결심했다. 실제로 코리언 디아스포라의 민족적 소속감

---

5) 윤인진, 「디아스포라와 초국가주의의 고전 및 현대 연구 검토」, 『재외한인연구』 제28호, 재외한인학회, 2012, 31~35쪽.

6) 비슷한 맥락에서 박정희와 조명기는 조선족의 이주에 대해 경제적 이유를 원인으로 설정하고 '경제적인 상호이익'을 정형화된 모범답안으로 제시할 때, 결국 자본에 종속된 민족성이라는 결과를 낳을 뿐이라고 비판한다. 박정희·조명기, 「옌볜조선족 자치주의 공간 변화와 상상력」, 『국제지역연구』 제16집 제3호, 서울대학교 국제학연구소, 2012, 53쪽.

은 높다. 선행 연구에 따르면 '자신이 코리언이라는 사실을 알리고 싶은 가'를 묻는 질문에 '그렇다'고 답변한 코리언 디아스포라의 비율은 '재러 고려인(CIS 고려인)(69%)', '재일 조선인(72.9%)', '재중 조선족(75.8%)'이 며, 이와 반대로 '상관없다'는 답변은 '재일 조선인(18.2%)', '재중 조선족 (22.6%)', '재러 고려인(CIS 고려인)(30.7%)'에 불과했다. 이러한 민족에 대한 정서적인 동일함 내지 일체감의 표현으로 형성되는 높은 강도의 '정서적 정체성'은 그들의 답변을 통해 확인된다.[7]

　동일한 맥락에서 인터뷰 대상자 중 조선족과 고려인의 대다수에게는 '같은 민족'이라는 심리적 기대심리와 '돈을 벌 수 있다'는 막연한 환상이 공존하고 있었다. 거주국에서 경제 활동을 담당했으며 한국 이주 이후 에도 가족의 경제 활동을 담당해야만 했던 조선족 중 중남1, 한녀1, 한 녀2, 한녀3이 이에 속했으며, 고려인 중 한국에서 대학을 다니고 있는 젊은 세대를 제외하고 경제 활동을 실질적으로 담당하는 손고리 씨, 박 타티아나 씨, 한올가 씨, 김루드밀라 씨, 임알렉세이 씨, 김넬리 씨 등이 이에 속했다. 이렇듯 거주국의 경제 상황에 따른 현실적 요구는 코리언 디아스포라들의 '역사적 뿌리 의식'과 결합한다.[8] 요컨대, 코리언 디아 스포라의 한국으로의 이주 원인에는 한국에서의 경제적 소득 증대를 꿈 꾸는 '코리언 드림'과 아울러 기왕이면 같은 민족이 거주하는 한국으로 가고 싶다는 '민족 동일화 욕망'이 결합되어 있다.

　그런데 코리언 디아스포라의 이주 원인에 자리 잡은 '같은 민족에 대 한 동일화 욕망'은 한편으로 자신들의 공동체에 부가된 거주국의 은밀

---

7) 건국대학교 통일인문학 편, 『민족과 탈민족의 경계를 넘는 코리언』, 선인, 2014, 52쪽. 물론 이러한 수치는 거주국이 수행했던 다양한 타민족정책 그리 고 거주국의 역사적 경험과 그로인한 민족적 지위에 의해 코리언 디아스포라 의 집단별로 서로 상이하다.

8) 신현준, 「포스트소비에트 공간에서 고려인들의 과국적 이동과 과문화적 실천 들」, 『사이』 제12호, 국제한국문학문화학회, 2012, 174쪽.

한 차별과 배제에 기인한 것이기도 했다. 실제 조선족-고려인의 이주 원인 중 또 다른 측면에는 자신들의 공동체에 대한 거주국의 차별과 배제가 자리잡고 있다. 그들에게 부여된 차별과 배제의 매커니즘은 정치적이고 인종적인 차별이었다. 물론 중국 공산당의 창립에 기여함으로서 우수한 소수 민족으로 자리 잡게 된 중국 조선족 그리고 소수 민족 중 모범적인 소비에트인으로 자리 잡은 재러 고려인(CIS 고려인)들은, 자신들이 수행한 거주국에서의 오랜 역사적 경험 때문에 민족적인 차별을 상대적으로 적게 받고 있다. 그렇다고 하더라도 그들에게 부여된 민족적 차별과 국가로부터의 배제는 결코 가볍지 않았다. 특히 조선족 대다수는 중국 국가의 '은근한 배제'를, 고려인의 대다수는 거주국의 주류 민족의 '인종적 차별'[9]을 이야기했다.

이러한 원인들은 조선족-고려인의 집단과 맥락이 조금 다른 재일 조선인의 이주 원인과도 연결된다. 이들에게 재중 조선족과 재러 고려인(CIS 고려인)의 경우와 같이 경제적 이유로부터 본격화된 공동체의 와해가 직접적으로 경험되지 않았기 때문이다. 따라서 그들의 이주 원인은 대체적으로 취업·유학·결혼에 있다. 하지만 그들은 대체적으로 한(조선)반도가 그들에 시야에 자리 잡기 시작한 '탈냉전기' 이후 한(조선)반도에 대한 '제도적 안정감'과 '문화·정서적인 유대감'을 느끼기 시작했다.[10] 특히, 그들이 느끼는 민족에 대한 동질감은 거주국의 강압적인 국

---

9) 재러 고려인에 대한 기존의 연구들 역시 그들에게 행해지는 인종적 구별을 지적하고 있다. 최한우, 「중앙아시아 민족주의 운동과 고려인 집단정체성 문제」, 『아시아태평양지역연구』 제3집 제1호, 전남대학교 아시아태평양지역연구소, 2000; 김혜진, 「고려인 청년층의 민족정체성 형성과정에 대한 고찰—모스크바 및 남부 러시아 지방을 중심으로—」, 『슬라브학보』 제24권 4호, 2008; 황영삼, 「모스크바 고려인 3-4세대의 의식과 생활 문화」, 『외대사학』 제13호, 한국외국어대학교 역사문화연구소, 2000.

10) 조경희, 「이동하는 '귀환자'들: '탈냉전'기 재일조선인의 한국 이동과 경계의 재구성」, 신현준 엮음, 『귀환 혹은 순환』, 그린비, 2013, 230~231쪽.

가 폭력 속에서 은폐되어 있던 자신들의 정체성 인식을 '의식'하는 순간 시작된다. 일본이 보이는 국가 폭력과 억압은 재일 조선인들로 하여금 자신들의 정체성을 숨기면서 살아가길 강요했으며, 후손에게도 그것이 지속되었다. 그런데 특정한 사건은 자신들의 정체성을 스스로 자각하게 만들었다. 예컨대, 한국(인)인 어머니와 일본인인 아버지 사이에서 태어난 조미나 씨는 할머니의 죽음을 통해 할머니의 조선 이름을 알게 되었으며 그 이후 자신의 정체성에 대한 고민을 시작했다고 말했다.

이렇듯 연변이라는 조선족 자치주를 구성하고 있는 조선족은 물론이고, 이주-강제이주라는 역사적 경험에 의해 중앙아시아에 강제적으로 살게 된 고려인, 식민 지배의 당사자였던 일본에 거주하게 된 재일 조선인의 공동체는 거주국의 국가 폭력에 노출된 '차별의 공간'이었다. 실제로 이번 심층 구술 조사의 대상자들 대부분은 '민족적 차별과 국가의 배제'를 말했다. 국가의 눈에 보이지 않는 '정치적 차별'을 이야기한 조선족, 거주국에서의 '인종적 차별'을 언급한 다수의 고려인, 거주국의 '일상적인 폭력' 위협에서 '안정감'을 말했던 다수의 조선인이 존재했다. 특히 다음의 고려인 인터뷰는 거주국에서의 차별 경험이 '모국'[11]에 대한 연관을 어떻게 '상기'시키는지를 확인시켜준다.

> "어렸을 때 러시아인과 다른 외모 때문에 놀림을 많이 받았어요. 사람들이 나에게 돌팔매질을 하기도 했어요. 학교에 들어가서도 아이들이 눈이 찢어져서 여우같다고 놀렸죠. (…) 너무 충격을 받아서 그때부터 나는 러시아인이 아니라 한국인이라는 생각을 하게 된 것 같아요."(고려인 박타티아나 B)

---

11) '모국(motherland)' 대신에 '고국'·'조국'·'본국' 등 다양한 단어가 놓일 수 있다. 이 글에서 사용되는 모국은 '내 선조의 뿌리가 있는 곳'·'분단 이전의 한(조선)반도라는 근원적 고향'이라는 의미이다.

이렇듯 신자유주의의 세계화라는 경제적인 이유가 거주국의 차별과 배제와 결합하면서 코리언 디아스포라의 삶의 지반이었던 거주국 내 민족적 공동체의 와해를 본격화한다. 이는 결과적으로 앤더슨의 지적처럼 '주권을 가진 것으로 상상되는 정치 공동체'의 와해이다.[12] 그리고 코리언 디아스포라들은 그러한 상상된 공동체의 와해를 통해 민족적인 동질감을 갖는 자신들의 모국에 대한 연관을 더욱 더 강하게 상기시키게 만든다. 이때 모국은 같은 민족이 거주하는 '과거의 고향'이자 '상상의 고향'이기도 했다.

한편으로 탈북자 역시 동일한 맥락에 위치한다. 대부분의 탈북자의 경우, 탈북의 이유는 경제적인 어려움이다.[13] 그들은 돈을 벌어 제3국에 정착하거나 북한으로 돌아가려고 한다. 하지만 중국으로 대표되는 제3국의 체류 경험은 그들로 하여금 한국으로의 입국을 불러왔다. 중국에서의 불안정한 삶이 주는 신변 위협 속에서 한국 사회의 자본주의적 발전 양상을 틈틈이 보아왔으며, 그것과 동시에 북 체제에 대한 실망과 반감을 불러와 결과적으로 한국으로의 입국을 결심하게 되었다는 것이다. 무엇보다 다른 나라가 아닌 한국행을 선택한 데에는 같은 민족으로서의 기대가 그 배경에 자리 잡고 있다. 한 탈북자는 다음처럼 말했다.

> "중국에는 도저히 길이 안 보이더라 구요. 신분이 없으니깐, 공부를 하고 싶어도 못하고 (…) 중국이란 나라가 원래 소수민족을 그렇게 잘 밀어주지 않는 나라라서 난 한국으로 가야되겠구나, 공부를 하려면 한국에 가야겠구나 (…)"(탈북자 B)

---

12) Benedict Anderson 지음, 윤형숙 옮김, 『상상의 공동체: 민족주의의 기원과 전파에 대한 성찰』, 나남출판, 2003, 25쪽.
13) 윤인진, 『북한이주민』, 집문당, 2009, 122쪽.

228 유동하는 코리언의 가치지향

3. '민족'이라는 동일화 욕망의 좌절과 이중정체성의 분화

신자유주의는 '경쟁'이라는 '시장(자본, 경제)의 논리'를 사회의 모든 부분으로 확대하여 일반화시킨다. 여기에는 '이윤의 창출'이라는 목적이 전제되어 있다. 오늘날 탈냉전의 구도 속에서 이러한 신자유주의 논리는 전 세계적으로 일반화되어 있다. 그런데 신자유주의 경쟁 논리는 한 국가 내부의 사회뿐만 아니라 국가 사이의 관계에서도 그대로 적용된다. 그래서 전세계적인 경쟁에서 밀려난 낙오된 국가와 동시에 그러한 국가 내부의 경쟁에서 패배한 비참한 자들을 양산한다. 거주국의 소수민족인 코리언 디아스포라들은 그러한 경쟁으로부터 필연적으로 낙오될 수밖에 없었다. 결과적으로 경쟁에서 밀려난 코리언 디아스포라는 더욱더 어려운 경제적 상황에 직면하게 되고 이로부터 벗어나길 원한다.

이러한 상황 속에서 코리언 디아스포라들에게는 '낯선 곳'임에도 불구하고 '같은 민족'이 거주하는 한(조선)반도가 다가오기 시작한다. 코리언 디아스포라들은 더 나은 삶을 찾기 위해 모국인 한(조선)반도에 대한 일종의 기대 심리를 형성한다. 그래서 그들은 보다 능동적·적극적으로 한(조선)반도로의 이주를 기획한다. 요컨대 신자유주의 자본주의 시스템 속에서 낙오한 코리언 디아스포라들은 단순히 거기에 머물지 않고 자신들의 삶을 개척하기 위해 능동적으로 대응한다. 즉, 코리언 디아스포라들의 '민족 동일화 욕망'은 자신들의 어려운 상황과 그것을 극복하기 위한 능동적인 대응이 만들어 낸 필연적인 결과이다. 하지만 민족 동일화 욕망은 한국(인)과의 만남을 통해 또 다른 좌절의 경험을 낳는다. 다음과 같은 국내 이주 코리언 디아스포라의 심층 구술 조사는 민족적 동일화에 대한 욕망과 그 욕망이 좌절되는 것을 동시에 보여준다.

"왜 고향에 간다라면. 나는 한국이 같은 조선족이기 때문에 나하고 다 같은 줄 알았고 저기는 내 고향일 거다 그렇게 생각하고 왔는데, 내 생각과 완전 다른 거예요. 문화가 다르지, 생김새 같고 말만 같을 뿐이지 그 다음에는 다 달라요. 같은 걸 찾을 수 없도록 슬퍼요. 낯설어요."(한녀1)

"러시아말을 쓰고 있었는데 옆에 있던 할아버지가 저보고 왜 한국에 왜 왔냐고 했어요. 너희 부모는 전쟁 때문에 다 도망간 사람들이다. 한국인도 아니면서 왜 왔냐고 했어요. 그런데 제가 한국 역사를 잘 모르니까 뭐라 말할 수가 없었어요."(고려인 황옥사나)

"회사에서 선배 한 명과 함께 부산으로 출장을 갔습니다. 방을 하나만 잡았기에 선배에게 침대에서 올라가서 주무시라고 했더니 '역시 넌 일본인이라 경계가 분명하구나. 우리는 모두 군대를 다녀와서 침대에서 같이 자는 게 익숙한데'라고 말하더군요. 그런 상황에서 왜 군대 얘기까지 꺼내는지 모르겠습니다. 뭔가 따라하지 않아도 역시 넌 일본사람이라고 비난합니다."(조선인 김경식)

그런데 같은 민족이라는 동일화 욕망은 해외 거주 코리언 디아스포라보다 같은 한(조선)반도에 거주한 탈북자에게 더 높을 수밖에 없다. 실제로 선행 연구에 따르면 탈북자는 '남한 주민을 같은 민족으로 느끼는가?'라는 물음에 대해 98.1%가 '느낀다'고 답했으며, "내가 한민족이라는 사실에 대해 자랑스럽게 생각하는가?"라는 물음에 대해 92.1%가 '자랑스럽다'고 답하면서 다른 코리언 디아스포라보다 높은 수치를 보여줬다.[14] 이처럼 탈북자의 민족적 유대의 욕망은 매우 높다. 하지만 높은 동일화 욕망에도 불구하고 그들이 겪는 민족 동일화 욕망의 좌절은 동일하게 반복된다. 따라서 탈북자들은 같은 민족으로부터의 적대적 차별

---

14) 이병수 · 전영선, 「탈북자 정체성의 이해와 민족의 평등한 유대」, 건국대학교 통일인문학연구단 편, 『코리언의 민족정체성』, 선인, 2012, 134~138쪽.

하는 경험을 하면서 민족적 유대가 결여된 한국인들에게 섭섭함을 느끼거나 심지어 배신감을 느끼기까지 한다. 다음의 탈북자 심층 구술 조사는 그들이 느끼는 욕망의 좌절과 한국(인)에 대한 심한 배신감을 보여준다.

> "남과 북이 하나의 민족이라고 해도 여기 오니까 그게 없어. 민족이라는 거. 북한에서는 있잖아요 통일, 통일이라 하면 눈물이 그냥 고저 펑펑나. 임수경 왔을 때 있잖아요. 임수경 그 국회의원 왔을 때, 북한에서는막 있잖아, 진짜 집집마다 티비 보며 펑펑 울었어, 펑펑. 근데. 여기 한국에 왔는데 통일? 통일이란 생각도 없어, 그냥. 개념도 없는 거 같아. …그런 게 진짜 너무 없어. 메마른 것 같아."(탈북자 A)

이렇듯 국내 이주 코리언들이 느끼는 좌절된 동일화 욕망은 같은 민족으로부터의 차별, 배제, 무관심등으로부터 시작된, 이른바 '인정 욕망의 좌절'이다. 이러한 인정욕망의 좌절은 '같은 민족'으로 받아들여지기보다는 다른 민족인 이주 노동자와 동일하게 여겨지고 사회적인 차별과 멸시를 받는 것에서 비롯된다.[15] 그렇다면 국내 이주 코리언 디아스포라에 대한 차별과 배제를 발생시키는 구체적인 메커니즘은 무엇일까? 그것은 바로 한(조선)반도의 '분단체제' 그리고 코리언 디아스포라의 국내 이주의 원인이기도 했던 '신자유주의 자본주의화'이다. 이것들은 한국인이 한국으로 이주한 코리언을 바라보는 기본적인 전제이자 동시에 그들의 민족 동일화욕망을 좌절케 하는 기제이다. 이제 국내 이주 코리언 디아스포라에 대한 한국인들의 시선을 알아볼 필요가 있다.

탈냉전의 분위기와 함께 1999년 '재외 동포의 출입국과 법적 지위에 관한 법률'이 제정되면서 해외에 살던 동포들의 국내 이주가 증가하였

---

15) 유명기, 「민족과 국민 사이에서: 한국체류 조선족들의 정체성 인식에 관하여」,『한국문화인류학』제35집 제1호, 한국문화인류학회, 2002, 83쪽.

으며 그로 인해 한국인의 민족 개념은 외연적 확대와 내포적 변화를 가져오게 되었다. 하지만 그러한 확대와 변화에도 불구하고 한국(인)의 민족 개념에는 '대한민국 중심주의'가 자리 잡고 있다. 이는 민족과 국가가 분리된 경험이 없는 한국인들이 한(조선)반도(특히 한국)에 해당하는 언어·문화·역사 등을 기준으로 코리언 디아스포라의 그것들을 평가하려는 일체의 경향을 의미한다.16) 그런데 이러한 대한민국 중심주의는 무엇보다 한(조선)반도의 '분단 체제'로부터 기인한다.

한(조선)반도의 분단 체제는 분단 이후 남과 북이 다른 한쪽의 권력에 대한 적대성과 배타성을 드러내면서 자신들에게 정통성이 있다는 것을 서로 강조하고 강요하는 것에서 시작되었다. 남과 북의 두 분단국가는 각자의 권력 정통성 확보를 위해 '국가'와 '민족'을 일종의 이념적 헤게모니 확보 전략으로서 독점적으로 소유하려 했다. 그래서 '민족정체성'과 '국민정체성'을 휴전선 이남 내지 이북으로만 한정시켰다. 분단 체제 속에서 역사적으로 남한은 '한국'이라는 국가를 민족의 유일한 대표체로 만들어왔다. 이러한 흐름과 함께 대한민국 중심주의는 자리 잡을 수 있었으며 더욱 강고하게 지속되고 있다.

그런데 곧이어 대한민국 중심주의를 생산하는 분단 체제는 신자유주의 자본주의화와 상호 결합한다. 이를 통해 대한민국 중심주의는 한국인에게 내면화된 경제주의 가치관을 형성시키고, 결과적으로 '대한민국 경제중심주의'로 확대된다. 이를테면 한국인의 해외 동포와 탈북자에 대한 시각에는 같은 민족이라는 동질감과 동시에, 경제주의 관점에서 그들을 구별하고 배제하는 부정적인 감정이 공존하고 있다. 이때 그들이 보이는 부정적인 감정에는 코리언 디아스포라들에 대한 '대한민국

---

16) 이병수·정진아, 「한국(인)의 민족정체성 이해와 대한민국 중심주의의 극복」, 건국대학교 통일인문학연구단 편, 『코리언의 민족정체성』, 선인, 2012, 99쪽.

경제중심주의'가 놓여 있다. 우리가 만난 한국인들 중 70대 남성 구술자 강○한 씨는 한국이 조선족을 도와주고 있지만 그들은 막상 '한국인으로 활동하지 않'으며 국내에 들어와서 '돈 버는 것에 대한 고마움도 모르는 거 같고, 돈은 중국으로 넘어'간다고 비난했다. 이렇듯 대한민국 경제중심주의 속에서 국내 이주 코리언들은 '대한민국의 국민'도 아니면서, 우리로부터 경제적 이득을 빼앗아 되돌아가는 이질적인 집단의 모습이다. 하지만 더 큰 문제는 한국인의 코리언 디아스포라에 대한 '대한민국 경제중심주의'는 단순히 여기서 그치는 것이 아니라 구체적인 '차별'을 요구하기에 이른다는 점이다.

> "국내에 들어와 있는 동포들이 받아먹을 것만 생각한다면 그들에 대한 '구별'은 가능하지 않을까 생각해요. 한국 대학이 주는 외국인 장학금을 보면 열 받는다는 거죠. 한국인들이 나가면 못 받는데, '외국인들'(='국내 이주 동포': 인터뷰어 추가)은 한국에서 받잖아요. 쌍방적인 관계가 되어야 하는데, 너무 일방적인 것 아닌가요?"(한국인 임○식)

결과적으로 국내 이주 코리언들이 자신들의 모국인 한(조선)반도로 이주해 와서 겪는 차별과 배제는 오히려 거주국에서의 차별보다 더욱 직접적이며 따라서 더 큰 좌절로 다가온다. 그들은 국가와 민족을 동일시하며 자신들의 이중정체성을 인정하지 않는 '대한민국 중심주의'와 경제주의 시각 속에서 차별과 배제로 이어지는 '대한민국 경제중심주의'에 여전히 노출되어 있다. 그들이 느끼는 좌절감은 정체성의 변용을 가져온다. 다음과 같은 인터뷰는 코리언 디아스포라의 고유한 이중정체성이 한국(인)과의 만남을 통해 어떻게 변화하고 있는지를 알 수 있게 한다.

"무식한 얘기를 안 했으면 좋겠어요. 중국인 취급하는 것에 대해서 좀 애매한 점이 있어요. 한국에 오니까 한민족으로 인정해주지 않는 사람도 있더라구요. 그런 거 볼 때면 당신이 한민족 인정 안 하면 나도 당신과 같은 민족일 필요 있나!"(한남 1)

"'내가 뭐 잘못한 거 없나?' 라는 자기반성이 먼저 들었어요. (…) 한국(인)들에게 이용당하도 '같은 한국(인)들'이 그런 거니까 이해가 됐죠. 만약 다른 나라, 다른 민족에게 당했다면 참지 못 했을 거예요."(고려인 임 알렉세이)

"독도가 누구 땅이냐, 축구할 때 누구 응원할거냐는 질문은 너무 자주 받았습니다. 축구 질문을 받고 성의 있게 말할 때는 양쪽이 싸우면 대한민국, 둘이 싸우지 않으면 가능하면 양쪽 다 잘 되면 좋겠다고 말합니다. 한국과 일본이 싸울 때 한국은 져도 다음 라운드에 올라가고 일본은 이겨야만 올라간다면 일본을 응원하자고 합니다. 귀찮을 때는 그냥 대한민국이라고 대답합니다."(조선인 최성훈)

위의 인터뷰는 국내 이주 코리언들의 '유동하는 정체성(liquid identity)'을 보여준다. 유동하는 정체성의 의미는 코리언 디아스포라들의 이중정체성이 국내 이주로 인한 한국(인)들과의 직접적인 마주침을 통해 갈등하면서 분화되고 있다는 뜻이다. 이를테면 한국(인)에 대한 비판과 함께 이주 이전의 거주국에 친화적인 정체성을 형성하거나, 반대로 한국에 적극적으로 동화하려는 민족 친화적인 정체성으로 나아가거나, 또는 거주국 친화적 정체성과 한(조선)반도 친화적 정체성을 적절히 공존시키는 정체성이 존재한다. 구체적으로 국내 이주 코리언 디아스포라들의 정체성은 ① 한국에 대한 거부감을 보이면서 거주국의 국민정체성을 다시 강화하려는 경향을 보이는 양상(한남 1), ② 한국에 대한 친화감을 보이면서 한국 사회의 구성원이 되고자 적극적으로 노력하는 양상(고려인 임알렉세이), ③ 그러한 양자택일의 논리가 아니라 자신들의 이중정체성에 있어서 한쪽을 차지하는 '국가(거주국)'와 다른 한쪽을 차지하는 '민족'을 상호 매개하고 공존시키는 양상(조선인 최성훈)으로 분화하고 있다.

그럼에도 불구하고 국내 이주 코리언 모두가 이러한 세 가지 양상으로 귀착하지는 않는다. 인터뷰에서 만난 그들의 정체성은 복합적이고 다양한 형태로 분화하고 있었다. 구체적으로 '정주의식'과 관련해선 거주국을 그리워하지만 한국에 남겠다는 코리언을 비롯하여, 한국을 매우 좋아하지만 다시 거주국으로 돌아가 일을 하고 싶어 하는 코리언도 존재했으며, 어느 한쪽도 '선택'하지 않을 뿐만 아니라 어느 한쪽도 '배제'하지 않는 코리언도 존재했다. 또한 '가치관'과 관련해선 한국에서의 부정적인 경험에 의해 거주국의 가치들을 긍정적으로 재확인하는 방식, 거주국이 아닌 필연적인 이유에서 자신의 삶을 만들어가야만 하는 모국을 긍정적으로 받아들이는 방식, 거주국과 모국을 공존시키려고 노력하면서 양쪽의 가치관 중 부정적인 것을 배제하고 가치 있는 것을 의미 있게 받아들이려는 방식이 혼합되어 있었다.

이 같은 결과는 국내 이주 코리언 디아스포라들을 조사하는 최근의 연구에서도 대체적으로 동일하게 나타난다. 다만 최근의 연구들은 코리언 디아스포라들의 국내 이주 후 얻게 되는 직업에 따라 '단순 노무직'과 '전문직'으로 양분하고, 한쪽에서는 부정적인 표상으로서, 반대는 긍정적인 내지 공존적 표상으로서 한국이 자리 잡고 있다고 구분한다. 이를테면 한국에서의 '직업'에 따라 그들의 정주의식과 가치관이 구분되고 있다는 것이다. 물론 이러한 구분이 전적으로 틀린 것은 아니다. 실제로 이번 심층 구술 조사에서도 '직업의 위치와 적응정도'에 따라 대체적으로 동일한 양상이 나타났다. 다만, 이러한 연구 경향의 문제는 개인적 요인에 치우쳐 '단순 노무직'에 종사하는 국내 이주 코리언들에게 부적응의 책임을 전가하는 일종의 '희생자 나무라기(Blaming the victim)'로 이어지거나, 또는 그들의 정체성이 분화하는 근본적인 요인인 민족 동일화 욕망의 좌절과 충돌 지점을 살펴보지 못하고 단순히 직업적 지위로서만 그것을 해명할 우려가 있다는 점이다.

물론 집단별, 세대별로 약간의 강조점에 대한 차이는 존재했다. '정주의식'에 있어서 거주국의 상황이 매우 좋지 않을 고려인의 경우 한국에서의 삶에 적극적으로 동화하려는 의식이 좀 더 강조되고 있으며, 고려인과 조선족 모두 젊은 세대로 갈수록 거주국과 한국을 매개하는 탈국가적인 삶을 살아가려는 의식이 강했다.[17] 한편 '가치관'에 있어서는 공산주의 사회체제에 살아온 재중 조선족, 재러 고려인(CIS 고려인)의 경우 거주국의 사회주의적 가치들을 긍정적으로 재확인하고 있는 경우가 더 많았으며, 국적 구분과 민족 구분의 폭력적인 이분법에 노출되었던 재일 조선인의 경우엔 능동적이고 주체적으로 그러한 이분법을 넘나드는 탈경계적인 가치지향을 보여주는 경우가 두드러졌다.

이것은 탈북자의 경우에 있어서도 마찬가지였다. 그들의 정체성 역시 분화하고 있었는데, 이를테면 북한에 대한 강한 적대감과 함께 한국 사회에 대한 강력한 동화 의지를 보이거나, 반대로 한국 사회에 대한 비판과 함께 북에 대한 강한 그리움을 보이거나, 또는 남북 모두에 대한 비판적 거리두기를 통해 양쪽을 균형 있게 사유하려는 정체성의 분화 양상을 보이고 있었다. 예컨대, '모든 것을 비교할 때 순수한 자유가 존재'

---

17) 전문 직종에 종사하는 20~30대의 경우, 이러한 성격은 보다 더 강하게 나타난다. 이현욱은 20~30대 조선족 화이트칼라 집단에 대한 연구를 통해 그들이 자신들의 전문직을 계속해서 유지할 수 있는 조건이 정주의식을 결정하는 중요한 요소가 되고 있음을 주장한다. 이현욱, 「20~30대 조선족의 초국가적 이주의 특성: 화이트칼라를 중심으로」, 『디아스포라연구』 제13집, 전남대학교, 세계한상문화연구단, 2013, 124쪽.

하는 남한이 더 좋은 사회라는 것을 강조하는 탈북자 D씨도 있었으며, '먹을 것만 조금 있고 자유만 좀 있으면' 남한보다 북한이 훨씬 더 살기 좋다는 탈북자 C씨도 있었으며, '정통성이 부족한 두 나라가 서로 헐뜯어왔고 앞으로 그런 것'이 문제가 될 것이라고 양쪽을 전부 비판적으로 바라보는 탈북자 B씨도 있었다.

이상에서 보듯 국내 이주 코리언 디아스포라들의 '유동하는 정체성'은 민족 동일화 욕망의 좌절에 기인하면서 다양한 방식으로 전개되고 있다. 하지만 이러한 조사 결과가 코리언 디아스포라의 한국(인)에 대한 민족적 유대의 전면적인 거부를 의미하지는 않는다. 예컨대, 인정 욕망의 좌절은 더 큰 인정욕망을 낳는 기제로 작동하기 때문이다. 다시 말해 여기서 중요한 점은 한국으로의 이주 이전의 동일화 욕망이 한국에서의 차별과 배제로 인해 부정적인 감정으로만 전환되는 것이 아니라, 여전히 지속되는 민족적인 유대감의 요구로 남겨진다는 점이다. 여기서 민족정체성에 대한 팀 에덴서의 언급을 참고할 필요가 있다. 그는 정체성이 유동적이기 때문에 특정 공간(특히 모국)에 대한 정주의식이 부족할지라도 자신들에게 안정감을 제공하는 민족정체성에 대한 요구까지 거부하지 않는다고 주장한다. 오히려 바로 그렇기 때문에 민족적 일체감을 느끼고 유지할 수 있는 일종의 '정박지'를 요구한다는 것이다.[18] 즉, 코리언 디아스포라들은 여전히 자신들의 유동하는 삶이 주는 불확실성으로 인해 그것의 정박지가 되어 줄 어떤 유대의 끈을 구축해가려는 욕망이 존재한다. 다음의 한국 이주 코리언 디아스포라 인터뷰는 이를 확인시켜 준다.

---

18) 팀 에덴서(Tim Edensor) 지음, 박성일 옮김, 『대중문화와 일상, 그리고 민족정체성』, 이후, 2008, 75쪽.

"동포들이라면 조금 더 챙겨주어야 하는데, 조선족들에 대한 배려가 부족하다."(조선족 한남2)

"굳이 비유하자면 아버지는 똑같은 사람이지만, 엄마가 다른 게 한국 (인)과 고려인의 관계인 거 같아요. 그래서 서로를 받아들이지 않는 거 같기도 하고, 같은 가족이라는 의식을 가지고 조금만 더 배려해줬으면 좋 겠어요."(고려인 고밀라)

"큰 딸이 동네 어린이집에 다녀서 동네 엄마들을 볼 기회는 자주 있습 니다. 그런데 쉽게 말을 붙이거나 먼저 다가가지 못하겠습니다. 한국인들 이 일본에서 온 저를 어떻게 바라보고 있을지, 한국인의 시선이 두렵습니 다. 일본에서도 차별을 받았는데, 이곳에서 일본에서 왔다는 이유로 또 다시 차별받을까봐 두려워요. 그래도 큰 딸 교육 때문에라도 용기를 내서 동네 엄마들과 친해져볼 생각입니다."(조선인 이성실)

민족적 동일화의 욕망이 좌절되었다고 할지라도, 국내 이주 코리언들 은 그러한 욕망이 단절되기보다는 계속해서 유지되기를 희망한다. 차별 과 배제는 현실에 대한 원망과 도피와 같은 부정적인 정서를 낳았지만, 동시에 그들에게는 민족에 능동적인 정서도 여전히 유지되고 있다. 예 컨대, "한국에 대해 나쁜 이미지만 가지지 말고, 한국은 이러이러한 이 유 때문에 이렇다라는 사고를 해야 할 거 같아요. '왜 한국은 이거 밖에 못하냐?' 라는 게 아니라 '왜 이렇게 됐을까?'와 같은 깊이 있는 이해가 필요할 거 같아요."(고려인 고밀라)와 같이 그들은 타자(한국인과 한국 사회)에 대한 반성적 이해가 필요함을 말한다. 따라서 핵심은 민족적 유 대감을 지속시키고자 하는 능동적인 정서의 흐름이 있다는 점에 주목하 면서, 이러한 한(조선)반도로 향하는 긍정적인 정서가 언제까지 지속될 수 있는가를 반성적으로 따져보아야 한다는 점이다. 만약 한(조선)반도

의 민족적 차별과 배제가 계속된다고 한다면, 오래지 않아 코리언 디아
스포라들은 자신들이 유지해왔던 민족에 대한 긍정적인 정서 대신에 적
대심 또는 원망과 같은 부정적인 정서를 생산할 것이기 때문이다.[19]

4. 코리언 디아스포라와 한국(인)의 가치충돌: 그 구체적인 양상들

위에서 살펴봤듯이, 한국으로 입국한 코리언 디아스포라들은 자신의
이중정체성의 변용을 경험하고 있다. 그런데 특정 집단의 정체성은 한
집단이 구체적인 삶 속에서 스스로 체득하게 된 사회적 습성과 성향 그
리고 내면화된 사회적 의식으로서의 특정한 가치관과 연결된다. 따라서
마찬가지로 한국으로 입국한 코리언 디아스포라들은 자신들의 정체성
과 관련된 특정한 가치지향을 가지고 있다. 예컨대, 모국인 한(조선)반
도에서 '분리(dia)'되어 '흩어진(spora)' 코리언들은 자신들의 거주국에서
습득한 일종의 가치지향 체계를 가지고 있다. 이때 코리언 디아스포라
의 이중정체성이 한국(인)과의 직접적인 만남을 통해 분화하듯이, 그들
의 가치지향 체계 역시 한국이라는 새로운 사회에서 유지되는 질서와
규칙과 충돌할 수밖에 없다. 한편으로 그러한 충돌은 곧 그들의 가치지
향성을 새로이 구성하게 하는 기제로 작동한다. 그런데 무엇보다 분단
체제와 신자유주의가 결합된 '대한민국 경제중심주의'는 한국으로 입국
한 코리언 디아스포라들의 민족 동일화욕망을 좌절하게 하는 배경이자,
한국(인)과 코리언 디아스포라의 가치충돌을 불러오는 핵심 배경이기도

---

19) 박영균·김종군, 「코리언의 역사적 트라우마에 관한 연구방법론」, 건국대학
교 통일인문학연구단 편, 『코리언의 역사적 트라우마』, 선인, 2012, 44쪽.

하다. 그렇다면 코리언 디아스포라와의 가치충돌의 구체적이고 공통적
인 양상들은 어떠한가?

1) 평등의 지향: '민족 내 위계화(hierarchy)'와 차별에 대한 반발

앞서 설명했듯 한(조선)반도의 분단 체제는 한편으로 한국(남한)을 중
심으로 일체의 기준을 설정하는 '대한민국 중심주의'를 낳았으며, 다른
한편으로는 그것을 넓혀 북에 대한 적대적인 인식을 코리언 디아스포라
의 집단별 구분으로까지 확대시켰다. 이를테면 2004년까지의 '재외 동포
법'이 그러했던 것처럼[20], 한국 사회는 코리언 디아스포라를 자본주의
진영과 사회주의 진영으로 구분하고 특히 후자에 대한 차별적인 권리
부여를 진행했다. 그런데 한(조선)반도의 분단 체제는 2000년 이후 본격
화된 '신자유주의 자본주의화'와 결합하면서 경제주의 관점에 따라 코리
언 디아스포라에 대한 위계적인 구분을 추가하였다. 한국인의 코리언
디아스포라에 대한 인식 중 특히 조선족-고려인-탈북자가 이에 해당한
다. 이를테면 적대적인 국가로서 사회주의 국가인 '북·중·러'='탈북
자·조선족·고려인'으로 등치되며, 이러한 구분에 추가로 신자유의 자
본주의화에 기인한 '탈북자·조선족·고려인'='가난한 나라 온 동포·경
제적인 부담·사회적인 문제 집단'이라는 동일시 코드화가 연속적으로
진행된다. 결과적으로 이러한 '대한민국 경제중심주의 코드화'는 한국인
의 국내 이주 코리언에 대한 왜곡된 위계화 인식, 즉 '민족 내 위계화' 내
지 '출신국 별 위계화'를 낳았다.

실제로 한국 사회에서 코리언 디아스포라에 대한 민족 내 '위계화'를

---

20) 신현준, 「동포와 이주자 사이의 공간, 혹은 민족과 국가에 대한 상이한 성원
    권」, 신현준 편, 『귀환 혹은 순환』, 그린비, 2013, 21~22쪽.

쉽게 발견할 수 있다. 한국 사회에서는 같은 민족을 차별해서는 안 된다는 당위적 지향과 함께, 재미동포부터 제일 아래의 탈북자를 위치시키는 위계화 지향이 모순적으로 공존하고 있다. 선행 연구에 의하면, '국내에 들어와 있는 해외 동포를 다르게 대우하는 것에 대해 어떻게 생각하는가'라는 물음에 대해 '심각한 문제' 28.3%, '약간 문제' 46.1%, '장차 큰 문제' 15.2%를 합해 86.6%가 '문제가 있다'고 답했다. 그럼에도 불구하고 실제로 국내 이주 코리언 디아스포라들에 대한 구체적인 인식으로서 '해외 동포에 대한 결혼 선호도', '일상적인 친교의 기회', '비밀스러운 이야기를 나눌 수 있는 친구의 가능성'을 묻는 질문에 대한 답변들은 재미 동포〉재일 동포〉재중 동포〉탈북자로 그 선호도가 나눠지고 있었다.[21]

이러한 민족 내 위계화는 한국인들에 대한 심층 구술 조사에서 보다 구체적으로 발견할 수 있었다. 국내 이주 코리언 디아스포라에 상대적으로 평등한 시선을 보여줬던 한국인 20대 여성인 정ㅇ진 씨의 경우 "좀 더 잘 사는 나라인 일본에서 살다 왔기 때문"에 "재일 동포가 훨씬 더 에티켓이 있어 보인"다고 말하며, 재중 조선족과 재러 고려인(CIS 고려인)에 비해 재일 조선인에 대한 더 우호적인 시선을 보여줬다. 그런데 더 큰 문제는 이러한 경제주의 가치관에 따라 코리언 디아스포라를 위계화하는 것이 일종의 '당연한 그들에 대한 표상'으로 인식된다는 점이다. 40대 여성인 이ㅇ윤 씨는 특히 해외 동포를 출신 국가별로 구분하고 그들을 차별적으로 대하는 것에 대해 어떻게 생각하는가라는 질문에 "우리가 중국제를 쓰는 거보다 미국제 내지 유럽제를 선호하는 것처럼 어떻게 보면 당연한 것"이라면서 "못사는 사람들은 나에게 손을 벌리지 않는

---

21) 이병수·정진아, 「한국(인)의 민족정체성 이해와 대한민국 중심주의의 극복」, 건국대학교 통일인문학연구단 편, 『코리언의 민족정체성』, 선인, 2012, 93~98쪽.

가?'라고 답변했다. 이렇듯 그들에 대한 위계화는 결국 '나에게 불편한 존재' 내지는 '나의 이익을 뺏으며 손해를 끼치는 존재'로 그들을 표상하게 만든다.

국내 이주 코리언 디아스포라를 다루는 기존의 연구들 역시 사회적·경제적 지위에 따라 수행되는 그들에 대한 차별적 시선을 동일하게 지적한다.[22] 그래서 그러한 연구들은 국내 이주 코리언에 대한 법적, 경제적, 사회적 지위의 확보를 우선적으로 마련할 것을 촉구한다. 물론 이러한 주장은 당연하며, 시급하게 해결되어야 할 과제임은 분명하다. 하지만 그것과 동시에 국내 이주 코리언에 대한 한국인의 시선 자체를 반성적 고찰하는 것 역시 동반되어야 한다. '더 잘사는 것'이 다른 모든 판단에 가장 우선시되는 한국인의 왜곡된 규범적 태도 속에서 '못 사는 나라'에서 살다 온 코리언들은 '선호도', '친밀함', '교류 가능성' 등을 묻는 지표들의 아래쪽으로 배열된다. 즉, 한국인이 보는 국내 이주 코리언들의 시선에는 "자본의 크기에 따라 타자로 평가하는 일이 빈번하다."[23] 한국인의 가치지향에서 이러한 '경제주의 관점'이 두드러지는 현상은 1990년대 말부터 본격화된 한국 사회의 신자유주의 자본주의화로의 전면화를 빼놓고는 이해하기 힘들다.

따라서 국내 거주 코리언 디아스포라들 우선적으로 한국인들로부터 이루어지는 민족 내 위계화에 대한 반감을 보이고 있다. 이것은 한편으로 그들이 만든 가치지향들이 반영된 결과이기도 하다. 그 구체적인 실행이 어떠했는지 간에 사회주의 진영이 공식적인 이데올로기로 내세웠던 '평등'에 의해, 사회주의 진영에서 이주한 코리언 디아스포라들의 '평

---

22) 윤황·김해란, 「한국거주 조선족 이주 노동자들의 법적·경제적 사회지위 연구」, 『디아스포라연구』 제9집, 전남대학교 세계한상문화연구단, 2011, 57~58쪽.

23) 김영술·홍인화, 「중앙아시아 고려인의 광주지역 이주와 문화변용에 관한 연구」, 『디아스포라연구』 제13집, 전남대학교 세계한상문화연구단, 2013, 154쪽.

등 의식'은 익숙하게 체화된 가치관이었다. 그래서 그들은 '같은 민족'으로서 우리를 대우해 줄 것이라는 긍정적인 기대감을 갖는다. 하지만 그러한 '평등의 지향'이 그들의 가치지향을 구성함에도 불구하고, 같은 민족이라 인정욕구는 곧 한국(인)과의 구체적인 만남 속에서 중단되어 버리는 것이다. 특히 이것은 재중 조선족과 재러 고려인(CIS 고려인)에게 보다 익숙하게 발견된다. 그들은 경제주의 관점에서 규정된 '민족 내 위계화'에 대해 반발과 아울러, 그러한 위계질서로 인한 한국 사회의 차별적인 사회관계 전반을 비판한다.

> "여기서 일하고 있는 조선족 분들은 항상 무시를 당했고 항상 사회 아래층에서 살았으니깐 마음이 불편하죠. 아무리 동포라고 해도 너그럽게 받아들일 수 없는 입장인거 같아요. 돈이 있어야 남들을 도와주는데 살기도 바쁜데. 동포들한테 여유가 없는 것 같아요. (…) 조선족하면 하층직업 갖고 일해서 깔보는데, 조선족이면 같은 민족인데도 불구하고 '장깨'라고 하는데 너무 기분이 나빴어요."(조선족 한남 4)

> "다른 사장님은 안 좋았어요. 김밥나라 사장님은 우리한테 방 얻었다고 10만원 뺐어요. 다른 사람은 들어오자마자 130만 원, 우리 120만 원. 진짜 힘들었어요. 뚝배기에서 손 데고 뜨거운 거 얼마나 주방 좁은지 복잡하고. 양반밥상 사장님 컨테이너를 바람이 쑥쑥 들어오는데 우리 수건 하나 쓰고 잤어요."(고려인 김루드밀라)

'대한민국 경제중심주의'라는 한국 사회의 강고한 프레임 속에서 가장 아래쪽에 위치하는 집단은 탈북자이다. 분단 체제의 영향으로 고착화된 북한에 대한 적대적인 이미지는 탈북자들에게 그대로 적용될 뿐더러[24],

---

24) 박채순, 「북한이탈주민의 한국 사회 유입과 적응 실태 연구: 서울시 노원구를 중심으로」, 『디아스포라연구』 제10집, 전남대학교 세계한상문화연구단, 2011, 81쪽.

경제주의 인식에서 그들은 가장 못사는 배고픈 사람들일 뿐이다. 뿐만
아니라, 경제주의 관점 속에서 한국인의 눈에 비친 탈북자의 이미지는
과도하게 확장된다. 이를테면, 가난하고 더럽고 말을 듣지 않고 고성방
가를 일삼는, 그래서 그들이 집단적으로 거주하게 되면 집값이 떨어지
게 되는 존재로 이해되고 있다.[25] 이렇듯 한국인들에게 탈북자는 '같은
민족'이지만, 동시에 "민족 내부의 적대적 타자"[26]로 취급된다. 실제 구
술 조사에서 한국인들에게 탈북자는 가난하다고 더러운, 심지어 한국의
세금을 축내는 소위 '기생적 존재'로서 묘사된다. 그리고 그러한 시선을
탈북자들 역시 '동일하게' 느끼고 있었다.

> "언어가 통하는 데도 탈북자들은 빨치산 집단처럼 인식되는 경우가 있
> 어요. 북을 강한 호전성으로만 봅니다. 또 별 볼일 없는 애들로도 여깁니
> 다. 남쪽보다 잘 사는 애들이라 보았다면 미국이나 다른 나라처럼 대했을
> 지 모르죠."(탈북자 E)

> "한국 사람들이 생각하는 게, 북한 사람들이 내려와서 우리 세금을 다
> 먹는다고 이야기해요. 저한테도 얼마나 받느냐고 묻는 사람들이 있었구
> 요. 그래서 국민들이 탈북자를 부담스러워 한다고 이야기도 해요."(탈북
> 자 G)

이렇듯 국내 이주 코리언 디아스포라의 눈에 비친 한국 사회는 자신
들에 대한 '민족 내 위계화', '출신 국가별 위계화'라는 폭력적인 질서가
지배하는 사회이다. 같은 민족으로서 대우하지 않는, 그리고 그러한 불
평등한 인식이 마치 당연한 것으로 이해되는 한국 사회에서 국내 이주

---

25) 위의 책, 81쪽.
26) 오원환, 「탈북 청년의 정체성 연구: 탈북에서 탈남까지」, 고려대학교 대학원
   언론학과 박사학위논문, 2011, 142쪽.

코리언들의 민족 동일화 욕망은 좌절되고 만다. 하지만 그들은 보다 적극적으로 민족 내 위계화를 거부하고 보편적인 영역에서 이루어지는 평등의 지향을 주장한다. 조선족과 고려인의 다중 이주 경험과 체험들은 평등이라고 하는 분명한 의식 구조를 형성하게 했으며, 더욱이 실제는 어찌됐건 표면적으로는 평등을 지향하는 사회주의권의 생활 양식을 통해 그러한 평등의 지향을 이미 강하게 체화했기 때문이다. 결과적으로 그들의 평등의 지향은 단순하지만은 않은데, 예를 들어 우리가 만난 조선족과 고려인 다수는 자신들에 대한 민족 내 위계화를 넘어서 한국 사회를 지배하는 다양한 위계질서, 이를테면 남-녀의 위계, 연장자-연소자의 위계, 학교 선후배간의 위계, 직장 상사와 부하직원의 위계를 비판하고 있었다.

2) '대한민국국가중심주의' 비판: '국적=정체성' 프레임 거부와 민족적 연대의 요구

재중 조선족, 재러 고려인(CIS 고려인), 탈북자 집단과 조금 다른 위치에 존재하는 재일 조선인은 그들이 느끼는 가치충돌의 구체적인 양상에 있어서도 조금 다른 맥락을 보여준다. 한국인의 '대한민국 경제중심주의'에서 일종의 '회색 지대'로 이해되는 집단은 바로 재일 조선인이다. 조선족-고려인-탈북자와 달리 그리고 한국과 마찬가지로 자본주의적 사회 체제 속에서 살았으며, 한국에 비해 더 잘 사는 나라에서 이주한 조선인들에게 대한민국 경제중심주의의 프레임은 '효과적으로' 대응하지 못하기 때문이다. 오히려 그들을 규정하는 억압적인 프레임은 '국적=정체성' 프레임이다. 이것은 '대한민국 국가중심주의'이다. 대한민국 국가중심주의는 '대한민국 정체성'을 중심으로 민족을 사유하려는 경향을 의미한다. 1960년대 북한과의 대립적인 체제 경쟁을 거치고 1990년대 경제 발전에 힘입어 체제 경쟁에 승리했다고 판단한 한국은 대한민국 중심의 국민정체성을 더욱 강화시켰다.

그런데 그러한 대한민국 중심의 국민정체성에 대한 강조는 가장 대표적으로 재일 조선인에 대한 차별과 직결되었다. 주지하듯이 제2차 세계대전이 끝난 직후 일본에 있던 재일 조선인들은 일본의 국민으로도 또 해방된 한(조선)반도의 민족으로도 대우받지 못하고 분단 이전의 한(조선)반도 대한 일반적 규정이었던 '조선적'으로 표기되었다. 그런 귀환하지 못한 약 60만 여명은 또 다시 '한국 or 조선 or 일본'을 선택해야만 했다.27) 결과적으로 재일 조선인은 그들의 생존을 위해 '일본적'으로 귀화한 집단, 나름의 필요와 외부적 조건에 따라 '한국적'을 선택한 집단, 그대로 '조선적'을 유지했던 집단으로 나뉘어졌다. 그리고 중간의 경우엔 '한국'이라는 진영 속으로, 후자의 경우 '북한' 국적자로 포섭되었다. 여기에는 남북 간의 체제 경쟁 속에서 자국 중심의 '국민 만들기'가라는 의도가 전제되어 있었다.

재일 조선인의 이러한 역사-존재론적 특징은 곧 그들에게 대한민국 국가중심주의적 프레임이 강하게 적용될 수 있는 이유였다. 재일 조선인에 대한 기본적인 이해가 없는 한국 사회(인)들은 '한국이라는 국적=민족정체성'이라는 선택을 요구한다. 실제로 심층 구술 조사를 통해 만난 한국인 중 임ㅇ식는 재중 조선족의 예를 들면서, 재외 동포가 말하는 '동포'는 단순한 정치적 수사에 불과하며, '한국인'과 '중국인' 중 하나를 그들이 선택해야 한다면 철저하게 중국인을 선택할 것이라고 말했다. 이러한 언급은 '민족과 국가'의 분열을 직접적으로 체험할 때 발생하는

---

27) 김태영 지음, 강성진 옮김, 『저항과 극복의 갈림길에서』, 지식산업사, 2005, 106쪽.

한국인의 이중적인 시선을 보여준다. 선행 연구에 의하면 한국인이 '해외 동포를 같은 민족이라고 느끼는' 비율은 89.8%에 이르지만, 다른 나라에서 온 해외동포를 직접적으로 체험하고 난 뒤에는 그 답변 비율은 69.5%로 줄어들고 있다.[28]

이렇듯 한국인들은 자신들이 낳고 자란 거주국에 대한 귀속 의식을 버리고 한국인이 되라고 하는 양자택일을 강요하거나[29], 거주국의 문화가 아닌 한(조선)반도와 같은 문화를 가질 것을 요구한다. 특히 그러한 강요는 조선인의 경우 가장 두드러진다. 만약 이러한 요구가 받아들여지지 않는 조선인을 '가짜 한국사람' 내지 '반쪽발이'로 규정하는 방식이다. 요컨대, "한국인은 국내 이주 재일 조선인을 '진짜 한국사람' 아니면 '가짜 한국사람'이라는 '문화적 이분법'과 한국 국민 아니면 일본 국민이라는 '정치적 이분법'에 동시에 가두고"[30] 있다.

하지만 선행 연구에 의하면 그들은 일본이든 대한민국이든 북한이든 어느 특정 국가의 국적을 취득하는 것에 큰 의미를 부여하지 않았다. 그럼에도 불구하고 한국인은 끊임없이 그들이 어느 나라 사람인지, 또 어떤 민족인지의 자기증명을 요구한다. 실제로 우리가 만난 국내 이주 조선인들의 경우 이러한 대한민국 국가중심주의로부터 출발한 억압적인 자기증명 요구를 말하고 있었다.

> "직장에 유독 저를 미워하는 선배가 있습니다. '반쪽발이', '일본새끼' 하며 저를 때리기도 했습니다. 직장사람들도 제가 마음에 들면 한국인,

---

28) 건국대학교 통일인문학 편, 『민족과 탈민족의 경계를 넘는 코리언』, 선인, 2014, 96쪽.

29) 김진환, 「이분법에 갇힌 조선사람: 국내 이주 재일조선인의 한국살이」, 『통일인문학』 제58집, 건국대학교 통일인문학연구단, 2014, 88쪽.

30) 위의 책, 80쪽.

싫으면 일본인으로 대합니다. 경계나 기준이 불분명한 것 같습니다."(조
선인 김경식)

"일본에서 찾아온 친구와 함께 인천 차이나타운에서 술을 먹고 있었습
니다. 일본어로 이야기하고 있으니까 옆에 있던 할아버지가 일본 사람이
냐고 물었습니다. 그래서 재일동포고, 한국 국적자라고 설명했더니 왜 한
국 사람이 일본말을 쓰냐며 '반쪽발이'라고 욕을 했습니다."(조선인 김성
진)

하지만 조선인의 역사 존재론적 특성은 그들로 하여금 '국적=정체성'
의 프레임에 대한 강한 반감을 가져오게 만든 기제였다. 그들의 원래 고
향인 '조선'은 사라졌고 '일본'의 국가체제에서도 버림받은 상황에서 '일
본적', '한국적', '조선적'이라는 선택지는 일종의 정체성 폭력과 다를 바
없었기 때문이다. 심층 구술 조사에서 만난 조선인 최유라는 '이것이냐
저것이냐'와 같은 국적 선택 물음에 대해 '굳이 둘 중 하나를 선택해야
할 이유를 느끼지 않는다'고 대답했다. 일본에서 태어나 조선 학교를 경
험하고, 한국 국적을 선택한 그에게 국적은 자신의 정체성을 표현해주
는 것이 아닌, 단순한 기표에 불과한 것이기 때문이다. 실제로 심층 구
술 조사를 통해 만난 국내 이주 조선인 대다수는 자신의 정체성을 국적
선택으로 일치화하는 것이 아니라 그것을 넘나들고 있었다. 요컨대, 이
들을 국적=정체성의 프레임으로 규정하는 것은, 윤인진의 언급처럼 '부
당한 것이다.'[31]

'국적=정체성' 프레임에 대한 반감을 표하는 것과는 달리, 다른 코리
언들과 마찬가지로 국내 이주 조선인들의 민족에 대한 감정적 유대감은

---

31) "국적에 따라 자신의 정체성을 규정하는 것은 부당하다." 윤인진, 『코리언 디
    아스포라』, 고려대학교 출판부, 2008, 187쪽.

매우 컸다. 하지만 그러한 그들의 욕망이 좌절될 때 그 강도는 다른 집단에 비해 더 크게 다가온다. 왜냐하면 선행 연구에서 드러났듯이 재일 조선인은 다른 코리언에 비해 거주국의 국민정체성을 거부하고 있는 비율이 높으며, 반대로 한(조선)반도와의 연관된 민족정체성을 보다 강하게 유지하고 있기 때문이다.[32] 또한 그들은 일본의 폭력적인 국가주의에 바탕을 둔 한(조선)민족에 대한 억압적인 동화 정책을 고스란히 받았기에, 말과 글을 포함한 민족적 생활양식들의 보존이 어려울 수밖에 없었으며 결과적으로 심정적으로 느끼는 민족에 대한 감정적 유대감인 '정서적 정체성'을 다른 집단에 비해 강하게 가지고 있었기[33] 때문이다.

민족에 대한 감정적 유대는 곧 다른 말로 '민족적 연대'에 대한 요구라고 할 수 있다. 일본의 차별과 배제라는 국가 폭력이 민족에 대한 강한 애착을 불러왔음은 당연하다. 중요한 것은 재일 조선인이 '타민족 사람과 만날 때 자신이 조선인이라는 것을 알리고 싶은가?'라는 질문에 72.9%가 '알리고 싶다'('감추고 싶다' 4.7%, '상관없다' 18.8%)고 답했다는 점이다.[34] 자신들의 거주국에서 상대적으로 안정된 민족적 지위를 차지한 재중 조선족과 재러 고려인에 비해서도 결코 낮지 않는 그들의 민족적 자부심은 민족적 연대의 요구를 구성하는 기반이기도 하다. 물론 이러한 민족적 연대의 요구는 조선인에게만 특수하게 드러나는 것은 아니다. 국내 이주 코리언 디아스포라들 모두는 한국으로의 입국 이후 모국의 환대를 기대하면서 민족적 연대를 꿈꾼다. 그럼에도 불구하고, 가장

---

32) 김익현·나지영, 「재일 조선인의 민족정체성과 경계인」, 건국대학교 통일인문학연구단 편, 『코리언의 민족정체성』, 선인, 2012, 281~285쪽.

33) 건국대학교 통일인문학 편, 『민족과 탈민족의 경계를 넘는 코리언』, 선인, 2014, 50~68쪽.

34) 김익현·나지영, 「재일 조선인의 민족정체성과 경계인」, 건국대학교 통일인문학연구단 편, 『코리언의 민족정체성』, 선인, 2012, 296쪽.

일차적으로 그러한 요구를 가로막는 프레임이 바로 '국적=정체성' 프레임인 것이다. 이것은 다른 집단보다는 특히 조선인에게 가장 위력적으로 작용하여 강한 반감을 불러일으키는 프레임이기도 하다.

3) 자본주의적 태도 및 가치관 비판과 그에 대한 적응

기존 연구에 의하면 현재 중앙아시아 고려인이 직면한 새로운 정체성 확립 문제는 과거 사회주의 경제 체제로부터 현재 자본주의적 경제 체제로의 이행을 그 핵심으로 한다.[35] 이러한 주장은 비단 중앙아시아 고려인에게 해당하는 것만이 아니라, 조선인을 제외한 국내 이주 코리언 디아스포라들 전체에 해당되는 문제일 수 있다. 실제 심층 구술 조사를 통해 국내 이주 코리언 디아스포라들에게 익숙하게 확인할 수 있는 지점은 한국 사회를 지배하는 자본주의적 태도 내지 가치관에 대한 비판이었다. 구체적으로 자본주의 체제의 경쟁 시스템 비판, 물질만능주의와 성공주의 비판, 가족의 해체와 개인주의적 이기주의 비판이었다. 요컨대 자본주의적 생활양식의 비인간화는 국내 이주 코리언 디아스포라와 한국(인) 사이에서 벌어지는 가치충돌의 대표적인 양상이다. 특히 조선족-고려인-탈북자들은 자본주의적 생활양식에 대한 거부감을 강하게 표현했다. 오랜 시간 중국-구소련-북한이라는 거주국의 생활 속에서 체화된 사회주의 체제의 양식들은 쉽게 사라지지 않기 때문이다.

예컨대, 조선족 한남 1은 "그분들이 회사에서 스트레스를 많이 받아서 그런지, 한국 직장인들의 삶은 많이 노동하고 술을 늦게까지 먹고 다시 다음날 출근하는 피곤한 삶을 산다."고 말하면서 자본주의 체제의 경쟁

---

35) 장윤수, 『코리안 디아스포라와 문화 네트워크』, 북코리아, 2010, 111.

시스템을 비판했다. 고려인 고밀라 씨 역시 "근데 한국은 집이랑 차가 있어야 결혼하는 거 같아요. 경제적인 조건들에 되게 집착이 심해요. (…) 한국남자들은 일, 성공 이런 거에만 집중하는 거 같아요. 한국에서 부족함 없이 살려면 그렇게 될 수밖에 없을 거 같긴 해요."라면서 한국 사회의 물질만능주의와 성공주의를 비판했다. 또한 탈북자 K씨는 "국민들의 의식수준이 돈에만 포커스가 맞추어지면 안 된다고 생각해요. (…) 인간이 가지고 있어야 하는 기본적인 도덕성조차 없는 사이코패스 같은 사람들이 많아요. 사회가 전체적으로 돈을 벌기 위해서는 수단과 방법을 가리지 않는 발상이 정말 위험하다고 생각해요."라고 말하면서 한국 사회의 계산적이고 이기적인 자본주의 현실에 대해 더 비판적인 태도를 취했다.

한 가지 흥미로운 점은 자본주의적 생활양식을 비판하는 구체적인 예로서 들고 있는 '이기주의적 생활양식'에 대한 비판이 조선족 · 고려인 · 탈북자 구술 조사에서도 동일하게 드러났다는 점이다. 특히 탈북자가 대표적이었다. 탈북자들이 이기주의적인 자본주의 생활양식을 비판하고 이웃 간의 인정과 연대를 소중히 여긴다는 점은 그들이 거주국에서 체화한 '집단주의'의 영향력을 보여주는 것이다.[36] 그리고 그러한 집단주의 · 가족주의에 대한 긍정적인 기억은 조선족과 고려인의 경우도 마찬가지였다. 물론 두 집단 사이에서의 차이점도 분명히 존재했다. 조선족에 비해 고려인은 좀 더 개인주의 성향이 강했다. 예컨대, 한국 생활 중 회사의 회식 참여에 있어서 집단적으로 행동할 것을 요구받거나, 직

---

36) 이는 선행 연구에서 '남쪽이 북쪽에 배워야 할 것은 무엇인가?'라는 물음에 '민족적 동포애', '집단주의'가 각각 23.9%로 도합 47.8%이며, '북쪽이 남쪽에 배워야 할 것은 무엇입니까?'라는 물음에 '개인주의'가 2.8%로 낮게 나타난 점에서도 확인된다. 이병수 · 전영선, 「탈북자 정체성의 이해와 민족의 평등한 유대」, 건국대학교 통일인문학연구단 편, 『코리언의 민족정체성』, 선인, 2012, 144~145쪽.

장 생활에서 집단적 기준에 맞출 것을 요구받을 때 그들의 거부감은 상
당했다. 주류 집단의 기준 설정과 그에 대한 강요를 민감하게 받아들이
고 있었다. 그럼에도 불구하고 집단주의 내지 가족·친족주의에 대한
긍정적 가치 부여는 동일했다. 사회주의 체제가 남긴 생활 방식이자 코
리언 디아스포라의 이주와 정착 경험이 만들어낸 고단한 삶의 적응 방
식이었기 때문이다.

　이렇게 볼 때, 국내 이주 코리언들의 적응을 가로막는 또 다른 핵심
지점은 한국의 자본주의 시스템이라고 할 수 있을 듯하다. 하지만 앞서
말했듯 '사회주의 체제'에서 '자본주의 체제'로의 이행은 어찌됐건 결국
냉소적 적응이라는 결과를 낳을 것이라고 예상된다. 실제로 국내 이주
조선족·고려인·탈북자들은 자신들이 습득해왔던 사회주의 가치지향
을 통해 자본주의 폐해를 비판함에도 불구하고, 동시에 어떤 면에서는
현재 그들 스스로 적응하고 체화하고 있는 자본주의 태도와 방식을 긍
정적으로 말했다. 이를테면 자본주의 삶의 양식을 몸에 체화하고 그것
을 더 나은 가치로 받아들이는 경향 역시 존재했다. 차별을 참아낼 수
있을 만큼의 월급 지급 여부, 돈 잘 벌고 잘 사는 게 최고라는 태도, 잘
사는 한국 사람이 멋있게 보인다는 인식 등을 발견할 수 있었다. 다시
말해 국내 이주 코리언들에게는 자본주의와 사회주의 삶의 양식들이 모
순적으로 공존하고 있었다.

　　"한국 사람들이 나를 조선족이라 해서 더 얹어주거나 더 주거나 덜 봐
　　주거나, 이게 없다. 내가 일한 만큼 받을 것이다. 나는 우선 한국보다도
　　우리 동포들이 더 많이 반성해야 된다고 생각한다고 말한다."(조선족 한
　　녀 1)

　　"우즈벡, 카자흐, 러시아, 사할린 고려인은 조금씩 달라요. 어른들은 우

리는 모두 고려인이라고 생각하지만, 젊은 사람들은 오히려 국력 차이에 따른 차이를 느껴요. 우즈벡은 사투리도 심하고, 문화도 다르고, 좀 배우지 못했다는 생각이 있구요. 모스크바 사람들은 원래 잘난 척을 많이 하는데 모스크바 고려인도 좀 그렇고 (…) 카자흐는 중앙아시아에서도 가장 잘 사는 나란데, 그래서 그런지 카자흐 고려인은 예의도 바르고 세련되었어요."(고려인 김니카)

"나는 이 나라에 처음 들어와서 (…) 답을 내린 게 (…) 내 손에서 돈이 나온다, 오늘 뭐 5만원 벌든 6만원 벌든 내가 열심히 사는 그게 내 돈이다 (…) 답을 찾은 게 오직 일해야 된다, 그거 밖에 없어요."(탈북자 D)

이처럼 자본주의 생활양식과 사회주의 생활양식의 가치충돌은 단순히 그러한 가치충돌을 일으키는 양상을 발견하고 이를 고치거나 폐기할 수 있는 문제가 아니다. 즉, 자본주의 비판이 근본적인 비판이긴 하지만, 현실적인 대안은 아니다. 따라서 핵심은 가치충돌을 일으키는 근원적 요인이 무엇인지를 파악하고 그것을 문제로 삼아 해결하려는 의지를 갖는 것이다. 사회주의 체제로부터 자본주의 체제로의 이행에 따른 적응 문제는 비단 국내 이주 코리언 디아스포라만이 겪는 문제는 아니다. 하지만 신자유주의 자본주의가 전면화 된 한국 사회에서 자본주의 폐해에 대해 지적하고 이를 개선하기 위한 노력은 반드시 필요하며, 바로 여기에 국내 이주 코리언들의 적응 문제 역시 결부되어 있다는 인식도 필요하다고 할 수 있다.[37]

---

37) 심승우는 시장만능주의, 신자유주의에 대한 반대전략의 일환으로서 이주민의 보편적인 인권을 적극적 실현을 위한 '다문화 민주주의'론을 주장한다. 심승우, 「이주민의 포용과 다문화 정치통합의 전략」, 『디아스포라연구』 제12집, 전남대학교 세계한상문화연구단, 2012, 86쪽.

5. 나가며: 한국(인)과 코리언 디아스포라의 민족적 합력 창출을 위한 몇 가지 전제들

현재 국내 이주 코리언 디아스포라를 규정하는 데 있어서 '한민족 다문화' 개념이 등장하고 있다.[38] '한민족 다문화' 개념은 국내 이주 코리언 디아스포라를 다문화적 범주로서 규정해선 안 된다는 문제의식에서 출발한다. 이주 노동자로 대표되는 '다민족 다문화'의 경우 문화적 공유 지점이 없기에 다문화란 규정이 타당하지만, 국내 이주 코리언들의 경우엔 문화적 동질감과 이질감이 공존하고 있기 때문이라는 것이다. 그럼에도 불구하고 '한민족 다문화' 개념에는 몇 가지 한계가 있다. 이를테면 국내 이주 코리언들에겐 '다문화', 국외 거주 코리언들은 '디아스포라'로 규정하는 일종의 개념 규정의 자의성이 있다는 것이다. 또한 코리언 디아스포라의 이주 배경과 원인 그리고 한국(인)과의 가치충돌 양상들을 다루지 못하고 대한민국의 '다문화'란 틀 속에서 그들을 일방적으로 규정한다는 것이다. 마치 '코리언 디아스포라'에 대한 민족주의 관점은 '디아스포라'를 배제하고 '코리언'을 강조하고, 반대로 탈민족주의 관점이 '코리언'을 배제하고 '디아스포라'를 강조하듯, '한민족 다문화'란 개념 역시 결국 코리언 디아스포라를 '대한민국 중심의 다문화'로서 포섭해버린다는 점이다.

이러한 방식은 결과적으로 코리언 디아스포라의 고유한 역사-존재론적 특성을 반영하지 못한다. 이것은 한(조선)민족의 역사 속에서 형성된 코리안 디아스포라의 일반적 특징과 독특한 특징을 종합적으로 고려해야 할 때에 비로소 가능하다. 그리고 그 시작은 코리언 디아스포라는 단

---

38) 정병호, 「한국의 다문화 공간: 문화의 창구, 시대의 접점」, 정병호·송도영 엮음, 『한국의 다문화공간』, 현암사, 2011, 40쪽.

순한 해외 이주민이 아니라 일제 식민지와 분단 체제라는 역사적 경험을 남북 주민과 더불어 공유하고 있는 존재라는 인식에서 출발한다. 요컨대, 코리언 디아스포라의 정체성은 일제 식민지로부터 분단이라는 코리언의 역사적 비극 속에서 국가를 잃은 민족적 트라우마를 반영하고 있으며, 나아가 일제 식민지 지배 이후 '민족≠국가'의 단절이라는 민족의 아픔과 고통을 낳은 일종의 역사적 경험 축적에 기반하고 있다.[39]

이번 심층 구술 조사의 핵심은 우리들의 일방적인 시선으로 국내 이주 코리언 디아스포라를 '타자화-대상화'하는 것이 아니라, 그들의 구체적인 진술을 통해 그들이 갖는 정체성과 가치지형을 '객관적으로' 드러내는 것이었다. 이러한 의도는 한국(인)과 국내 이주 코리언 디아스포라의 가치충돌을 확인하고, 궁극적으로 그러한 충돌 지점을 넘어서 그들과의 민족적 합력 창출을 모색하기 위해서였다. 결과적으로 한국(인)과의 직접적인 만남 속에서 코리언 디아스포라의 이중정체성이 분화되고 있으며, '유동하는 정체성'의 양상을 보였다. 그리고 한국(인)과의 가치충돌은 거주국에서 체화된 가치체계가 한국 사회를 지배하는 질서 및 규칙과 '어긋날 때' 발생하고 있었다. 또한 그러한 가치충돌의 가장 밑바탕에는 '같은 민족'이라는 민족 동일화욕망의 좌절 및 민족적 연대감의 분열이 있었다. 그렇다면 이제 필요한 것은 차별받고 버림받은 그들의 처지를 이해하자는 윤리학적 요청이 아니라, 어떻게 그들과의 민족적

---

39) 2000년대 후반기에 들어 한(조선)반도의 분단극복과 통일문제와의 연관선상에서 코리언 디아스포라의 의미와 역할에 주목하는 연구가 차츰 등장하기 시작했다. 예컨대, 김귀옥, 「분단과 전쟁의 디아스포라: 재일조선인 문제를 중심으로」, 『역사비평』 제91집, 역사문제연구소, 2010; 정영순, 「글로벌리즘과 남북공동체 형성을 위한 한인 디아스포라」, 『재외한인연구』 제23호, 재외한인학회, 2011; 김성민·박영균, 「분단극복의 민족적 과제와 코리안 디아스포라」, 『대동철학』 제58집, 대동철학회, 2012; 장원석·고경민, 「탈북자 문제의 디아스포라적 접근」, 『평화학연구』 제14집 제5호, 한국평화통일학회, 2013 등이 있다.

합력을 만들어갈 것인가의 새로운 문제설정이다. 그것을 위한 구체적인 제안은 후속 연구를 통해서 지속적으로 진행할 것이다. 다만 여기서는 코리언 전체의 민족적 합력 창출을 위한 몇 가지 전제 확인과 초보적인 수준의 제안을 밝히는 것으로 대신하고자 한다.

첫째, 한국과 코리언 디아스포라의 새로운 통합 패러다임이 필요하다. 이때 통합은 단순히 과거의 원형으로 돌아가듯 하나로 합쳐진다는 의미가 아니라, 새로운 민족적 연대의 원리를 만들어간다는 의미이다. 이를 위해선 코리언 디아스포라들이 각자의 거주국에서 어떤 방식으로 민족적 양식과 가치들을 변용시켜가면서 한민족과의 유대감을 만들어 왔는지에 대해 주목할 필요가 있다. 그리고 그러한 변용들을 새롭고 미래 지향적인 민족의 정서·문화적 공통성 자산으로 포섭할 필요가 있다. 이를 위해선 무엇보다 코리언 디아스포라들이 갖는 이중정체성이 왜곡되거나 한쪽으로 흡수되게 만들어선 안 된다. 구체적으로 많은 연구들이 대안으로 내놓는, 코리언 디아스포라의 '집단별 커뮤니티의 생성과 발전'이 필요하다. 그것을 통한 거주국과 모국 사이의 인적·물적 네트워크 마련은 코리언 디아스포라들의 각자가 만들어 온 나름의 문화와 가치가 합쳐져 새로운 민족적 합력을 만들어 갈 수 있는 가능성을 제공할 수 있다.

둘째, 정치 경제적 차원의 통합이 아니라 전체 코리언의 생활문화적·정서적 통합에 주목해야 한다. 위에서 살펴봤듯 경제적 이익과 정치적 가치 체계를 전면에 내세울 때 국내 이주 코리언 디아스포라와의 가치충돌은 더욱 커질 수밖에 없다. 따라서 코리언의 통합을 위한 기반은 따라서 정치 경제적 차원에서 논의될 것이 아니라, 인간이 갖는 욕망과 정서의 교감으로부터 출발해야만 한다. 구체적인 제안을 예로 들자면, 현재 한국에서 행해지는 다문화 정책은 분단 이전에 이산된 코리언 디아스포라의 아픔과 민족의 수평적 연대의 욕망을 고려하지 않고 있다. 앞서 보았듯이 그들은 한민족이라는 민족적 연대 의식을 가지고 있다. 따라서 이들의 민족 정서에 기반한 '다문화 정책' 내지는 '재외 동포 정책' 개발이 필요하다.

셋째, 한(조선)반도와 코리언 디아스포라 전체가 공존할 수 있는 삶의 토대로서 새로운 가치 체계를 마련하기 위한 실천적 의지가 필요하다. 이때 코리언 전체가 공존하는 영역의 형성은 코리언들이 정착한 지역의 가치관에 대한 상호인정과 동시에, 이를 통해 우리들의 기존 가치 체계에 대한 반성적 성찰을 할 수 있다는 실천적 의지가 결합될 때야 비로소 가능하다. 구체적으로 말해, 코리언 디아스포라들은 오랫동안 내려온 민족 문화적 요소를 갖고 있지만, 동시에 해당 국가의 정체성과 특성에 따라서 형성된 독특한 차이를 지니고 있다. 따라서 구체적으로 코리언들의 상호 간의 이해를 확장시킬 수 있는 '학교 교육 프로그램' 마련이 시급하다. 이와 동시에 국내 이주 코리언 디아스포라를 대상으로 하는 '교육-학습 프로그램' 및 '적응 프로그램' 마련도 필수적으로 요구되어야 한다.

별첨

① 조선족 구술자 명단

번호	별칭	출생년도	출생지	학력	체류기간	직업
1	중남1	1969	연변	대졸	4년	회사원
2	중남2	1986	연변	대학원생	없음	조선족사전공
3	중남3	1982	연변	고졸	없음	대학생
4	중녀1	1944	연변	대졸	방문	민족교육활동
5	한남1	1985	길림	대졸	4년(영주권자)	마케팅 자영업
6	한남2	1986	흑룡강	대학원생	7년	디자인전공
7	한남3	1967	연변	중졸	3년	무직
8	한남4	1990	연변	대학생	5년	대학생
9	한녀1	1961	연변	대졸	3년	전문직
10	한녀2	1945	길림	중졸	5년	노동자
11	한녀3	1942	연변시	초졸	7년	무직

② 고려인 구술자 명단

	이름(가명)	나이	태어난 곳	이주 전 거주지	현재 직업	한국 거주기간
1	박류드밀라	30	러시아	러시아	대학원생	4년
2	박타티아나	26	러시아	러시아	노동자	5년
3	김루드밀라	49	우즈베키스탄	러시아	자영업	12년
4	김발레리	52	우즈베키스탄	우즈베키스탄	노동자	7년
5	임알렉세이	53	우즈베키스탄	러시아	노동자	12년
6	손고리	29	우즈베키스탄	우즈베티스탄	노동자	3년
7	고밀라	28	우즈베키스탄	러시아	회사원	6년
8	한올가	38	우즈베키스탄	우즈베키스탄	노동자	3년
9	박드미트리	27	우즈베키스탄	러시아	학생	8년
10	이블라들렌	27	우즈베키스탄	우즈베키스탄	학생	8년
11	김니카	25	타지키스탄	러시아	대학원생	4년
12	황옥사나	23	우크라이나	러시아	대학생	5년
13	박타티아나B	49	카자흐스탄	러시아	통역사	8년

③ 조선인 구술자 명단

	이름 (가명)	출생 년도	성별	출생지	국적	이주 년도	거주지	조선학교 경험	직업
1	김정숙	1973	여	오사카	한국	2010	용인	초·중·고	일어과외
2	김수자	1979	여	시가	한국	2005	서울	없음	주부
3	김미자	1978	여	시가	한국	2006	서울	없음	주부
4	공정순	1980	여	도쿄	한국	2010	김포	초·중·고	애널리스트
5	조미선	1976	여	도쿄	한국	2013	서울	초·중	대학원생
6	조정미	1973	여	도치기	한국	2003	서울	초·중·고	연구자
7	최성훈	1978	남	교토	한국	2007	서울	없음	호텔리어
8	이성실	1979	여	교토	한국	2013	김포	초·중·고	주부
9	이명희	1979	여	교토	한국	2006	포천	초·중·고	사회복지사
10	이희성	1961	남	홋카이 도	한국	2001	서울	없음	대학강사
11	김성진	1971	남	오사카	한국	2006	인천	없음	대학원생
12	김경식	1983	남	오사카	한국	2002	서울	없음	회사원
13	조미나	1981	여	오사카	일본	없음	오사카	없음	시민단체
14	최유라	1989	여	오사카	한국			있음	대학생

④ 탈북자 구술자 명단

	성명	성별	나이(만)	입국연도	북한직업	현재직업
01	김○이(A)	여	43	2008	간호원	간호원
02	이○준(B)	남	33	2011	중학생	대학생
03	권○녀(C)	여	50	2007	유치원 교원	자영업
04	박○관(D)	남	54	2007	사무원	자영업
05	최○일(E)	남	42	2008	방송원	대학원생
06	이○경(F)	여	49	2002	의료인	시민단체
07	곽○진(G)	여	48	2010	교사(사서)	무직
08	김○화(H)	여	32	2010	컴퓨터 문서원	대학생
09	최○영(I)	여	46	2008	교사	대학원생
10	이○진(J)	남	38	2002	노동자	자영업
11	김○혜(K)	여	39	2006	교환원	대학생

⑤ 한국(인) 구술자 명단

	성명	성별	나이	직업
01	김○빈	여	22	학생
02	정○진	남	20	학생
03	이○윤	여	40	배우
04	임○식	남	41	사업
05	강○한	남	74	무직
06	하○재	남	77	퇴역군인

참고문헌

제1장 국내 이주 동북아 코리언의 정체성 이해를 위한 방법론적 고찰

강진웅, 「디아스포라와 현대 연변 조선족의 상상된 공동체: 종족의 사회적 구성과 재영토화」, 『한국사회학』 제46집 4호, 2012.

건국대학교통일인문학연구단, 『민족과 탈민족의 경계를 넘는 코리언』, 선인, 2014.

고부응, 「균열된 상상의 공동체: 베네딕트 앤더슨의 민족과 민족주의 이론」, 『비평과 이론』 제10권 1호(2005 봄/여름).

곽승지, 「재외 동포정책을 전면 수정해야 한다」, 『미드리』 제7권, 이주동포정책연구소, 2011.

권숙인, 「디아스포라 재일한인의 '귀환': 한국 사회에서의 경험과 정체성」, 『국제·지역연구』 제17권 4호, 2008 겨울.

김경학, 「중앙아시아 고려인의 한국 이주와 정착: 광주 '고려인마을'을 중심으로」, 『국제지역 연구』 제7권 4호, 2014.

김태영 지음, 강석진 옮김, 『저항과 극복의 갈림길에서』, 지식산업사, 2005.

박선영, 「사회 통합을 위한 국민범위 재설정」, 『저스티스』 통권 134호, 2013.

베네딕트 앤더슨(Benedict Anderson) 지음, 윤형숙 옮김, 『상상의 공동체: 민족주의의 기원과 전파에 대한 성찰』, 나남출판, 2003.

서경식 지음, 임성모 옮김, 『난민과 국민 사이』, 돌베개, 2006.

서경식 지음, 권혁태 옮김, 『언어의 감옥에서: 어느 재일조선인의 초상』, 돌베개, 2011.

설동훈, 「한국 사회의 외국인노동자에 대한 사회학적 연구: 외국인노동자의 유입과 적응을 중심으로」, 서울대학교 사회학과 박사학위논문, 1996.

성공회대 동아시아연구소 기획, 신현준 엮음, 『귀환 혹은 순환: 아주 특별하고 불평등한 동포들』, 그린비, 2013.

이병렬·김희자, 「한국이주정책의 성격과 전망」, 『경제와 사회』 제90호, 2011.

이상봉, 「디아스포라와 로컬리티 연구: 在日코리안을 보는 새로운 視角」, 『한일민족문제연구』 제18권, 2010.

이한정, 「재일조선인과 디아스포라 담론」, 『사이(SAI)』 제12권, 2012.

윤인진, 「디아스포라와 초국가주의의 고전 및 현대 연구검토」, 『재외한인연구』 제28호, 2012.

Valeriy, S. Khan, "*Korean Meta-Nation and Problem of Unification*", 『민족공통성 연구 방법론의 모색』(건국대학교 통일인문학 제7회 국제학술심포지엄 자료집, 2011.5.20).

제2장 '상상된 공동체'의 와해와 조선족들의 아비투스

강진웅, 「디아스포라와 현대 연변 조선족의 상상된 공동체: 종족의 사회적 구성과 재영토화」, 『한국사회학』 46-4, 한국사회학회, 2012.

건국대학교 통일인문학연구단, 『코리언의 민족정체성』, 선인, 2012.

건국대학교 통일인문학연구단, 『코리언의 분단·통일의식』, 선인, 2012.

건국대학교 통일인문학연구단, 『코리언의 생활문화』, 선인, 2012.

건국대학교 통일인문학연구단, 『코리언의 역사적 트라우마』, 선인, 2012.

곽승지, 『동북아시아 시대의 연변과 조선족』, 아이필드, 2008.

김강일, 「중국 조선족사회 지위론」, 『아시아태평양지역연구』 3-1, 전남대학교 아시아태평양지역연구소, 2000.

김두섭·류정균, 「연변 조선족 인구의 최근변화: 1990년, 2000년 및 2010년 중국인구센서스 자료의 분석」, 『중소연구』 36-4, 2013.

리화, 「국경을 초월하여 공생하는 조선족가족 :한국이주노동으로 인한 분산거주 경험을 중심으로」, 『중앙사론』 36권, 중앙대학교 중앙사학연구소, 2012.

박정군, 『중국 조선족 정체성이 한국과 중국에 대한 태도에 미치는 영향』, 경희대학교 박사학위논문, 2011.

박정희·조명기, 「옌벤조선족 자치주의 공간 변화와 상상력」, 『국제지역연구』 16-3, 한국외국어대학교 국제지역연구센터, 2012.

신명직,「가리봉을 둘러싼 탈영토화와 재영토화: 87이후의 가리봉을 그린 소
　　설과 영화를 중심으로」,『로컬리티 인문학』, 부산대학교 한국민족문화
　　연구소, 2011.

유명기,「민족과 국민 사이에서: 한국 체류 조선족들의 정체성 인식에 관하여」,
　　『한국문화인류학』35-1, 한국문화인류학회, 2002.

이정은,「'외국인'과 '동포' 사이의 성원권: 재한조선족 사회의 지위 분화에 따
　　른 성원권 획득 전략」,『경제와 사회』96, 비판사회학회, 2012.

이현정,「조선족의 종족정체성 형성과정에 관한 연구」,『비교문화연구』7-2,
　　서울대 비교문화연구소, 2001.

柄谷行人, 조영일 옮김,『세계공화국으로』, 도서출판b, 2007.

Benedict Anderson, 윤형숙 옮김,『상상의 공동체: 민족주의의 기원과 전파에
　　대한 성찰』, 나남출판, 2003.

Pierre Bourdieu, 김웅권 옮김,『파스칼적 명상』, 동문선, 2001.

Pierre Bourdieu, 김웅권 옮김,『실천이성』, 동문선, 2005.

Tim Edensor, 박성일 옮김,『대중문화와 일상, 그리고 민족 정체성』, 이후,
　　2008.

제3장 '좌절된 욕망'의 집단적 심리와 고려인의 가치지향성

고가영,「모스크바 고려인 청소년들의 생활과 정체성」,『소통과 인문학』제8
　　집, 한성대학교 인문과학연구원, 2009.

김혜진,「고려인 청년층의 민족정체성 형성과정에 대한 고찰—모스크바 및 남
　　부 러시아 지방을 중심으로—」,『슬라브학보』제24권 4호, 2008.

박명진,「중앙아시아 고려인 희곡에 나타난 정체성과 언어의 특징」,『국제어
　　문』제55집, 국제어문학회, 2012.

박민철·정진아,「재러 고려인의 민족정체성과 민족적 자긍심」, 건국대학교
　　통일인문학연구단 편,『코리언의 민족정체성』, 선인, 2012.

박영균·김종군,「코리언의 역사적 트라우마에 관한 연구방법론」, 건국대학교

통일인문학연구단 편, 『코리언의 역사적 트라우마』, 선인, 2012.

방일권, 「상트-페테르부르크 고려인 3-4세대의 의식과 생활 문화」, 『외대사학』 제13호, 한국외국어대학교 역사문화연구소, 2000.

법무부 출입국·외국인정책본부, 『2012 출입국·외국인정책 통계연보』, 2012.

성동기, 「체제전환기에 나타난 우즈베키스탄 고려인 독립세대의 정체성 문제와 대응방안 고찰」, 『역사교육』 제121집, 역사교육연구회, 2012.

신현준, 「포스트소비에트 공간에서 고려인들의 과국적 이동과 과문화적 실천들」, 『사이』, 국제한국문학문화학회, 2012.

신현준, 「동포와 이주자 사이의 공간, 혹은 민족과 국가에 대한 상이한 성원권」, 성공회대 동아시아연구소 기획, 『귀환 혹은 순환』, 그린비, 2013.

이병수·정진아, 「한국인의 민족정체성 이해와 대한민국 중심주의의 극복」, 건국대학교 통일인문학연구단 편, 『코리언의 민족정체성』, 2012.

이병조, 「독립국가연합(CIS) 고려인의 전통문화유산에 대한 인식과 전승실패: 중앙아시아·러시아의 고려인 무형문화유산을 중심으로」, 『재외한인연구』 제28호, 재외한인학회, 2012.

임영상, 「독립국가연합 고려인 청소년의 현황과 분석」, 『역사문화연구』 제28집, 한국외국어대학교 역사문화연구소, 2008.

임영상 외, 『독립국가연합의 한(조선)민족청소년 현황 및 생활실태 연구』, 한국청소년연구원, 2007.

윤인진, 「중앙아시아 한인의 언어와 민족정체성」, 『재외한인연구』 제7호, 재외한인학회, 1998.

윤인진, 「디아스포라와 초국가주의의 고전 및 현대 연구 검토」, 『재외한인연구』 제28호, 재외한인학회, 2012.

장윤수, 『코리안 디아스포라와 문화 네트워크』, 북코리아, 2010.

전신욱, 「중앙아시아 고려인의 재이주 원인과 정착현황: 연해주 지역을 중심으로」, 『한국정책과학학회보』 제11권 제3호, 한국정책과학학회, 2007.

전형권·Yulia Kim, 「우즈베키스탄의 민족정책과 고려인 디아스포라 정체성: 고려인 설문 조사분석을 중심으로」, 『슬라브학보』 제21권 2호, 한국슬라브학회, 2006.

정진아, 「국내 거주 고려인, 사할린 한인의 생활 문화와 한국인과의 문화갈등」, 『통일인문학 제18회 국내학술심포지엄 '코리언 생활 문화의 접촉·충돌·공존' 자료집』, 2014.05.

조경희, 「한국 사회의 '재일조선인' 인식」, 『황해문화』, 2007, 겨울.

최한우, 「중앙아시아 민족주의 운동과 고려인 집단정체성 문제」, 『아시아태평양지역연구』 제3집 제1호, 전남대학교 아시아태평양지역연구소, 2000.

한 발레리, 「중앙아시아 고려인의 적응 및 사회적 지위, 그리고 성공」, 『디아스포라연구』 제5권 제2호, 전남대학교 세계한상문화연구단, 2011.

황영삼, 「모스크바 고려인 3-4세대의 의식과 생활 문화」, 『외대사학』 제13호, 한국외국어대학교 역사문화연구소, 2000.

제4장 '재일' & '조선인'으로서의 정체성과 가치지향성

건국대학교 통일인문학연구단, 『코리언의 역사적 트라우마』, 선인, 2012.

권준희, 「分斷내셔널리즘'과 '朝鮮籍' 在日朝鮮人」, 『한일민족문제연구』 제3집, 한일민족문제학회, 2003.

김명섭·오가타 요시히로, 「'재일조선인'과 '재일한국인': 통합적 명명을 위한 연구」, 『21세기정치학회보』 제17집 3호, 21세기정치학회, 2007.

김예림, 「이동하는 국적, 월경하는 주체, 경계적 문화자본 - 한국내 재일조선인 3세의 정체성 정치와 문화실천」, 『상허학보』 25집, 상허학회, 2009.

김태영 지음, 강석진 옮김, 『저항과 극복의 갈림길에서』, 지식사업사, 2005.

리처드 커니, 이지영 옮김, 『이방인, 신, 괴물』, 개마고원, 2010.

박범희, 「일본에서 조선인으로 산다는 것 - 서경식, 『역사의 증인, 재일조선인』 (반비, 2012) 북콘서트에 다녀와서」, 『역사와 교육』 제7호, 2013.

서경식 지음, 권혁태 옮김, 『언어의 감옥에서 - 어느 재일 조선인의 초상』, 돌베개, 2011.

엘리자베스 길버트, 노진선 옮김, 『먹고 기도하고 사랑하라』, 솟을북, 2013.

오가타 요시히로, 「재일조선인에 대한 한국정부의 인식」, 『디아스포라연구』

　　　　제2권 제1호, 전남대학교 세계한상문화연구단, 2008.

오창은, 「경계인의 정체성 연구」, 『語文論集』 제45호, 중앙어문학회, 2010.

윤인진, 『코리언 디아스포라』, 고려대학교 출판부, 2008.

윤일성, 「재일 한인의 사회적 적응과 정체성에 관한 연구」, 『한국문학논총』
　　　　제34집, 2003.

이재승, 「분단체제 아래서 재일 코리언의 이동권」, 『민주법학』 제52호, 2013.

임현진·정영철, 『21세기 통일한국을 위한 모색』, 서울대학교출판부, 2005.

조경희, 「'탈냉전'기 재일조선인의 한국이동과 경계 정치」, 『사회와 역사』 제
　　　　91집, 한국 사회사학회, 2011.

존 리, 「오인, 부인, 인정: '자이니치'의 사례」, 『아세아연구』 제51권 4호, 2008.

제5장 탈북자 가치관의 이중성과 정체성의 분화

강진웅, 「한국시민이 된다는 것: 한국의 규율적 가버넌스와 탈북 정착자들의
　　　　정체성 분화」, 『한국사회학』 제47집 1호, 2011.

김종곤·김종군, 「탈북자의 분단·통일의식과 통합적 가치」, 『코리언의 분
　　　　단·통일의식』, 선인, 2012.

손애리·이내영, 「탈북자에 대한 한국인의 태도 연구: 국가정체성과 다문화수
　　　　용성을 중심으로」, 『아태연구』 제19권 3호, 2012.

신미녀, 「남한주민과 북한이탈주민의 상호인식을 통해 본 통일준비」, 『사회과
　　　　학연구』 제19집 1호, 2010.

오영숙, 「관객으로서의 탈북자: 탈북의 자기표상과 영화수용」, 『영화연구』 51
　　　　호, 2012.

오원환, 「탈북 청년의 정체성 연구: 탈북에서 탈남까지」, 고려대학교 언론학
　　　　박사학위논문, 2011.

윤인진, 『북한이주민』, 집문당, 2009.

이병수, 「남북관계에서 소통과 치유의 문제」, 『한민족문화연구』 43, 2013.

이병수·전영선, 「탈북자 정체성의 이해와 민족의 평등한 유대」, 『코리언의

민족정체성』, 선인, 2012.

최윤형·김수연, 「대한민국은 우릴 받아줬지만, 한국인들은 탈북자를 받아준 적이 없어요」,『한국광고홍보학보』제15권 3호, 2013년 가을.

현인애, 「북한이탈주민의 정치적 재사회화 연구」, 이화여자대학교 북한학협동 과정 박사학위논문, 2013.

제6장 한국인들의 한국인들에 대한 공포:

한국인들의 통일 및 재외 동포에 대한 의식 구조 분석 및 전환을 위한 모색

사토 요시유키, 김상운 옮김,『신자유주의와 권력』, 난장, 2014.

서동진,『자유의 의지, 자기계발의 의지』, 돌베개, 2009.

에티엔 발리바르, 최원·서관모 옮김,『대중들의 공포』, 도서출판b, 2007.

에티엔 발리바르, 진태원 옮김,『우리, 유럽의 시민들?』, 후마니타스, 2010.

에티엔 발리바르, 진태원 옮김,『정치체에 대한 권리』, 후마니타스, 2011.

위키백과, 「대한민국의 자살」(http://ko.wikipedia.org/wiki/대한민국의_자살 (2014년 6월 25일 접근).

윌 킴리카, 장동진·황민혁·송경호·변영환 옮김,『다문화주의 시민권』, 동명사, 2010.

헤럴드경제, 「외국인 범죄 vs 한국인 범죄, 뭐가 더 많을까?」, 2012(http://m. heraldbiz.com/view.php?ud=20120417000282, 2014년 6월 25일 접근).

Arendt, Hannah, *The Origin of Totalitarianism.* A Harvest Book · Harcourt, Inc. New York, 1994.

Foucault, Michel, *Security, Territory, Population.* Palgrave-Macmillan. New York, 2007.

Foucault, Michel, *The Birth of Biopolitics.* Palgrave-Macmillan. New York, 2008.

Laclau, Ernesto and Mouffe, Chantal, *Hegemony and Socialist Strategy,* Verso. New York, 2001.

Young, Iris Marion, "A Multicultural Continuum: A Critique of Will Kymlicka's Ethnic-Nation Dichotomy", *Constellation* (4:1), 1997.

제7장 국내 이주 코리언 디아스포라의 정체성 변용과 가치지향:
한국(인)과의 가치충돌 양상을 중심으로

건국대학교 통일인문학 편, 『민족과 탈민족의 경계를 넘는 코리언』, 선인, 2014.

김귀옥, 「분단과 전쟁의 디아스포라: 재일 조선인 문제를 중심으로」, 『역사비평』 제91집, 2010.

김성민·박영균, 「분단 극복의 민족적 과제와 코리안 디아스포라」, 『대동철학』 제58집, 2012.

김영술·홍인화, 「중앙아시아 고려인의 광주 지역 이주와 문화 변용에 관한 연구」, 『디아스포라연구』 제13집, 2013.

김익현·나지영, 「재일 조선인의 민족정체성과 경계인」, 건국대학교 통일인문학연구단 편, 『코리언의 민족정체성』, 선인, 2012.

김종곤·김종군, 「탈북자의 분단·통일 의식과 통합적 가치」, 건국대학교 통일인문학연구단 편, 『코리언의 분단·통일의식』, 선인, 2012.

김진환, 「이분법에 갇힌 조선사람: 국내 이주 재일조선인의 한국살이」, 『통일인문학』 제58집, 건국대학교 통일인문학연구단, 2014.

김혜진, 「고려인 청년층의 민족정체성 형성 과정에 대한 고찰―모스크바 및 남부 러시아 지방을 중심으로―」, 『슬라브학보』 제24권 제4호, 2008.

김태영 지음, 강성진 옮김, 『저항과 극복의 갈림길에서』, 지식산업사, 2005.

박영균·김종군, 「코리언의 역사적 트라우마에 관한 연구방법론」, 건국대학교 통일인문학연구단 편, 『코리언의 역사적 트라우마』, 선인, 2012.

박정희·조명기, 「옌볜 조선족 자치주의 공간 변화와 상상력」, 『국제지역연구』 제16집 제3호, 2012.

박채순, 「북한 이탈 주민의 한국 사회 유입과 적응 실태 연구: 서울시 노원구를 중심으로」, 『디아스포라 연구』 제10집, 2011.

Benedict Anderson 지음, 윤형숙 옮김, 『상상의 공동체: 민족주의의 기원과 전파에 대한 성찰』, 나남출판, 2003.

법무부 출입국 · 외국인정책본부, 『2012 출입국 · 외국인정책 통계연보』, 2012.

신미녀, 「남한 주민과 북한 이탈주민의 상호인식을 통해 본 통일 준비」, 『사회과학연구』 제19집 2010.

신현준, 「포스트소비에트 공간에서 고려인들의 과국적 이동과 과문화적 실천들」, 『사이』 제12권, 2012.

신현준, 「동포와 이주자 사이의 공간, 혹은 민족과 국가에 대한 상이한 성원권」, 신현준 편, 『귀환 혹은 순환』, 그린비, 2013.

심승우, 「이주민의 포용과 다문화 정치 통합의 전략」, 『디아스포라 연구』 제12집, 2012.

오원환, 「탈북 청년의 정체성 연구: 탈북에서 탈남까지」, 고려대학교 대학원 언론학과 박사학위논문, 2011.

유명기, 「민족과 국민 사이에서: 한국 체류 조선족들의 정체성 인식에 관하여」, 『한국문화인류학』 제35집 제1호, 2002.

윤인진, 『코리언 디아스포라』, 고려대학교 출판부, 2008.

윤인진, 『북한이주민』, 집문당, 2009.

윤인진, 「디아스포라와 초국가주의의 고전 및 현대 연구 검토」, 『재외한인연구』 제28호, 2012.

윤황 · 김해란, 「한국 거주 조선족 이주 노동자들의 법적 · 경제적 사회 지위 연구」, 『디아스포라 연구』 제9집, 2011.

이병수 · 전영선, 「탈북자 정체성의 이해와 민족의 평등한 유대」, 건국대학교 통일인문학연구단 편, 『코리언의 민족정체성』, 선인, 2012.

이병수 · 정진아, 「한국(인)의 민족정체성 이해와 대한민국 중심주의의 극복」, 건국대학교 통일인문학연구단 편, 『코리언의 민족정체성』, 선인, 2012.

이현욱, 「20-30대 조선족의 초국가적 이주의 특성: 화이트칼라를 중심으로」, 『디아스포라연구』 제13집, 2013.

장윤수, 『코리안 디아스포라와 문화 네트워크』, 북코리아, 2010.

장원석 · 고경민, 「탈북자 문제의 디아스포라적 접근」, 『평화학 연구』 제14집 제5호, 2013.

정병호, 「한국의 다문화 공간: 문화의 창구, 시대의 접점」, 정병호 · 송도영 엮음, 『한국의 다문화 공간』, 현암사, 2011.

정영순, 「글로벌리즘과 남북공동체 형성을 위한 한인 디아스포라」, 『재외 한인연구』 제23호, 2011.

조경희, 「한국 사회의 '재일 조선인' 인식」, 『황해 문화』 통권 제57호, 2007.

조경희, 「이동하는 '귀환자'들: '탈냉전'기 재일 조선인의 한국 이동과 경계의 재구성」, 신현준 엮음, 『귀환 혹은 순환』, 그린비, 2013.

최한우, 「중앙아시아 민족주의 운동과 고려인 집단정체성 문제」, 『아시아태평양지역연구』 제3집 제1호, 2000.

팀 에덴서(Tim Edensor) 지음, 박성일 옮김, 『대중 문화와 일상, 그리고 민족 정체성』, 이후, 2008.

황영삼, 「모스크바 고려인 3-4세대의 의식과 생활 문화」, 『외대사학』 제13호, 2000.

찾아보기

저자소개

이병수　건국대학교 통일인문학연구단 HK교수

박영균　건국대학교 통일인문학연구단 HK교수

최　원　건국대학교 통일인문학연구단 HK연구교수

김종곤　건국대학교 통일인문학연구단 HK연구교수

박민철　건국대학교 통일인문학연구단 HK연구교수